西方最新语言学理论译介丛书

语用三论：
关联论·顺应论·模因论

上海教育出版社

SHANGHAI
EDUCATIONAL
PUBLISHING
HOUSE

（第二版）

New Developments in Pragmatics:
Relevance, Adaptation and Memetics
(2nd Edition)

何自然 主编

谢朝群 陈新仁 编著

图书在版编目（CIP）数据

语用三论：关联论·顺应论·模因论：第二版 / 何自然主编；谢朝群，陈新仁编著.— 上海：上海教育出版社，2024.11.—（西方最新语言学理论译介丛书 / 沈家煊主编）.— ISBN 978-7-5720-2875-5

Ⅰ.H0

中国国家版本馆CIP数据核字第2024406DA4号

责任编辑　廖宏艳

封面设计　郭伟星　周　吉

西方最新语言学理论译介丛书
沈家煊　主编
语用三论：关联论·顺应论·模因论（第二版）
何自然　主编
谢朝群　陈新仁　编著

出版发行　上海教育出版社有限公司
官　　网　www.seph.com.cn
地　　址　上海市闵行区号景路159弄C座
邮　　编　201101
印　　刷　上海展强印刷有限公司
开　　本　640×965　1/16　印张 14
字　　数　202 千字
版　　次　2024年11月第1版
印　　次　2024年11月第1次印刷
书　　号　ISBN 978-7-5720-2875-5/H·0087
定　　价　86.00 元

如发现质量问题，读者可向本社调换　电话：021-64373213

序

　　每个时代的学术都有其自身的特色,语言学这门既古老又年轻的学科也不例外。中国的"现代语言学"一般认为是从《马氏文通》开始的,其实除了《马氏文通》,还有高本汉的《中国音韵学研究》。在此之前,对汉语语音、词汇、语法的研究目的都是为了通经和规范。从西方引进的现代语法学和现代音韵学从观念上不再把这些研究看作是为读经和规范服务的,而是语言科学研究的一部分。19 世纪末和 20 世纪初,西学东渐成为大潮,在中国土生土长的语言文字学(俗称小学)也和其他许多人文学科一样走向现代化。印欧语的研究传统敲开了汉语研究的"封闭"大门,要求与中国传统"结合",《马氏文通》和《中国音韵学研究》是这一结合最重要的标志。由传统学术向现代学术转变,最主要的表现是:眼光和观念的更新,理论和方法的改进。

　　把语言研究视为科学研究,就是要探究人类语言的规律,大而言之,包括语言结构的规律、语言演变的规律、语言使用的规律、语言习得的规律。因为终极目标是探究人类语言的规律,不是个别语言的规律,所以注重对语言共性的挖掘。北京大学的王洪君教授从美国进修音系学回来写了一篇文章,其要点就是,原来中国传统语言学(小学)在音系理论的研究方面跟西方是并驾齐驱的,但是后来落后了,差距越拉越大,落后的原因就是只立足于汉语,忽视或自动放弃对语言共性的探索。共性在个性之中,又比个性层次高,忽视和放弃语言共性的研究使我们无法与西方人站到同一条起跑线上,也使我们无法真正了解汉语的个性。今天有许多汉语研究者同意要将汉语置于世界语言的变异范围内来考察,这就是眼光和观念的更新。

　　高本汉比较汉语方言之间的差异,结合韵书韵图,运用印欧语研究中卓有成效的历史比较法来研究汉语古音,开创了汉语音韵研究的一个新时期。朱德熙先生继赵元任先生之后,运用结构主义的语法理论和方法来研究汉语语法,从形式和分布入手来划分词类,开创了汉语语法研究的一个新时期,影响了不止一代学人。这两个实例可以说明理论和方法的改进。

回顾历史，一百年来包括马建忠在内的先觉先悟的知识分子为实现中国的"现代化"，纷纷从西方借鉴先进的理论和方法，用鲁迅的自白就是"从别国里窃得火来，本意却在煮自己的肉"。一百年的时间倏忽而过，中国学人在新世纪到来之际面临这样一种处境，即：西方流行的一种理论还没有很好掌握、来得及运用，人家已经换用新的理论新的方法了。中国老是在赶潮流，老是跟不上，中国学人的自尊心受到了伤害。我们应该怎样来对待这种处境呢？其实，科学的进步、学术的前进就是不同学术传统不断碰撞、交流和交融的结果。高本汉取得的巨大成就也得益于中国的语文学。用他自己的话来说，就是在汉语音韵的研究中碰到了两次好运气：研究汉语中古音系的时候有《切韵》系统的韵书韵图，研究上古音系的时候有诗韵和汉字的谐声系列，这两个方面的研究清代的学者已经达到非常高的水平。我们需要的是历史发展的眼光、科学进步的观念，加上宽广平和的心态，因为世界范围内各种学术传统的碰撞、交流和交融是永恒的。一时的落后不等于永远落后，然而要摆脱落后，唯有先将别人先进的东西学到手，至少学到一个合格的程度，然后再加上自己的创新。这是历史给中国学人、给中国文化留下来的唯一的再生之路。

在世界范围内，语言学在过去几十年里的发展和变化是很快的，新理论、新方法、新成果很多。正是本着这种学习加创新的宗旨，上海教育出版社组织推出这套"西方最新语言学理论译介丛书"，其作者大都是一些视野开阔、在某一领域有深入研究、正活跃在我国语言学界的中青年学者。内容多数以介绍国外近年来出现的新理论新方法为主，同时也适当包含作者自己的研究成果。希望这套丛书对新时期我国语言科学的发展起到一些促进作用。

沈家煊

2006 年 7 月

目　　录

上篇　关　联　论

中篇　顺　应　论

前　言

　　20 多年前,我在加拿大进修语言学,当时乔姆斯基的生成语法理论是最热门的、必修的课程。大家怀着极大的兴趣对乔氏在 1981 年才发表的 *Lectures on Government-Binding*(《管约论教程》)开展热烈的讨论。几乎就在那个时候,由生成语法理论而引发出现的还有两种语法,那就是广义短语结构语法(generalized phrase structure grammar)和词汇-功能语法(lexical-functional grammar)。我当时盼望能有一本分别介绍这三种理论的比较通俗的语言学教材,方便学习和比较。我把这个想法告诉了我的一位美国朋友,他就是著名的生成语法学家纽迈耶(Frederick Newmeyer)教授。令我惊喜的是 1985 年,那时我已经完成了在国外学习的任务,回到祖国工作了,我忽然收到纽迈耶给我寄来的一本书,那是语言学家塞尔斯(Peter Sells)写的一本教材:*Lectures on Contemporary Syntactic Theories*(《当代句法理论教程》)。仔细一看,该书是美国语言信息研究中心(CSLI)出版的系列教材之一,是一本集管约论、广义短语结构语法和词汇-功能语法三门理论在一起的入门书。我收到这本书时,简直是喜出望外,因为我那时正在给研究生讲授当代语言学,急需一本合适的参考书。该书言简意赅,是一本很好用的教材。我在教学中用它作为参考,常把它称为"句法三论",从中获益良多。现在,我们将手头的这本书称为"语用三论",很大程度上也是受这个名称的启发。

　　谈到"语用三论",我想就其中的来龙去脉作一简单说明。虽然我曾讲授过涉及形式语言学的课程,但我的研究兴趣主要在语用学方面,这 20 年里主要还是从事语用学的教学和研究。20 世纪 90 年代我又有机会赴英国深造,接触了关联论和顺应论,并配合我国以重印加导读形式出版的"当代国外语言学与应用语言学文库",把这两门可称为认知语用学和宏观语用学的理论介绍给国内学人。那时我就有一个心愿,希望将关联论和顺应论编成教材式的专著,供从事语用学研究的同人学习和参考。也正是在那个时候,我从桂诗春教授那里第一次听到 meme 和 memetics。他用"文革"年代的流行语和现代社会的广告和炒作手段作为例子,指出 meme 的存在和影响。我觉得这种现象可以很好地解释语言的运用,可以纳入语用学的研究视角,于是我们邀请来自福建师范大学的谢朝群博士开展有关 meme 和 memetics 的合作研究。我们把 meme 和 memetics 定名为模因和模因论,并在教学之余设讲座、写文章介绍它们。我曾考虑:编一本书,集关联论(relevance)、顺应论(adaptation)、模因论(memetics)三种语用学理论在一起的入门书,不是也很有意义吗? 我同我的博士后研究人员谢朝群一起,决心实现这个计划。

正在这个时候,上海教育出版社策划了一套译介西方最新语言学理论的丛书,由中国社科院语言研究所所长沈家煊研究员主持。他通过出版社向我约写关联论的书稿。此事正好同我编写"语用三论"的想法十分一致,于是我一口答应下来,并大胆地"模仿"20 世纪末塞尔斯编的"句法三论",将书名从单一的"关联论"扩充为"语用三论",计划在谢朝群博士的协助下用一年左右的时间完稿。可是,由于种种原因,这份稿子一直拖到今天。书中"关联论"和"模因论"初稿由谢朝群博士负责完成,"顺应论"初稿则由南京大学外语学院的陈新仁教授负责完成,最后由我对全书内容进行认真细致的修改和补充。全书体例由谢朝群博士负责统一。广东外语外贸大学的徐章宏博士审读了书中"关联论"部分,特此致谢。

因撰写本书之前,我们对书中有关论题都发表过一些零散的文章,为了全面地介绍"语用三论"和我们对"三论"的研究心得,在编写本书的过程中我们刻意把近年发表的与书中论题一致的成果"克隆"进来,充实了本书的各有关部分。我们希望,本书能准确介绍语用学当前的三种理论,让读者对"三论"有一个清晰的印象。在本书付梓之际,我们感谢上海教育出版社张荣编辑的督促和帮助,他的耐心与理解使我们有了决心完成这个任务。由于成书匆忙,疏漏难免,恳请方家指正。

何自然
2007 年 10 月于
广州白云山

上篇　关联论

第一章　格赖斯语用学

1.1　语用学源流

语用学（pragmatics）虽然是语言和认知科学的一个新领域，但它涉及的内容早已在古希腊、古罗马时期雄辩术的名义下得到论述。关于语用问题，哲学家维特根斯坦（Ludwig Josef Johann Wittgenstein）、人类学家马林诺夫斯基（Bronislaw Kaspar Malinowski）等人亦有论及。不过，一般认为，当代语用学的源头至少可以追溯至 20 世纪 30 年代莫里斯（Charles William Morris）、卡纳普（Rudolf Carnap）以及皮尔斯（Charles S. Pierce）的哲学和逻辑学著作中。英语"pragmatics"这个术语是由美国符号学家和行为学家莫里斯于 20 世纪 30 年代末参照"pragmatism"或"pragmaticism"提出来的（Nerlich & Clarke 1996：5）。莫里斯一生不遗余力地探索心智与行动的本质及其与符号和价值理论的密切联系，努力融合实用主义、经验主义与逻辑实证主义这三种哲学观，认为符号概念应该成为人文科学的基础。早在 1934 年，莫里斯就发现，符号有三种类型的关系：符号与符号之间的关系、符号与物体之间的关系以及符号与人之间的关系（Morris 1936：135；转引自 Nerlich & Clarke 1996：135）。他在《逻辑实证主义、实用主义与科学经验主义》（Morris 1937）和《符号理论基础》（Morris 1938）这两本书中将符号学划分为三部分，即句法学、语义学和语用学，认为句法学研究符号的结构属性（即语词与语词之间的关系），语义学研究符号与符号指称对象的关系（即语词与世界的关系），而语用学则研究说话人与听话人如何使用符号来完成交际行为（即语词与语词使用者之间的关系），"对语用学，一个足够准确的概括就是：语用学研究符号系统的生命特性，即研究符号发挥功能过程中所出现的心理现象、生物现象和社会现象"（Morris 1938：30）。① 在他看来，"从语用学的角度看，一个语言结

---

① 这里，莫里斯注意到语用学可能涉及一种完全不同的维度："句法规则决定符号载体之间的符号关系；语义规则使符号载体与其他对象联系起来；语用规则陈述解释者所认为的那些使符号载体成为符号的条件。任何一条在实际运用中运作的规则都是一种行为，也正是从这个意义上说，所有规则都含有语用因素。"（Morris 1938：35）

构就是一个行为系统"(Morris 1938：110)，语用学最确切的特征就是它处理符号指代过程的生命特性。1946年，莫里斯又根据当时的行为主义符号理论，在《符号、语言和行为》一书中对语用学的定义进行调整和补充，指出"语用学是符号学的一部分，它研究符号的来源、用法及其在行为中出现时所产生的作用"(Morris 1946：219)。显然，莫里斯对语用学的认识受到了逻辑经验主义甚至是行为主义哲学的影响，而他的语用学观更像是"行为主义语用学"(Nerlich & Clarke 1996：134—139)。

哲学家和逻辑学家卡纳普同意莫里斯关于符号的三分法，认为"如果一项研究明确涉及语言使用者，我们就把它归入语用学领域……如果我们抛开语言使用者而只对词语及词语所指称的对象进行分析，我们就进入了语义学的领域……如果我们抛开词语所指对象而只对词语之间的关系进行分析，我们就处于(逻辑)句法学的领域了"(Carnap 1948：9)。在此基础上，卡纳普对莫里斯的观点进行了补充，认为语用学除了研究使用者与词语的关系，还应关注词语的所指。此外，他提出必须区分纯理论(或形式)研究和描写性(或实验性)研究。根据卡纳普的意见，一方面是纯语义学和纯句法学，另一方面是语用学；他倾向于把一切实验性(即真实的语言)研究都归入语用学，而描写语义学也可以看作是语用学的一部分。卡纳普认为，纯语用学或理论语用学的理论框架对于内涵、信念以及相关概念的分析必不可少，所以应尽快建立一个理论语用学系统，以此为基础开展心理学、语言学以及分析哲学的研究。他指出，鉴于纯语义学已经得到充分发展，着手构建语用学系统试验性大纲的时机已经成熟，可以先从信念、断言和话语等小概念入手，然后再慢慢扩展，逐渐延伸到探讨知识理论和科学方法论所需要的所有概念(Carnap 1955：91)。

卡纳普的学生巴尔-希勒尔(Yehoshua Bar-Hillel)在莫里斯和卡纳普研究的基础上，对语用学研究对象提出了比较具体的建议。他把皮尔斯提出的"指引表达"(indexical expressions)概念引入语用学，从句子层面对指引语言进行比较深入的分析，指出语用学的研究对象应该是语言中"I""you""here""there""now""yesterday""this"一类的指引词语,强调语用语境(pragmatic context)对于确定语词指称内容的重要性,并认为"任何语言表达都不能完全独立于语用语境而存在"(Bar-Hillel 1954:371),因为如果不知道使用词语的语用语境,其确切意义便无从得知。在他看来,"借助指引句子进行的有效交际需要接受者了解生成指引句子符号的语用语境"(Bar-Hillel 1954:368)。巴尔-希勒尔还区分出了描写语用学(descriptive pragmatics)与纯语用学(pure pragmatics),认为指引语言研究属于描写语用学的研究范畴,而指引语言系统的设置则属于纯语用学的研究任务(Bar-Hillel 1954:369)。巴尔-希勒尔的见解使语用学的研究有所突破,语用学的研究对象在他笔下进一步具体化。

总的说来,当代语用学发展在一定程度上秉承了莫里斯的理念,注重考察语境对语言使用的重要影响(Verschueren 1999;Mey 2001)。如今,由于人们对语用学研究领域存有不同的看法,语用学的研究内容已经大大丰富了莫里斯当初所下的定义了:

(1) 从说话人的角度看,语用学是研究说话人意义的学问;它研究人们如何使用语言来达到成功的交际。

(2) 从听话人的角度看,语用学是研究人们"实际传达的内容"比"表面言说的内容"到底多了些什么;研究如何理解人们刻意表达的言语行为。

(3) 从语境的角度看,语用学是研究语境意义,研究话语如何在情景中获得意义,如何利用语境来推断出意义,以及研究社会语境如何确定人们使用语言的条件。

(4) 从动态交际的角度看,语用学是研究语言使用者如何在适当的语境下灵活地遣词造句,研究人们相互交谈的意义,以及表达交往亲密程度的方式。

(5) 从语言功能的综观看待语用学,它是语言各个方面的功能总览,研究人类生活中语言的认知以及社会和文化功能。

可见,语用学的定义不是单维的,而是多维的,只要涉及语言产出和理解方面的理论,涉及说话人如何在特定语境下合适地、得体地使用语言,以及听话人如何在特定的语境条件下正确理解或推断出说话人意义等方面的实证研究,似乎都可以归入语用学。正如前面提到的那样,作为语言研究的一个新领域,语用学研究的重点之一是考察特定情景中的特定话语,特别是分析不同语言交际环境中的语言理解与运用问题。随着语用学这一新兴学科的不断发展,越来越多的学者开始注重研究语言在使用中的意义(meaning in use)或语言在语境中的意义(contextual meaning);不过,随着认知科学研究的不断深入,许多语用学者发现,除了说话人意义值得研究,话语解读问题同样不容忽视(De Brabanter & Kissine 2009)。研究说话人意义的学者经常用社会语言学的观点看待语用学,并且将注意力集中在研究说话人作为话语产出者如何遣词造句,但研究话语解读的学者却强调从认知的角度探讨日常语言交际(对比 Thomas 1995:2)。换言之,语用学研究的一个核心问题就是面对可作多重解读的话语,听话人如何透过表层的语言信息解读出说话人意欲传递的含意。从这个意义上说,语用学研究的最终目标应该是挖掘出大脑与心智在解读话语、计算含意过程中所运用的一般认知机制,从而进一步逼近大脑这个神秘的"黑匣子"。[①] 在这一方面做出突出贡献的学者当数哲学家 H. P. 格赖斯(Herbert Paul Grice)、法国国家科学研究中心(巴黎)的斯波伯(Dan Sperber)和英国伦敦大学学院的威尔逊(Deirdre Wilson)。

1.2 格赖斯语用学

日常语言哲学家和言语行为理论家们共同为语用学的发展打下了坚实的基础,其中的关键人物包括维特根斯坦、奥斯汀(John Langshaw Austin)、塞尔(John R. Searle)以及格赖斯。20 世纪 50 年代末至 60 年代期间,在英国分析哲学家中,追随奥斯汀和斯特劳森(P. F. Strawson)的日常语言学派和主要追随罗素(Bertrand Russell)的形式分析学派这两大阵营之间出现了一些分歧。罗素的支持者宣称,符号逻辑对于"科学哲学"必不可少,因为符号逻辑规定了理性(reason)的特征。日常语言学派的哲学家对此予以反驳,坚持将哲学研究与日

---

① 利奇则在其经典著作《语用学原理》一书中指出,"如果我们不理解语用学,就不可能真正地理解语言的本质"(Leech 1983:1)。

常语言结合在一起,认为通过日常语言研究哲学很便捷,可以从中发现规律性的东西,根本没有必要"另起炉灶",构拟出一种所谓的"理想语言"。

格赖斯(Grice 1989:23—24)则指出,许多逻辑学家认为理想语言融合了形式手段,句子意义清晰,真值条件明确,没有形而上学的隐含,而科学家的陈述在理想语言里面都可以找到合适的表达,因此科学的基础也就具有哲学保障。换言之,理想语言的哲学要求是以一些假定为基础的:判断语言充分性的主要标尺是看它能否为科学需要服务;语言表达如果无法解释或分析,那么它就无法被充分理解;语言表达的解释或分析必须采取精确定义的形式,而精确定义就是逻辑表达或断言。格赖斯认为这些假定不应该被承认,因为:语言除了为科学探索服务之外,还可以满足其他许多重要的用途;我们虽然不知道如何分析某一语言表达,却能够对它的意义了如指掌;语言分析也许就是尽可能概括出语言表达的应用条件;尽管逻辑学家可以随意对形式语言进行系统性的处理,但有很多推理和辩论不是用形式语言而是用日常语言表达出来的,而且依然有效。可见,自然语言的逻辑有其非简单化、非系统化的一面,形式语言的简单化逻辑可以对其进行帮助和引导,但不能取而代之。事实上,这两种逻辑不但大不相同,而且有时会发生冲突,因为适合形式语言的逻辑不一定适合自然语言。

根据莱考夫(Lakoff 1997;另见 Grice 1989:4)的说法,格赖斯当时似乎觉得两派的观点都有可取之处,并自认为有办法既可以保持罗素的逻辑观,又能维系日常语言学派哲学家的立场。也许正因如此,格赖斯把1967年在哈佛大学 William James 讲堂所作的三次讲座(即所谓:William James Lectures)取名为"逻辑与会话"①,经典会话含意理论由此诞生。格赖斯当时的想法似乎是想通过逻辑的方法来研究日常语言,他认为意义可以分成两大部分,即:

(6)罗素描述的逻辑观,包括罗素经典的摹状词理论;逻辑用于逻

---

① 托马斯(Thomas 1998a:170)指出,《逻辑与会话》一文所阐述的观点是粗线条的,有好多地方存在问题,也经常被误解,但即便如此,它已经成为语用学发展中最具影响力的理论之一。

辑推理。

（7）会话原则，即会话含意。

当语言用在实际会话语境中时，往往需要非逻辑推理，而会话原则或会话含意就可以用来进行这种非逻辑推理。格赖斯将这种通过推理得出的意义称为 implicature①或 implicatum，从而有别于 implications②。根据格赖斯对意义做出的划分，（7）属于语义学，而（8）则是语用学的主要方面。

莱考夫（Lakoff 1997）曾经说过，如果完整地读完格赖斯的整份讲稿③，人们也许就会发现，格赖斯讲座想要达到的目的似乎十分保守：虽然日常语言学派哲学家们提出了大量反例，但他仍然试图保留罗素

----

① 格赖斯（Grice 1989：24—25，86）指出，"implicature"是一个总括性的语词（a blanket word），使用它可以省去在"imply""suggest""indicate"以及"mean"这些语词中做选择的麻烦。有鉴于此，我们用"含意"一词来特指格赖斯的"implicature"。

② 罗素（Russell 1906）从数理逻辑的角度对隐含理论做出了深刻的分析。

③ 关于格赖斯讲座的讲稿，莱考夫曾经讲述了一段鲜为人知的小插曲，这里简单转述如下（Lakoff 1997）。格赖斯这份讲稿最早是 1967 年在英国牛津大学由关联论创始人之一威尔逊根据格赖斯的手稿用打字机打印出来的。当时格赖斯在牛津大学工作，他原来的一份手稿是为后来到哈佛大学开设讲座而写的。威尔逊那时是他在牛津的学生，格赖斯将他的手稿交给威尔逊看。威尔逊就极力说服格赖斯允许她将手稿用打字机打出来（其实，用打字机将这么长的讲稿打出来可不是一件容易的事）。当格赖斯 1967（或 1968）年去伯克利（Berkeley）的时候，他随身带的是威尔逊给他的打字稿。到了 1968 年，威尔逊本人从英国到了美国麻省理工学院（MIT）学习语言学，她随身又带了一份打字稿，因而格赖斯的一些讲稿复印件又通过威尔逊从 MIT 散发出去了。不过，格赖斯整整 20 年一直拒绝正式发表他的讲稿。幸好莱考夫当时在哈佛讲授语言学，有机会出席听讲，并获得了格赖斯讲稿的复印本。在 1960—1970 年间，莱考夫成功地在语言学者中间散发了不下 1 000 份讲稿的全文复印本。也正是在那个时期，一些就这个题目写过重要著述的知名学者，如列文森（Stephen Levinson）、格林（Georgia Green）、霍恩（Laurence Horn）等人，开始对这个论题产生兴趣，他们都从莱考夫那里获得了这份完整的讲稿复印本，而这些讲稿复印件其实都来自威尔逊为格赖斯打的那份打字稿。从这个意义上说，语用学界乃至哲学界应该感谢威尔逊与莱考夫为传播格赖斯讲稿所做的努力和贡献。人们后来所见到的格赖斯讲稿收在 *Syntax and Semantics*（《句法学与语义学》）系列丛书的第 3 卷 *Speech Acts*（1975），由科尔与摩根（Peter Cole & Jerry Morgan）合编，但那只是讲稿中的一章，而题目正是"Logic and conversation"（《逻辑与会话》）。尽管如此，它得以出版并不容易，过程还比较曲折（Chapman 2005：186）。那是在 1973 年，在美国得克萨斯州首府奥斯汀（Austin）的一个学术会议上格赖斯喝醉了，莱考夫当时建议科尔准备好一个用稿合同，科尔照办了，格赖斯糊里糊涂地在合同上签了字，这样才使人们第一次在书中见到格赖斯的这一章讲稿。1978 年，科尔在同一套丛书的第 9 卷里又收录了格赖斯讲稿的另外一章，即"Further notes on logic and conversation"（《关于逻辑与会话的进一步说明》）。格赖斯完整的讲稿 1989 年由哈佛大学出版社出版，题为 *Studies in the Way of Words*（《言辞之道研究》）。从 1975 年格赖斯讲稿中的一章在科尔与摩根合编的论文集中发表，再到 1989 年完整讲稿正式出版，这中间已经过去很长一段时间了。

那早已过时了的符号逻辑理论①。日常语言学派的反例之一是预设。1968年，范·弗拉森(van Fraassen 1968)讨论了不同句子之间预设的语义关系，区分了预设与隐含(implication)以及自指(self-reference)本身所存在的一些悖论，并以不同于罗素的说法将它纳入了逻辑研究范畴。格赖斯试图保留罗素关于摹状词的理论，可是面对着真实世界纷繁复杂的语言现象，他在词汇预设面前似乎有点不知所措。

不可否认，任何一种理论、观点或研究方法都不可避免地存在这样或那样的缺陷或局限，人类永远是也只能是走在认识世界和改造世界的途中。格赖斯亦不例外，他关于意义与交际的理论和观点也有许多不足，但不管怎样，有一点可以肯定，那就是格赖斯在哈佛大学所做的系列演讲为语言哲学的进一步发展提供了重要思路，而他关于意义与交际的重要论述也为语用学打下了坚实的基础，甚至使语用学理论发生了革命性的变化，成为当代语用学与语言哲学的重要基石，对语义学与语用学的分界以及语言与心智问题产生了极其深远的影响。

1.2.1 理性、会话与合作原则

格赖斯提出交际的合作原则，强调交际中的暗含意义。他认为，要理解说话人在话语中有意的暗示，即含意(implicature)，人们靠的不是语言解码(linguistic decoding)，而是语用推理(pragmatic inference)。语用推理是根据语境假设(contextual assumptions)以及交际的一般原则做出的。格赖斯会话含意学说的出发点是，人们总相信，说话的时候要相互合作，要遵守一些诸如真实、充分、关联、清楚等原则和准则。这就是所谓的"合作原则"(cooperative principle)：

(8) 在正常情况下，我们的言语交流是由一连串互为关联的话语组成的，否则就不合乎情理。它们至少在一定程度上体现了合作努力的特点；每个会话参与者都能从中找到一个或一组共同的目的，或至少有一个相互接受的方向。这个目的或方

---

① 符号逻辑通常由两部分理论组成(见 Russell 1906：159)，即类理论(the theory of classes)和命题理论(the theory of propositions)。

向也许在交流开始时就已经确定好了(比如在开始时提出讨论问题),也可能在谈话过程中发生变化;它可能是比较确定的,也可能不太确定,参与者有较大的自由(就像在随意言谈中那样)。(Grice 1989:26)

为进一步说明合作原则的内容,格赖斯提出了一些准则。他仿效德国哲学家康德(Immanuel Kant)①,将这些准则分成四个范畴,每个范畴包括一条准则和一些次准则:

(9)数量准则(quantity maxim):

　　a. 你所说的话应包含(当前交谈目的)所需要的信息;

　　b. 你所说的话不应超出所需要的信息。

(10)质量准则(quality maxim):努力使说的话真实。

　　a. 不要说自知虚假的话;

　　b. 不要说缺乏足够证据的话。

(11)关系准则(relation maxim):要有关联。

(12)方式准则(manner maxim):要清楚明白。

　　a. 避免晦涩;

　　b. 避免歧义;

　　c. 要简练(避免啰唆);

　　d. 要有次序。

以上就是格赖斯提出的合作原则。根据该原则的实质,说话人和听话人要不断理解对方说话的目的或动机。合作原则其实是一种特殊情况(即会话)中的合作原则,它的四个准则,即关于会话的准则,很容易使读者一开始就认为它们是一种一般的、不切实际的认识,或者说是毫无用处的规则。应当指出的是,合作原则中的"合作"是指言谈应对层面上的合作,而不是指社交层面的合作。这就是为什么格氏在1967年的讲座里没有涉及礼貌问题(另见 Xie et al. 2005;Xie 2007)。

---

① 康德(Kant 1934:74;另见杨祖陶、邓晓芒 2001:115—116)在论述判断的知性形式时根据数量、质量、关系以及模态将判断分成 12 类,具体如下:判断的数量包括全称的、特称的、单称的;判断的质量包括肯定的、否定的、无限的;判断的关系包括定言的、假言的、选言的;判断的模态包括或然的、实然的、必然的。

在遵守上面有关合作原则的各项准则时,不同说话人、不同场合会有不同侧重。对一些说话人来说,他们在方式准则方面可能会特别注意,他们很强调话语的清楚、完整,而把真实、信息量方面的准则放在次要地位。对另一些说话人来说,他们很可能把重点放在质量准则上面。他们强调互动话语的真实性,强调说话要有理有据,至于话语是否完整、是否合乎语法,这些倒不是很关注。下面我们引用一位学英语的中国学生同一位刚认识不久的英国教师的对话作为例子:

英国教师对中国学生说"Oh, what beautiful handwriting!",学生听到表扬,感到不好意思,会说"No, no, not at all. You are joking."这样的话。女教师听她这么一说,就不再说话,耸耸肩走开了。这个例子说明,交际中人们在遵守合作原则方面可能存在差异,那位英国女教师首先考虑的是质量准则,她说的是真话,而且言出有据,而学生在应答中强调了汉语礼貌中的谦虚准则。当然,这在一定程度上是由于交际双方文化背景不同而导致表面上的"不合作"现象,中国学生受到中国文化传统的制约抛开了质量准则,对自己的书法水平做出了不真实的否定。结果,双方本应共同遵守的合作原则受到干扰,教师的真话学生没有当真,所以教师不高兴地走开了。

1.2.2　自然意义与非自然意义

格赖斯(Grice 1957)首先注意到英语中"mean"一词的意义含混不清,他对比了下面两组句子(Grice 1989:213—214):

(13) A: a. Those spots mean (meant) measles.

   b. Those spots didn't mean anything to me, but to the doctor they meant measles.

   c. The recent budget means that we shall have a hard year.

  B: a. Those three rings on the bell (of the bus) mean that the bus is full.

   b. That remark, "Smith couldn't get on without his trouble and strife", meant that Smith found his wife indispensable.

格赖斯的解释如下。第一,对于 A 组句子,我们不能说"那些斑点意味着麻疹,但他没有患过麻疹",也不能说"最近的预算意味着我们来年不好过,但我们将不会不好过"。也就是说,X 意味着 P 并且 X 意味着 P 蕴涵了 P。相反,对于 B 组句子,我们可以接着(13)Ba 句说"但是事实上车并没有满座,是司机搞错了"。我们也可以接着(13)Bb 句说"但事实上,史密斯 7 年前就把他妻子遗弃了"。也就是说,这里 X 意味着 P 而且 X 意味着 P 不蕴涵 P。第二,A 组句子不能变换成被动形式,而 B 组句子可以引出被动形式的陈述。第三,我们不能从"那些斑点意味着麻疹"得出结论说某人有这些斑点意味着什么,即 A 组句子不能改成行为者有意识的行为。B 组句子可以变换成行为者有意识的行为。第四,在上述句子中,动词"意味"后面不能接带引号的短语或句子,"那些斑点意味着麻疹"不能表述成"那些斑点意味着'麻疹'"或"那些斑点意味着'他有麻疹'"。B 组句子相反,即动词"意味"后面可以接带引号的短语或句子,如"那三下铃声意味着'车满了'"。第五,A 组句子可以用"The fact that . . ."开头进行改写,句子意义没有因为改写而发生变化,比如,"The fact that he had those spots meant that he had measles"。B 组句子虽然也可以用"The fact that . . ."开头进行改写,但句子意义很可能发生变化。

格赖斯认为 A 组动词"意味"所表达的是自然意义(meaning$_N$),而 B 组动词"意味"所表达的是非自然意义(meaning$_{NN}$)。自然意义所陈述的只能是事实,而非自然意义所陈述的则可以不是事实;自然意义反映事物的内在特征,是自然地显示出某事,而非自然意义则没有自然地反映事物的本质属性,带有人为意图的特点。在他看来,虽然自然意义与非自然意义的区分并不是很绝对,但在大多数情况下,我们还是可以区分清楚的。格赖斯之所以强调区分自然意义与非自然意义是因为他对非自然意义很感兴趣,觉得自然意义只是两个事件之间的必要联系,而非自然意义与交际关系十分密切,但不好理解,所以很值得研究。这也就是格赖斯虽然强调外部世界中自然意义与话语中非自然语言意义之间的概念关系,但却着重研究非自然意义的主要原因所在。格赖斯从说话人意图角度对非自然意义进行演绎分析,指出非自然意义(即说话人意义)与交际意图的表达与识别相关。在他看来,并非所有的行为都有非自然意义,但那些带有非自然意义的行为肯定与意图相关。首先,说话人期望通过其话语在听话人的大脑里产生某种效果,比如控制思想、改变信仰、诱发或抑制行动。其次,说话人期望自己的意图能够被听话人识别。再次,说话人期望自己想要的某种效果能够通过听话人的识别而出现。如果某一行为具有上述形式的意图,那么这意欲传递的效果就是格赖斯所说的非自然意义,或者说是行为者通过该行为传递的非自然意义。由此可以看出,格赖斯是以意图为基础来区分自然意义和非自然意义的。不过,后来格赖斯的注意点发生了变化,即从关注自然意义与非自然意义的区别转向关注自然意义与非自然意义之间的共同点及其概念联系(详见 Grice 1982)。

1.2.3 理性、意图与会话含意

从某种程度上来说,格赖斯学说的核心就是理性交际中的含意推导问题。"implicature"(含意)一词最早出现在格赖斯的经典论文《逻辑与会话》中。在格赖斯意义理论中,"明说"(what is said)与"暗含"(what is implicated)都是说话人意义的组成部分。"明说"指的是由真值条件语义学所决定的那部分意义,它与所说的词或句子的规约意义以及语法结构密切相关,而"暗含"则是真值条件无法决定的那部分意义,它属于语用意义。格赖斯将含意分为两大类,即规约含意(conventional implicature)和会话含意(conversational implicature)。对于规约含意,格赖斯只是蜻蜓点水,轻描淡写(Grice 1961,1975;另见 Potts 2005;Feng 2010),而会话含意则是格赖斯的重点,也是被广泛接受、广泛讨论的含意类型。

格赖斯认为会话交流参与者一般都会遵守合作原则及其相关准则,而遵守或违反准则均可能产生会话含意。会话含意是非逻辑性推理的结果,它包含了说话人意欲传递的信息,而这个信息是意会的结果,不属于严格意义上的明说内容(Huang 2007:27;另见 Koktová 1998:371)。关于会话含意,格赖斯主要讨论了一般会话含意和特殊会话含意①,语境

---

① 列文森(Levinson 1983:104)则指出,格赖斯实际上还讨论了另一类型的含意,即标准含意。这类含意不是因违反而是因遵守会话准则而产生。

条件是区分一般会话含意和特殊会话含意的重要依据。以下是列文森(Levinson 2000：16—17)所举的例子：

（14）语境 1：A：What time is it?

B：Some of the guests are already leaving.

特殊会话含意：It must be late.（现在肯定很迟了。）

一般会话含意：Not all of the guests are already leaving.（并非所有的客人都已离开。）

语境 2：A：Where's John?

B：Some of the guests are already leaving.

特殊会话含意：Perhaps John has already left.（也许约翰已经离开了。）

一般会话含意：Not all of the guests are already leaving.（并非所有的客人都已离开。）

一般说来，特殊会话含意更依赖语言语境，而且，显然它不包含在"明说"里面。至于上述两句的一般会话含意，由 some 所触发的含意（并非所有）在两个语境中均可以出现，因此该含意比较独立于语境，而这或许是一般会话含意最显著的特征。除此之外，一般会话含意通常与一些语言形式相联系。比如：

（15）Peter is meeting a woman this evening.

由于使用了不定冠词，这个话语的一般会话含意很可能是"彼得今天晚上要见的女人不是他的妻子、妹妹、母亲或亲戚，而是别的女人"。

1.2.4　会话含意的特性

格赖斯认为，会话含意具有五个方面的特性（Grice 1989：39—40）：

可取消性

所谓可取消性（cancellability），或者说可废除性（defeasibility），是指会话含意可以在一定的语言或非语言语境中消失。格赖斯认为，既然要假定会话含意的存在就必须假定人们至少遵守了合作原则，既然人们有可能退出合作原则，那么一般会话含意就可能在特殊情况下被取消。说话人可以再补充一句话，从而明确取消原有的会话含意。说话人也可以把通常具有某种含意的话语用于特殊语境,通过取消语境来取消有关含意(另见 Huang 2007:32—33)。

不可分离性

所谓不可分离性(non-detachability),是指任何具有相同语义内容的语言表达都可能携带相同的会话含意,就是说会话含意依赖整个话语的语义内容而产生,只要使用同义表达或类似表达来替换原来的话语,就不会使原有的会话含意发生变化。格赖斯指出,如果说要计算出某一特定会话含意,除了语境和背景信息,只需知道所言,表达方式无关紧要,那么这种情况不可能存在,即:表达相同意思的说法没有相同的会话含意。①

可推导性

所谓可推导性(calculability),是指会话含意可以通过合作原则及其相关准则推导出来。格赖斯给出的会话含意推导模式如下:

(16) a. 说话人说出 p;

b. 没有理由认为说话人不遵守(合作原则下的)各项准则,或至少假定他会遵守合作原则;

c. 说话人为了说出 p,遵守合作原则或相关准则,他必须认为 q;

d. 说话人知道,听话人要认为说话人遵守合作原则就必须假定 q 的存在;

e. 说话人没有阻止听话人认为 q;

f. 因此,说话人想要听话人认为 q,而且说 p 的同时已经暗含了 q。

非规约性

所谓非规约性,是指会话含意并不是语言表达规约意义的一部分。在格赖斯看来,既然会话含意需要先了解话语的字面意义或规约语力(conventional force)②,那么会话含意就应该不包括在字面意义或规约

---

① 列文森(Levinson 1983:117)认为这个特性有助于将会话含意与预设和规约含意等其他语用推理种类区别开来。

② 所谓"语力"(force),主要指"用意"。

语力里面。格赖斯指出,所言的真实性不要求会话含意也具备真实性,因为所言可能为真,但所含却可能为假;因此,含意不是由所言携带的,而只是由所言之言(the saying of what is said)或所言的方式(putting it that way)携带。黄衍(Huang 2007:34)认为,会话含意不与命题或句子发生联系,而是与说话人或话语相联系。

不确定性

所谓不确定性,是指具有单一意义的表达在不同场合下可能引发不同的会话含意。格赖斯认为,既然计算会话含意就是计算必须假定什么才能维持合作原则得到遵守这个假定,既然可能有各种各样的具体解释,会话含意就只会是其中的一个。如果假设是开放式的,那么会话含意就是不确定的。①

1.3 评价与思考

格赖斯开创了会话逻辑研究之先河,提出著名的合作原则及其相关准则。格赖斯注重研究说话人话语中的含意,认为交际者对话语的认知与对话语的理解很值得探讨,因为交际是否成功要以说话人的意义或意图能否最终在听话人身上实现为主要标准。理解说话人的话语不仅包括它的字面意义而且还包括说话人通过该话语所传达的说话人意义。格赖斯在合作原则基础上建构了会话含意理论的推导机制,认为用传递意图和推理意图就足以描写交际特性,因为意图的传递和推导不一定需要借助语码。② 格赖斯强调对会话含意的研究,特别是对特殊会话含意的研究,强调对交际中暗含意义的推导,指出要理解说话人在话语中有意的暗示,听话人所依靠的不是语言解码,而是语用推理,即根据他提出的合作原则及其四个准则进行推理。可以说,格赖斯理论是语用学的分水岭:格赖斯理论出现之前,语用学主要属于语言

① 黄衍(Huang 2007)所分析的会话含意特性除了可取消性、不可分离性、可推导性和非规约性之外,还包括可强化性(reinforceability)和普遍性(universality)。可强化性问题萨德克(Sadock 1978)早有论及,主要指说话人可以添加一个表达来凸显会话含意,却不会产生冗余感。普遍性则是指会话含意不是任意的,而是有理据的。
② 斯波伯和威尔逊(Sperber & Wilson 1986/1995:25)指出,格赖斯语用学最大的原创性并不在于他指出人类交际涉意图的识别(这是常识问题),而在于他认为这一特点就足以指导交际了:只要有办法识别交际者的意图,交际就是可能的。

哲学研究的领域;格赖斯理论出现之后,语用学才进入话语理解研究阶段。格赖斯让我们注意到意义的"可推导性"(calculability),就是说意义不一定都是由语言或语义规则规定的,它还可以通过话语与语境结合推导出来。

但格赖斯的学说也留下许多悬而未决的问题,特别是对合作原则诸准则的性质、来源及其合理性均没有交代清楚,而他在构建语用推理模式时所提出的理论性原则与该理论的实际操作之间也存在着一些矛盾。在交际过程中,人们一定非要合作不可吗?如果没有合作,交际是不是一定就失败了呢?我们该如何定义合作呢?说话人难道必然地遵守着真实、充分、关联、清楚的原则或准则?支持"合作原则"及其准则的基础及理据是什么?除了会话原则还有没有其他原则在指导人们的日常言语交际活动呢?我们该如何定义关联呢?对于这些问题,格赖斯语用理论似乎语焉不详。同样,他也没有交代他那些合作原则和准则的来龙去脉,没有交代人们是如何掌握这些东西的。格赖斯语用推理理论认为,人们在交际时都相信,说话人和听话人之间要相互合作,要共同遵守真实、充分、关联以及清楚等四个准则,如果说话人故意违反了合作原则,听话人则可以根据合作原则的各项准则和当时的语境推导出他故意这样做的意图,推导出他的会话含意。但现实生活的语言交流过程真的是这样一成不变的吗?语用原则是否有助于确定指称意义、消除歧义,哪一些原则对明说交际有影响而对暗含交际不起作用呢?它们是否可以帮助选择恰当的语境假设呢?我们甚至怀疑这些原则和准则是不是普遍适用于各种语言的交流。如果普遍适用于各种语言的交流,那是不是就意味着人们天生就懂得遵守呢?它们有没有带上说话人的文化特征?如果带上文化特征,操不同语言的人们在应用这些原则和准则进行交际时就必然会出现差异。这样一来,又怎么可以说它们是普遍适用的呢?关于话语理解问题,格赖斯认为理解是一种有意识、没完没了的推理过程(见 Grice:1989:31):"当说话人说出p,他就遵守了合作原则及其准则;除非他相信 q,不然他就不可能遵守合作原则及其准则;因此,他相信 q,并希望听话人也相信。"这种形式化甚至有些僵化的推理模式,在现实生活中的日常话语理解过程中并不多见。福特(Fodor 1983)的心理学研究表明,在一般情况下,推理过程通常是本能的、无意识的和自动的,即所谓的"模块性"(modularity)。格赖斯并没有指出说话人意义可以是自动、无意识的理解过程。

如今,格赖斯的学术思想在当代语言学的诸多领域得到了广泛的讨论、引用与应用,而以他名字命名的"格赖斯语用学"早已形成(如Dascal 1994;Chapman 2005),后来还出现了所谓的"新格赖斯语用学"(neo-Gricean Pragmatics)或"后格赖斯语用学"(post-Gricean Pragmatics)。格赖斯语用学的后续发展是学者们(Horn 1972,1984,1988,1989,2004;Atlas & Levinson 1981;Levinson 1983,1989,1991,2000;Sperber & Wilson 1986,1995;Atlas 1989,1993,2005;Carston 2002;Wilson & Sperber 2002,2004)对其提出的语用原则试图加以简化。列文森等将含意四准则简化为三原则:数量原则、信息量(informativeness)原则、方式(manner)原则;荷恩(Horn)将之简化为两原则:数量原则和关系(relation)原则;斯波伯和威尔逊则干脆简化为单一的关联(relevance)原则。由于列文森和荷恩等学者的重点是将格赖斯的四准则朝规则性质的模块体系方面发展,试图用形式手段来研究一般含意或规约含意,探讨这类含意的生成规律,被认定为新格赖斯语用学理论,如今,它已发展为一种紧随格赖斯含意学说的现代语用学理论(Modern Pragmatics)。至于斯波伯和威尔逊的语用学理论又是另一种属于认知性质的现代语用学理论(Chapman 2011:89—102),我们前面提过,这种认知语用学理论注意到格赖斯曾论及意义的"可推导性",说明意义不一定都由语言或语义规则规定,而是可以通过话语与语境结合推导出来。因此格赖斯语用学最需要解决的是如何解释关联性的问题,格赖斯"要有关联"这条关联准则不够明晰,它不能够对推理意义理论提供充分的解释。于是,斯波伯和威尔逊便系统地提出关联论。接下来我们先对格赖斯语用学做一个简单总结,然后在下一章再具体讨论关联论中的关联概念及其相关问题。

1.4　结语

本章从语用学的源流说起,从古希腊、古罗马时期的雄辩术,从维特根斯坦、马林诺夫斯基到莫里斯、卡纳普、皮尔斯的有关论述,特别谈到莫里斯的符号学说,指出是他提出语用学研究说话人与听话人如何使用符号来完成交际行为。此外,语用学又得到斯特劳森、奥斯汀、塞尔、格赖斯等语言哲学家们的充实和发展,从哲学走向语言学,并成为语言学的一个学科分支,最终成为一门独立的学问。

在西方哲学界的日常语言学派和逻辑分析学派的争论过程中,格赖斯(Grice 1975)在哈佛大学所作的题为"Logic and conversation"(《逻辑与会话》)的讲演给现代语用学奠定了基础。他认为语用学研究的一个核心问题是面对可作多重理解的话语听话人,如何通过语言信息最终得以确定其含意。听话人的任务是正确理解说话人希望被理解的话语意思,而语用学的主要任务之一就是解释听话人理解话语的过程。

格赖斯提出交际的合作原则,强调要理解交际中的暗含意义,于是有了合作原则的四条次准则:数量准则、质量准则、关系准则和方式准则。他认为,人们说话交际要相互合作,遵守准则。如果违反准则,就可能产生一些说话人没有明说的含意。他分析了语词的自然意义和非自然意义,谈论了话语的意图和话语的含意。他特别提到会话含意五个方面的特性:可取消性、不可分离性、可推导性、非规约性和不确定性。格赖斯的见解引起学界的兴趣,大家纷纷参与讨论,加以引用和应用,产生相当大的影响,被称为格赖斯语用学。

然而,正如前面所言,格氏学说也留下了不少悬而未决的问题:他过于强调要遵守合作原则,特别强调要"真实";过于强调违反准则的故意性,以为此法必然会让听话人理解说话人的真实意图;他只讲交际话语中的暗含,不讲交际话语中的明说,而话语并非每句都有暗含。格氏学说还忽视了语境的动态性,以为听话人赖以理解话语的语境是事前固定、静止不变的,这就影响到学说中关联准则的推导(另见 Petrus 2010)。但这些不足也使得研究格赖斯的学者们对学说进行补充和修正,于是又进一步产生了专门研究和分析含意的新格赖斯语用学以及研究认知和交际的关联论。

第二章　论关联

从事语言学和哲学研究的法国学者斯波伯和英国学者威尔逊从格赖斯的关联概念入手,对话语理解过程进行了详细研究,于 1986 年联名出版了一本题为《关联:交际与认知》(*Relevance: Communication and Cognition*) 的专著,提出了与交际和认知有关的关联论(Sperber & Wilson 1986,1995;Wilson & Sperber 2002a,2004)。它实际上是以一般认知观为基础,研究人类交际与话语理解的一种"认知心理学理论"(Wilson & Sperber 2004:625)。与语用学的形式化研究方法(Gazdar 1979)和社会文化研究方法(Leech 1983)不同,关联论从认知心理学角度研究话语解读,认为人类心智朝高效率方向进化,注意力和认知资源倾向于自动处理那些具有关联的信息,话语理解过程涉及心理表征的推理和计算。换言之,人类心智的信息处理以关联为驱动力(relevance-driven),对所掌握的信息进行选择性处理,从而构建出新的话语表征。如果从 1986 年正式提出算起,关联论到今天已走过了将近 40 余个春秋,这期间接受者有之,批评者有之,误解者亦有之,但不管怎样,有一点不可否认,那就是关联论已日趋成熟,在"语用学、语义学、修辞学、交际研究、心理与社会语言学、认知心理学、语言哲学和文学"(Sperber & Wilson 1998:v)[1]等方面逐渐显示出强大的解释力,影响力大大超过了所引起的争议(more influential than controversial)[2],在一定程度上甚至对我们认识和解释交际产生了革命性的作用(Xie 2003:171)。关联论可以说是近年来给国内外语用学界乃至语言学界带来较大影响的认知语用学理论。

2.1　关联的定义

关联是科学、哲学与日常生活中既重要又模糊的一个概念,要对它

---

① 相关文献不胜枚举,感兴趣的读者可以参见西班牙阿利坎特大学(Universidad de Alicante)的学者尤斯(Francisco Yus)汇编的"关联论在线参考文献"(Relevance Theory Online Bibliographic Service),该参考文献网页随时更新,是跟踪了解关联论的优秀窗口。

② 斯波伯曾在其个人网页上说过,关联论既产生了影响,也存在着争议(influential and also controversial)。

做出清楚的界定和分析并不容易。盖茨达（Gazdar 1979：45）指出，"关联与语言学描写相关联，这是很显而易见的……同样显而易见的是，关联概念还缺少形式化的语言分析"。沃斯（Werth 1981：129—130）认为，会话互动的解释主要是以关联为基础的，但我们却没有给关联下定义，所以我们必须弄清楚关联概念的含义，看看它到底是一个语义概念还是语用概念。格赖斯在讨论合作原则时曾说过这么一段话：

（1）在关系范畴底下我只放一条准则，即"要有关联"。虽然该准则本身很简短，但它的表述却掩盖了许多让我惶恐不安的问题：关联大概有多少种不同种类、不同焦点呢？这些关联性在言语交谈过程中如何发生转移，如何考虑会话主题合理变动的事实，等等。我发现这些问题相当棘手，不好处理，我希望以后再来研究它们。（Grice 1989：27）

从上面的引言可以看出，格赖斯本人对关联概念所存在的问题早有察觉，但却没能很好地加以阐释。所以格赖斯只好坦然承认："只有对关联本身及需要关联的条件更加清楚明了之后才能对合作原则下结论。"（Grice 1989：30）除了格赖斯，还有一些学者也曾注意到关联概念对理解人类交际的重要性，试图从理论上加深对该概念的认识。逻辑学家贝尔纳普（Belnap 1960，1969）曾经论述了衍推与关联之间的关系，并利用关联逻辑讨论了那些有关联但却不是十分有效的（relevant but not quite valid）推理。社会现象学家舒茨（Schutz 1970）指出，关联是一种原则，交际个体可以据此将认知结构组织成"意义领域"（provinces of meaning）。语用学家和哲学家达斯卡尔（Dascal 1977，2003）认为格赖斯分析的例子似乎表明，合作原则更像是关联原则。他将关联概念与会话要求的满足联系起来，在格赖斯关联概念的基础上区分了语用关联与语义关联，前者主要指言语行为与交际目标的关联，后者主要指语言、逻辑或认知之间的相互关联。不过，将格赖斯的关联概念发挥得淋漓尽致的无疑是斯波伯和威尔逊，因为他们创立了关联论，吸引目光无数，引发了关联论运动，而伦敦大学学院（University College London）的语用学研究也因此被一些学者称作"伦敦语用学流派"（Mey 2001：83）。

何谓关联？斯波伯和威尔逊承认关联概念的模糊性，认为不同使用者有不同的用法，甚至同一个使用者在不同的时间也会有不同的用法。在他们看来，要探讨"什么是关联"，首先必须弄清楚"语境效果"（contextual effects）这个概念，因为后者是前者的必要充分条件：语境效果可能会由于新信息在旧信息中的语境化（contextualization）而产生，主要有三种类型，即语境暗含①、假设增强②以及假设抵触③（Sperber & Wilson 1986：108—117）。具体说来，就是：

（2）a. 认知效果与现有语境假设相结合，产生语境暗含；

b. 认知效果加强现有语境假设（为其提供更多证据）；

c. 认知效果与现有语境假设产生矛盾（为其提供有力的反证）。

斯波伯和威尔逊指出，在其他条件相同的情况下，语境效果越大，关联性就越强；如果某一假设在特定语境中没有任何语境效果，那么它在该语境中就不具备关联性，而感知到某假设的语境效果就足以说明该假设具有关联。在此基础上，斯波伯和威尔逊对关联概念做出如下定义（Sperber & Wilson 1986：122）：

（3）一个假设当且仅当在某语境中具有语境效果时，它才在该语境中具有关联。

在斯波伯和威尔逊著作的第二版（Sperber & Wilson 1995：294）中，他们提出了第四种语境效果，即现有语境假设的削弱（weakening of existing assumptions），那么，为什么要增加第四种语境效果呢？

威尔逊（Higashimori & Wilson 1996：4）指出，如果现有语境假设得到加强或者受到削弱，都可能获取关联性。问题在于，根据关联理论框架，现有语境假设是在什么地方被削弱的呢？

这里存在两个不同的问题：第一，削弱现有语境假设是否有助于

---

① 语境暗含（contextual implications）或语境隐含，是新信息与旧信息互动产生的结果，或者说，语境暗含不是单方面只靠输入内容或语境，而是根据输入内容和语境两方面一起推导出来的结论。

② 语境增强（assumption strengthenings）主要指新信息提供进一步的证据使旧假设得到加强。

③ 语境抵触（assumption contradictions）主要指信息与旧假设相矛盾因而放弃旧假设。

获取话语的关联性？斯波伯和威尔逊对此持肯定态度，而且始终认为，现有语境假设的任何加强或削弱都对获取关联性起一定的作用。在对产生语境效果的语境化（contextualisation）条件进行解释的同时，他们已对此作过阐述（Sperber & Wilson 1995：286）。第二，是否应将现有语境假设的削弱和语境暗含、现有语境假设的加强以及现有假设的相互矛盾与否定一样视为一种不同的语境效果？斯波伯和威尔逊都认为，现有语境假设不可能直接减损，只能将其当作另一语境效果的一种副产品（by-product），比如，现有语境假设的相互矛盾与否定，会削弱所有依赖于该假设的语境暗含。因此不应把现有语境假设的削弱当作一种独立的语境效果，它只对关联性起间接作用。

2.2 关联度

斯波伯和威尔逊（Sperber & Wilson 1986：123）承认，（3）中的关联定义并不充分，原因有二：第一，关联性是一个程度问题，但该定义没有指明如何判定关联度；第二，关联被定义为假设与语境之间的关系，却没有说明如何判定语境。斯波伯和威尔逊（Sperber & Wilson 1982：74）指出：

(4) 关联不是简单的二分概念，而是一个程度问题；人们能够给可能的解读赋予不同程度的关联，我们或许可以认为说话人和听话人所应用的不是简单关联标准，而是最大关联标准。

有鉴于此，斯波伯和威尔逊着重讨论了关联度问题，认为"关联度取决于输入与输出之间的比率，这里的输出就是语境隐含的数量，输入就是推导语境隐含所需的处理量[①]"（Sperber & Wilson 1982：74）。在两个花费相同处理量的话语当中，具有较大语境隐含的话语具有更大程度的关联，处理量花费较少的话语也更有关联。换言之，关联判断涉及两方面的因素，一是语境暗含或语境效果的数量，二是获得语境暗含或语境效果所需的处理量。为了说明关联度问题，威尔逊和斯波伯（Wilson & Sperber 1986：250—252）列举了下面的例子：

---

① 这里的处理量（amount of processing）主要指处理话语所花费的时间和注意力。

(5) a. The tickets cost £1 each.

    b. People may buy more than one ticket.

    c. The person who bought the green ticket wins the prize.

    d. The prize is £100 000.

    e. Anyone who wins £100 000 can fulfil the dreams of a lifetime.

如果听话人只了解到(5),而说话人知道以下的(6)和(7)是正确的,那么,说话人为了实现最大关联,该选择表达哪个命题呢?

(6) James bought the green ticket.

(7) Charles bought the blue ticket.

(8) James bought the green ticket, and today is Tuesday.

斯波伯和威尔逊认为,既然(6)和(7)有平行的逻辑结构,而且处理的语境相同,那么这两个句子所要求的处理量也就大致相当。因此在这些命题当中,具有最大语境暗含的命题就具有最大程度的关联。(7)只有(9)一个语境暗含,而(6)的语境暗含则包括(10)至(13):

(9) The blue ticket cost Charles £1.

(10) The green ticket cost James £1.

(11) James wins the prize.

(12) James wins £100 000.

(13) James can fulfil the dreams of a lifetime.

所以,(6)的关联性大于(7)。威尔逊和斯波伯指出,在比较(6)和(8)的时候,必须把两个因素——语境暗含和处理量——同时考虑进去。(6)和(8)的语境暗含虽然一样,但它们所需的处理量是不同的,因为从(8)可以衍推出(6),处理(8)所需的步骤除了包括处理(6)所需要的步骤之外,还包括其他方面。威尔逊和斯波伯根据他们所列的关联判断标准认为(6)所需的处理量最小,因此关联性最大。威尔逊和斯波伯认为这符合人们关于关联的直觉判断。从人类认知的特点来看,人们在处理信息时倾向于以尽量少的认知努力来获得尽量大的认知效果,而不仅仅是判定新信息的关联度。也就是说,判定关联度不是话语理解过程的目标,而只是达到目标的手段。

斯波伯和威尔逊以人们对关联的直觉认识为出发点,试图将关联概念提升为一个具有理论意义的学术概念,并利用这个概念来对人们的直觉做出预测。他们提出了带程度条件(extent condition)的关联定义(Sperber & Wilson 1986：125)：

(14) 程度条件1：如果一个假设在某语境中的语境效果很大,那么它在该语境中就是有关联的。

程度条件2：如果一个假设在某语境中所需的认知努力很小,那么它在该语境中就是有关联的。

简而言之,语境效果与关联成正比,认知努力与关联成反比。当然,值得注意的是,语境效果并非随意可得,它要求人们在思辨、推理方面付出一定的努力。在付出努力之后,话语的语境效果能否推导出来主要看以下三个因素：

(15) a. 要看话语是否复杂;

b. 要看语境是否明确;

c. 要看在该语境下为求得语境效果而进行推算时付出了多少认知努力。

2.3 关联、语境与交际个体

斯波伯和威尔逊把关联看作是一种心理属性,是认知效果与认知努力作用的结果,是假设与语境之间的关系。语境对于话语理解的重要性不言而喻,但不同学者对语境的定义及其构成有着不同的看法。一些学者(如：Lyons 1977；Brown & Yule 1983；Levinson 1983)认为语境跟选择没有关系;在言语交际过程中,语境经常是给定的,它早在理解过程开始前就已经存在了。斯波伯和威尔逊则认为语境是一种心理建构体,是听话人对世界的假设集,这些假设集影响了听话人对话语的解读。从这个意义上说,语境不仅仅局限于与现有物理环境或先前话语有关的信息：对未来的期待、科学假设或宗教信仰、人生体验、一般文化假设、对说话人心理状态的认识等,都可能对话语解读产生或轻或重的影响。他们举例讨论了与语境有关的五个假设(Sperber & Wilson 1986：133—137)：

（16）a. 话语理解语境就是同一个对话或语篇中由先前话语明确表达的假设集；

b. 话语理解语境不但包括语篇中先前话语明确表达的假设集，它还包括所有这些话语的暗含意义；

c. 话语理解语境不但包括先前话语明确或隐含表达的假设集，它还包括依附在假设集所用概念里面的百科知识词条（encyclopedic entries）；

d. 话语理解语境由先前话语所表达和隐含的假设集组成，加上依附在这些假设集所用概念里面的百科信息，再加上依附在新话语所用概念里面的百科知识词条；

e. 话语理解由先前话语所表达和隐含的假设集组成，加上依附在这些假设集和话语本身所用概念里面的百科知识词条，以及依附在另外一些假设（即语境百科知识词条所包含的假设）所用概念里面的百科知识词条。

斯波伯和威尔逊质疑以上五种假设，认为语境不是预先确定的，而是择定的，即"语境建构在整个理解过程中允许不断选择，不断修正"（Sperber & Wilson 1986：137）。在关联论里面，语境是动态的，是一个变量，它不仅仅包括先前话语或话语发生的环境，它更多的是指解读话语所激活的相关假设集，它们的来源可以是先前话语或对说话人以及对现时环境的观察，也可以是文化科学知识、常识假设，还可以是听话人处理话语时大脑所想到的任何信息。这些因素所决定的不是单个语境，而很可能是一系列语境。对每一则新信息而言，各种来源（如长期记忆、短期记忆、感知）的假设集都有可能成为语境，但交际个体的百科知识记忆结构以及当时正在进行的心理活动会使语境选择范围受到限制。

接下来的问题是：人们在言语交际中如何选择语境呢？关联论的答案是：话语理解语境选择是由关联所决定的。不是先有语境，然后再去判断话语关联；相反，人们希望正在处理的假设是有关联的（否则他们就不会花力气去处理），然后再设法选择一个能够实现关联最大化的语境（Sperber & Wilson 1986：142）。从这个意义上说，关联是已知的不变量,语境是未知的变量。必须注意的是,有些时候,为了寻找话语关联,实现关联最大化,需要延伸初始语境。所谓初始语境,是指在会话或文本中对前一话语的解读。听话人通过查看从话语推导出来的语境暗含来决定其解读。假如语境暗含缺失或不完全满足关联原则,初始语境可以多次延伸。延伸语境主要有三种方法:回顾过去,将使用过或已经推导出来的假设加入语境;将相关概念的百科知识词条加入语境;将直接从现场情景中获得的信息加入语境(Sperber & Wilson 1982:76)。不可否认的是,每一次的语境延伸将有助于推导出语境暗含,但同时也增加了处理量,从而减少关联度。"因此如果话语在初始语境或最小延伸语境中缺乏足够关联,那么,即使可能发现更多的语境暗含,它也很难在进一步延伸的语境中增加关联"(Sperber & Wilson 1982:76)。于是,斯波伯和威尔逊从交际个体的角度对关联做出界定(Sperber & Wilson 1986:144):

(17) 一个假设当且仅当在某一时间,在某人可及的一个或多个语境中具有关联时,它才在当时跟该个体有关联。

斯波伯和威尔逊在第二版后记中将该表述修改为(Sperber & Wilson 1995:265):

(18) 一个假设当且仅当在某一时间,在某人可及的一个或多个语境中产生一些积极认知效果时,它才在当时跟该个体有关联。

斯波伯和威尔逊还从语境效果与认知努力的角度提出了与上述定义相关的两个程度条件(Sperber & Wilson 1986:145):

(19) 程度条件1:如果一个假设通过优化处理获得的语境效果很大,那么,该假设对个体就具有关联。

程度条件2:如果一个假设进行优化处理所需的努力很小,那么,该假设对个体就具有关联。

在第二版后记中,斯波伯和威尔逊(Sperber & Wilson 1995:266)将该表述修改为:

(20) 程度条件1:如果一个假设通过优化处理获得的积极认知效果很大,那么,该假设对个体就具有关联;

程度条件2:如果取得这些积极认知效果所需的努力很小,

那么,该假设对个体就具有关联。

2004年,斯波伯和威尔逊将假设对个体的关联修改为输入内容对个体的关联,具体如下(Sperber & Wilson 2004：609)：

(21) a. 在其他条件相同的情况下,处理内容获得的积极认知效果越大,输入内容对个体的关联就越强；

　　 b. 在其他条件相同的情况下,花费的处理努力越大,输入内容对个体的关联就越弱。

在修改后的"个体关联"(relevance to an individual)这一定义中,斯波伯和威尔逊介绍了"积极认知效果"(positive cognitive effect)这一概念。它与"个人真实性认知效果"和"客观真实性认知效果"(Wilson & Sperber 2002b)之间的差异有什么联系呢? 他们曾提出"关联信息是值得保留的信息,而错误信息一般是不值得保留的信息,因为它会减损认知效率"(Sperber & Wilson 1995：264),该论断与"积极认知效果"两者之间又有什么联系呢?

斯波伯和威尔逊的最初目的是想获知关联与认知效率(cognitive efficiency)之间的一种直觉联系(intuitive connection, Higashimori & Wilson 1996)。为此,在著作的第一版中,他们指出,关联性取决于语境(认知)效果和努力程度：语境效果越大,获取这些语境效果所付出的努力越小,关联性就越强。(无论正确的或错误的,)关联信息是那些能够成功地进行处理的信息,它们可以产生正确或错误的结论(语境效果)。

在后记中,他们还提出了以下问题：假设人们有一个错误信念(belief),且这个错误信念所提供的信息可以成功地进行加工,从而产生更多的错误信念,这是否会影响认知效率,从而影响关联性呢? 或者说这样的信息是不是只与听话人有关呢?

仅仅导致错误信念的信息不应该被看作是处理该信息的受话者的关联信息。为获取以上直觉联系,就必须区分两种认知效果：一是积极认知效果,比如正确的信念,有利于提高认知效率,这显然是关联性在起作用。二是其他的认知效果,比如错误信念,它们是不值得保留的,因而毫无关联性。斯波伯和威尔逊在第二版中给"个体关联"下定义时,根据的就是正面认知效果和话语理解时所付出的努力程度：正面认知效果越大,获取这些认知效果所付出的努力越小,关联性就越强,因而认知效率和努力之间成反比关系。但须注意的是,只要错误信息产生正面认知效果,它仍可能具有关联性。故事、玩笑、假设等都可能对认知效率起作用。输入信息的真实性既不是关联性的必要条件,也不是其充分条件;起作用的是输出信息的真实性。

关联论不但将关联看作是假设的一种属性,将话语关联等同于话语明确表达假设的关联,而且还认为关联也是现象(如话语之类的刺激信号)的一种属性。在斯波伯和威尔逊看来(Sperber & Wilson 1986:150—151),说话人不能直接将假设呈现给听话人,说话人或其他类型的交际者所能做的只是提供一种刺激信号,希望接收者的认知环境能在感知这一刺激信号后发生改变,并产生一些认知过程。个体的认知环境就是显映在个体面前的所有事实,而现象通过显现一些事实来影响个体的认知环境。结果个体的大脑可能将这些事实表征为假设,并可能使用它们来推导出一些大脑所显现但与实际事实不对应的假设。据此,斯波伯和威尔逊将关联延伸到现象,从现象的角度对关联做出如下界定(Sperber & Wilson 1986:153)①:

(22) 当且仅当某一现象所显现的一个或多个假设与某个体有关联,该现象才跟它有关联。

同样,斯波伯和威尔逊还从语境效果与认知努力的角度提出了现象关联的两个程度条件(Sperber & Wilson 1995:153):

(23) 程度条件1:如果一个现象通过优化处理获得的语境效果很大,那么,该现象对个体就具有关联;

程度条件2:如果一个现象进行优化处理所需的努力很小,那么,该现象对个体就具有关联。

2.4 关联原则
2.4.1 关联原则的提出
1981年,威尔逊和斯波伯(Wilson & Sperber 1981:170)在讨论格

---

① 在第二版后记中,斯波伯和威尔逊指出该界定也应依据(17)的修改做相应调整。

赖斯的会话理论时指出：格赖斯所有的会话准则可以用一条关联原则来代替，即"说话人已经为实现关联最大化尽了最大努力"。第一，格赖斯的数量准则：

(24) a. 你所说的话应包含(当前交谈目的)所需要的信息；

　　　b. 你所说的话不应超出所需要的信息。

威尔逊和斯波伯(Wilson & Sperber 1981：171)指出，该准则非常模糊，因为格赖斯没有说明如何判断信息量足够、不够或过量，而关联原则不但可以把上述两条准则纳入其中，而且还能使它们更加准确。如果说话人隐瞒某些会产生语用暗含的信息，那么他同时违反了关联原则和第一数量准则。如果说话人提供的信息没有产生任何语用暗含，那么他同时违反了关联原则和第二数量准则。格赖斯曾指出，第二数量准则的影响可以由他所提出的关系准则来承担，威尔逊和斯波伯(Wilson & Sperber 1981：171)则提出，第一数量准则的影响也可以由他们提出的关联原则来承担。在关联论看来，数量准则是多余的。

第二，格赖斯的质量准则：

(25) a. 不要说自知虚假的话；

　　　b. 不要说缺乏足够证据的话。

对此，威尔逊和斯波伯(Wilson & Sperber 1981：171)认为也存在许多问题。在他们看来，关联就是促使听话人扩大或修改他最初的信念或假设。这种扩大或修改是以有效前提为基础进行演绎推理的结果，这些前提只包含听话人认为真实的那部分。为了确立话语关联性，听话人必须从一系列假定为真的前提中做出有效推理，而说话人为了实现关联最大化，通常情况下也必须讲真话，提供足够的证据。因此，威尔逊和斯波伯(Wilson & Sperber 1981：172)认为在大多数情况下，关联原则包含质量准则。但他们又指出，有时候，关联原则和格赖斯的质量准则可能会对相同的话语做出不同的预测。比如例句(26)：

(26) I am ill.

如果(26)是病人说给医生听的，那么从格赖斯的角度来看，因为病人说这句话时缺乏足够的证据，所以违反了第二数量准则，其结果是产生会话含意。但是从关联论的角度看，假如说话人是真诚的，那么(26)

就有关联。至于说话人是否有资格宣布自己有病,这不会对话语的暗含意义产生太大影响。

第三,关于格赖斯的关系准则"要有关联",斯波伯和威尔逊认为这显然属于他们的关联原则。

第四,格赖斯的方式准则:

(27) a. 避免晦涩;

　　　b. 避免歧义;

　　　c. 要简练(避免啰唆);

　　　d. 要有次序。

威尔逊和斯波伯(Wilson & Sperber 1981:172)认为(27a)显然可以从关联原则派生而来。确立话语关联涉及语用暗含的推导,而要进行语用推导,听话人必须知道话语所表达的命题。如果说话人表达晦涩难懂,听话人就可能无法对所表达的命题做出判定。所以,表达晦涩违反了关联原则。关于(27b),威尔逊和斯波伯认为是放错了位置(misplaced)。首先,既然人们所说的每一句话都是有歧义的,那么这条准则永远不会得到很好的遵守。其次,既然听话人通常会选择最具话语关联的解释,避免歧义则毫无意义。如果碰到某话语的两种意义具有相同的关联度,这时候语义方面的歧义就会伴随着语用含糊。当然,这毕竟只是少数。语用含糊所存在的问题和表达晦涩是一样的,也违反了关联原则。关于(27c),威尔逊和斯波伯认为至少是表述错误(misstated)。格赖斯说,如果两个不同长度的话语表达了相同命题,较短的那句话总是最合适的(appropriate)。这里的问题是:我们如何判断简短?是根据词数、音节数、短语数,还是句法或语义复杂程度?这些格赖斯没有详加说明。威尔逊和斯波伯列举了下例加以论证(Wilson & Sperber 1981:173):

(28) a. Peter is married to Madeleine.

　　　b. It is Peter who is married to Madeleine.

(29) a. Mary ate a peanut.

　　　b. Mary put a peanut into her mouth, chewed and swallowed it.

上面两个例子中的(b)句虽然比(a)句长,但在某些语境中,有可能更合适,而且也没有因为违反简短次则而产生会话含意。① 威尔逊和斯波伯认为两例中的(a)和(b)句的区别不在于逻辑隐含,而在于逻辑隐含被赋予了不同的重要性。说话人改变话语的语言形式,甚至以冗长为代价,为的是能够把听话人的注意力吸引到某些逻辑隐含上面来。如果这些逻辑隐含正是话语关联的基础,那么说话人将会尽其所能向听话人点明如何确定话语关联。这里,威尔逊和斯波伯引出了关联原则的一条推论(corollary, Wilson & Sperber 1981:173):

（30）如果话语的语言形式能使听话人注意到一些逻辑隐含,那么这些逻辑隐含正是话语关联的基础。

假设说话人没有遵守(30),说的不是(31a)而是(31b):

（31）a. The baby is eating arsenic!

b. The baby is putting arsenic into his mouth, chewing and swallowing it!

威尔逊和斯波伯认为(31b)说明"eat"有某些意义与话语解释相关联,这就是该句话语不可接受的真正原因。

关于(27d),威尔逊和斯波伯主要是为了解释诸如(32)句中存在的对比现象:

（32）a. Jenny sang, and Maria played the piano.

b. Maria played the piano, and Jenny sang.

在一些语境中,(32a)和(32b)在语用上是相等的,具有相同的暗含和含意。但是正如格赖斯指出的那样,这里的解释会因时间或因果关系对命题解释产生影响。在(32a)中,珍妮唱歌之后,玛利亚弹钢琴。(32b)中事件发生顺序刚好相反。威尔逊和斯波伯认为像(32)这样的句子不需要假定"and"具有额外的意义,也不需要根据一条特殊准则就可以解释清楚。我们需要弄明白的是命题表达的次序将会对初始假设产生影响。

概而言之,威尔逊和斯波伯(Wilson & Sperber 1981)认为两条方式准则可以删除,而其他准则可以简化为一条关联原则,这条关联原则要

① 现实生活中的冗长话语是不是就没有会话含意呢?

比将格赖斯诸多准则结合在一起使用更为清楚,也更为准确。

2.4.2 关联原则的演变

以上我们对关联原则的提出做了详细回顾,下面谈谈关联原则的演变过程。1982年,斯波伯和威尔逊在讨论理解理论中的相互知识与关联问题时再一次提到了关联原则(Sperber & Wilson 1982:75):

(33) 说话人设法表达对听话人来说可能是最具关联的命题。

斯波伯和威尔逊认为在一般情况下,听话人会假定,说话人不但努力使自己的话语具有关联,而且也成功地使话语具有关联。因此听话人从话语所表达的各种命题中选择出最具关联的一个,并假定那就是说话人意欲表达的命题。斯波伯和威尔逊还区分了简化的关联原则和完整的关联原则。在简化的关联原则里,听话人不但假定说话人设法表达具有最大关联的话语,而且假定说话人成功地表达了具有最大关联的话语;而在完整的关联原则里,听话人假定说话人只是设法表达具有最大关联的话语(Sperber & Wilson 1982:80—84)。

1986年,斯波伯和威尔逊(Sperber & Wilson 1986:50)在其著作中正式提出关联原则,认为关联原则是他们全书的"主要论点":

(34) 每一个明示交际行为都传递一种假定:该行为本身具有最佳关联。(Sperber & Wilson 1986:158)

该原则在1986年那本专著中的另一个表述是:

(35) 一个明示行为包含一种关联保证。(Sperber & Wilson 1986:50)

在该书第二版中,斯波伯和威尔逊将(31)改为第二关联原则,即交际关联原则,另外还增加了一条原则——第一条原则,即认知关联原则(Sperber & Wilson 1995:260):

(36) a. 第一(或认知)关联原则:人类认知倾向于追求关联最大化。

b. 第二(或交际)关联原则:每一个明示交际行为都传递一种假定:该行为本身有最佳关联。

其中,(36a)与认知有关,(36b)与交际有关。第一关联原则是第二关联原则的基础,并可预测人们的认知行为,足以对交际产生导向作用。在关联论看来,交际是一个认知过程;交际双方之所以能够配合默契,明白对方话语的暗含内容,主要由于有一个最佳的认知模式——关联性。这就是说,要找到对方话语同语境假设的最佳关联,通过推理推断出语境暗含,最终取得语境效果,达到交际成功。所谓"明示行为"或"明示",指的是"凸显意欲凸显某事的行为"(Sperber & Wilson 1986:49),也就是示意,明白无误地示意。所谓"凸显"(manifest)是指交际个体的大脑在某一时刻在多大程度上能对某一假设做出表征并认为该假设为真或可能为真(Carston 2002:378)。交际时,说话人用明白无误的明说表达出自己的意图;对听话人而言,识别明示行为背后的意图对于高效处理信息非常必要,因为它关系到能否捕捉说话人意欲表达的关联信息。斯波伯和威尔逊认为明示行为可以促进和强化关联。

1991 年,威尔逊和斯波伯还发表了一篇题为"Inference and implicature"(《推理与隐义》)的文章,也提到了关联原则:

> (37)我们假定认知的普遍目标就是获得关联信息,关联越大越好。我们还假定认为值得把话说出来的人会设法使自己的话语有尽可能大的关联。因此听话人在处理每一个话语时都应运用到这个永恒的假定,即说话人已经在这种情况下尽可能地有关联。(Wilson & Sperber 1991:382)

2004 年,威尔逊和斯波伯将(34)交际关联原则中的"明示交际行为"更改为"明示刺激":

> (38)每一个明示刺激都传递一种假定:该刺激本身具有最佳关联。(Wilson & Sperber 2004:612)

这意味着明示交际必然要用到明示刺激,其目的是使交际受众将注意力集中到说话人意欲表达的意义上面来。明示刺激可能产生关联期待。由于人类认知以实现关联最大化为取向,听话人通常只会注意那些看起来具有较大关联的输入内容。说话人通过制造明示刺激使听话人感觉到输入内容具有关联,值得处理。

2006 年,斯波伯和威尔逊对交际关联原则的表述再度做出修改:

> (39)每一个推理交际行为都传递一种假定:该推理交际行为本

身具有最佳关联。(Sperber & Wilson 2006:179)

虽然(34)、(38)和(39)的表述略有不同,但其实质或核心并没有改变。在斯波伯和威尔逊(Sperber & Wilson 1986:54)看来,"明示交际""推理交际"和"明示推理交际"说的都是一回事。

接下来的问题是:为什么要提出两条关联原则,而不是原来的一条呢? 对此,威尔逊(Higashimori & Wilson 1996:2)的回答是:将关联原则由原来的一条改为两条纯粹是一个术语问题,其目的是使大家注意最大关联与最佳关联之间的差异①,而在早期的理论框架中,她和斯波伯未能突出这一点。无论旧版或新版,书中所提到的关联原则主要指第二原则,即交际关联原则。新版对关联原则的改动本身并无新意,不过它对关联原则做出阐释,从而有助于明确关联论与认知的关系(另见 Scott et al. 2019)。

斯波伯和威尔逊专著第一版区分了最大关联和最佳关联。最大关联就是话语理解时付出尽可能小的努力而获得最大的语境效果(the greatest possible effects for the smallest possible effort),而最佳关联就是话语理解时付出有效的努力之后所获得的足够的语境效果(adequate effects for no unjustifiable effort)。人类认知往往与最大关联性相吻合,因而交际只期待产生一个最佳关联性。斯波伯和威尔逊为此提出了最佳关联假设(Sperber & Wilson 1986:158):

(40) a. 说话人希望向听话人明确表达的一组假设{I}具有足够的关联性,值得听话人付出努力对该明示假设进行加工处理。

　　 b. 明示刺激是说话人能够传递该假设{I}的最具关联性的刺激。

就认知而言,斯波伯和威尔逊沿用了进化论的观点,认为人类的认知往往与最大关联相吻合;可就交际而言,斯波伯和威尔逊关注的是,如果已知关联的认知原则,那么听话人应期待什么样的关联才算合理? 在第二版后记中,他们对原来的最佳关联进行了"最具实质性的修改"

---

① 有关最大关联与最佳关联的详细讨论可参见姜望琪(2003:138—141)。

（Jucker 1997），旨在解决第一版未涉及的问题（Sperber & Wilson 1995：267）：

  （41）a. 明示刺激具有足够的关联性，值得听话人付出努力进行加工处理。

     b. 明示刺激与说话人的能力和偏好相一致，因而最具关联性。

斯波伯和威尔逊认为，不管听话人会产生什么样的需求，我们不可能总是希望说话人生成最大关联性的话语（他也许不愿意或不能够提供最关联的信息），或者以最恰当的方式呈现该信息，这一点是很清楚的。最佳关联这一概念的提出是为了研究根据话语理解时所付出的努力和语境效果，受话者应该产生什么样的期待。根据关联的交际原则，每个明示的交际行为都应设想为它本身具有最佳关联性。斯波伯和威尔逊在第一版指出，寻找关联主要指最低限度的关联（即满足说话人的期待），只要找到关联就不再找了。但在新版中，他们认识到，一个话语的关联性可以比期待的要大。为了取得完满的语境效果，在寻找关联的过程中，要进一步追求较高层次的关联。于是，斯波伯和威尔逊对原先的最佳关联假设进行"大幅度修改"，认为修改后的预测性大大增强了（Sperber & Wilson 1995：267）。例如，在解释"级差暗含"（scalar implicatures）时，修改以后的关联假设似乎解释得更清楚：

（42）Some of our neighbors have pets.

（43）Not all of our neighbors have pets.

（44）The speaker doesn't know whether all her neighbors have pets.

在绝大多数情况下，（42）暗含（43）和（44），因为 some 既可以表示 not all，也可以表示说话人对事件不太了解。但以上暗含是可以取消的，如加上 and maybe all，（44）的暗含意义就能被取消。人们很容易使用格赖斯的合作原则及其准则或者使用原来未修改的关联假设对这样的语用现象加以解释。可是，格赖斯的解释未能明确在当时的情况下要求多少信息才能说明（42）暗含（43）而不暗含（44）的情况。此外，未修订的最佳关联假设还无法解释"some"与"some, but not all"不同暗含的关联程度。下面是斯波伯和威尔逊（Sperber & Wilson 1995：277）引用的例子：

(45) a. Henry：If you or some of your neighbors have pets, you shouldn't use this pesticide in your garden.

b. Mary：Thanks. We don't have pets, but some of our neighbors certainly do.

(46) a. Henry：Do all, or at least some, of your neighbors have pets?

b. Mary：Some of them do.

以上(45b)中的 some 没有 not all 或 the speaker does not know 这样的暗含意义。Mary 的某些邻居有宠物这个事实本身已具备足够的关联,就像旧版中的关联假设定义(但不是格赖斯的解释)能预见的那样。再看(46b),那里的 some 已具备足够的关联,因此根据旧的关联假设定义,即使玛丽在这个例子里已明确暗示了 not all,亨利都不会再进一步寻找关联了。可见,修订后的关联假设更优越,因为它能说明大量的事实,而且比较简单、明确。

2.5 结语

斯波伯和威尔逊以格赖斯的关联概念为切入点,详细讨论了格赖斯语用学存在的问题,从语境效果与认知努力的角度剖析了语境关联、个体关联、刺激关联等诸多概念,提出了最佳关联假设与关联原则,指出人类认知以追求关联最大化为取向,争取以最小的认知努力获得最大的认知效果。在他们看来,这是决定人类信息处理过程的一条普遍因素,它决定了基于关联概念的诸多概念与观点,它决定了该处理哪些信息,该从记忆里提取什么背景假设,以此作为展开认知推理活动的语境。总的说来,斯波伯和威尔逊试图对人类交际与认知的一般机制做出解释,从而进一步挖掘大脑处理话语的运作机制与过程。我们将在下一章着重讨论关联论在交际与意义解读方面的研究。

第三章 关联、交际与意义

3.1 关联与交际

3.1.1 代码模式

人类对交际的研究由来已久。在西方,据说最早涉足言语交际理论的至少可以追溯到亚里士多德时代(Sperber 1995:191)。那时候,人们认为,交际之所以可能,是因为交际者拥有一种共同的语言,交际双方共享一套相同的语码,交际通过信息的编码和解码而实现。最典型的代码交际是莫尔斯电码交际,语言交流则是极为复杂的代码交际。斯波伯和威尔逊(Sperber & Wilson 1986:2)将这种交际模式称作代码模式(code model),①认为几乎所有交际理论都以此为基础,比如皮尔士或索绪尔的交际符号学就是将一切交际形式归纳为代码模式,认为语码是固定的,由交际双方或各方共享,语言交际通过将思想编码到声音而完成:说话人把思想编码到言语里,听话人则通过解码得到说话人所要表达的思想。② 可以说,这种观点"在西方文化里已根深蒂固,很多人以为它是事实而不是假设"(Sperber & Wilson 1986:6)。

代码模式的核心观点认为,交际过程就是信息编码和解码的过程,编码者通过发送信号将信息传递给解码者,如果接收到的信息和发送的信息相匹配,那么交际就是成功的。③ 也就是说,根据代码模式,交际是建立在规则基础上的符号运作过程,说话人依据规则将思想包装在代码里,即编码,听话人依据同样的规则解译出发话人的思想,即解

---

① 也有学者(Kinneavy 1971:17—40)将这种交际模式称为"交际三角"(communication triangle)。布莱克本(Blackburn 1999)则认为代码模式由三种模式组合而成,这三种模式包括管道隐喻(the conduit metaphor)、索绪尔的言语信道(speech circuit)以及沙农(Weaver Shannon)的现代信息理论(modern information theory)。代码模式于20世纪50年代中期进入语言学研究领域。当时,一些语言学家(如Hockett 1953,1955)吸收了沙农的信息理论(Shannon 1948a,b;Shannon & Weaver 1949),提出了语言与交际的"数学机械模式"(mathematico-mechanic model of language and communication)。

② 克里斯特尔(David Crystal)在定义"交际"概念时也利用了代码模式,认为"理论上讲,如果收到的信息跟发送的信息完全一样,说明交际已实现"(Crystal 1997:72)。

③ 所谓代码,主要是指将信息和信号匹配起来的系统,它使两个信息处理装置(人或机器)之间的交际成为可能。信息主要指内嵌在交际装置里面的表征,信号是对外部环境进行调整的物质形式,它由一个装置发出,由另一个装置接收和识别。

码。这是"一个逆向同构的过程"(李军 1999)。根据代码模式,交际涉及一系列符号与信息以及将二者联系起来的代码。在言语交际中,符号表现为话语,信息就是说话人希望传递的思想,语法(也许要受语用规则的补诠)即代码。为此,话语与其意义之间的联系可能是任意的,话语理解便是一个非智能、机械的解码过程。

语言的确是一种代码,它可以将句子的语音和语义表征联系起来。但同一个句子可以用来传达不同思想,句子的语义表征与其传达的思想并非直接对应,即句子的语义表征与话语实际传递的思想之间存在空缺,因为"同一个句子有不同话语,在解读上是不一样的"(Sperber & Wilson 1986:9)。这一空缺由推理而非解码来填补。斯波伯和威尔逊举了下面的例子来加以说明。

(1) I'll come tomorrow.

(2) Bill is tall.

(3) Betsy's gift made her very happy.

生成语法不能判定"I""Bill"和"Betsy"的具体指称对象,它最多只能提供非常笼统的提示,比如说,"I"总是指说话人,"Bill"和"Betsy"指带有这些名字的人或其他实体。仅凭这些无法判断这些话语所表达的思想。比如,假设约翰是在 9 月 7 日说(1),那么它所表达的思想就是"约翰 9 月 8 日来";假如小强是在 9 月 8 日说(1),那么它所表达的思想就是"小强 9 月 9 日来"。说话人如何利用非语言信息来判断在某一特定场合话语表达的具体时间、说话人是谁、说话人表达了什么思想,生成语法对此束手无策,因为这些解读涉及语言结构与非语言信息之间的互动,而生成语法只讨论前者。上面的例子说明,由于存在指称不确定、语义歧义以及语义不完整,一个句子可以表达多个思想。不仅如此,话语不但表达思想,它还能揭示说话人对于所表达思想的态度或与所表达思想的关系,即话语可以表达命题态度,完成言语行为,或者携带语力。比如下面两个例子:

(4) You're leaving.

(5) What an honest fellow Joe is.

(4)可以有多种解读,它可以是说话人告知听话人一个决定,也可以是做出一个猜测并要求听话人确认或否认,还可以是对听话人的离开表示生气或感到惋惜。(5)也是如此,可以是赞扬,也可以是讽刺。这说明,听话人经常要根据非语言信息对话语意欲表达的思想做出正确判断。

此外,有些话语从表面上看也许只表达了一个思想,但实际上却可能暗含了其他思想;换言之,话语表达的思想有显性和隐性之分,显性思想应与句子所表达的语义表征大体一致,而隐性思想则没有这样的限制。比如下面的例子:

(6) Do you know what time it is?

(7) Coffee would keep me awake.

(6)的说话人虽然表达的显性思想是听话人是否知道时间,但其隐性思想很可能是建议听话人该走了;(7)的显性思想是说话人对咖啡的效果做出判断,但其隐性思想很可能是说话人想喝或不想喝咖啡。以上例子说明,句子的语义表征不能对语境中的话语做出完整的解读,代码理论者必须说明究竟是哪一个代码使言语交际成为可能。

斯波伯和威尔逊对代码交际模式所要求的互知假设(mutual-knowledge hypothesis)提出疑问。"互知"概念由施弗(Schiffer 1972)首先提出,指在语言交际中随着交谈内容的变化,交际双方必须随时互相知道每一项有关的语境信息。斯波伯和威尔逊(Sperber & Wilson 1986:17)援引克拉克和马歇尔(Clark & Marshall 1981:13)所举的一个例子来加以说明。安妮和鲍勃早晨一起谈论报上登载某影院当晚放映影片甲,下午鲍勃在当天报纸上发现已改为放映影片乙,于是用红笔在报上作一记号。后来,安妮也发现有此改动并认出鲍勃标出的记号,同时她也知道鲍勃无法得知她是否已看到这一改动。晚上安妮见到鲍勃问:"你看了那部影片没有?"鲍勃应该理解安妮指的是哪一部呢?虽然两人都知道放映的是影片乙,安妮也知道鲍勃知道放映的是影片乙,但这点共有知识并不能保证有效的信息传递,因为鲍勃可以做出种种推想:虽然我知道放映的是影片乙,安妮可能还认为是影片甲;也许她已看到我标出的记号,因此提问所指的是影片乙;她虽然看到我标出的记号,但知道我不可能得知她已看到那个记号,因此还是指影片甲。

如此这般推想下去,未有穷尽。

总之,根据代码交际模式的观点,要实现交际,双方必须互相知道每一点有关信息,知道对方知道的一切,包括"双方互知"这点信息本身。而上述例子说明,交际双方在编码解码过程中追求互知一切显然不切合实际,而且它也不一定能保证交际的成功。斯波伯和威尔逊认为互知假设站不住脚,指出"互知是哲学家建构出来的东西,它在现实中没有接近的对应物"(Sperber & Wilson 1986:38)。他们据此得出结论:"代码理论肯定是错误的"(Sperber & Wilson 1986:21),它只"是一个假设,而不是一个事实"(Sperber & Wilson 1986:6),虽然具有广为人知的优点,但也存在鲜为人知的缺点。其优点体现于它的解释性:话语的确能够传递思想,代码模式或许可以解释话语如何传递思想。其缺点在于它的描写不够充分,因为话语理解不仅牵涉对语言信号的解码,语言编码的意义不能完全决定话语表达的命题(Recanati 2004a)。

3.1.2 格赖斯推理模式

格赖斯意识到代码模式具有机械性、单调性与非智能性,无法呈现人们日常语言交际的全貌,并指出交际至少是一种涉及推理与想象的智能活动。从这一基本主张出发,格赖斯提出了可以取代代码交际模式的基本框架,即基于意图的语用推理模式。[①] 他区分了自然意义与非自然意义,并重点研究了非自然意义,认为非自然意义与说话人的意图密切相关。根据格赖斯的推理模式,话语不是符号,而是有关"说话人意义"的依据,当听话人从中推导出该意义时就实现了话语

---

① 在近现代哲学中,最早探讨意图(intention)和意向性(intentionality,或者说意图性)问题的是德国哲学家、心理学家以及意动心理学创始人布伦塔诺(Franz Brentano,1838—1917)。布伦塔诺(Brentano 1973)认为意向性是一种意识活动,一种心理活动,它是意识主体与外界事物或对象相联系的方式,是意识意向性地涉及、指向对象的固有方式。意识最本质、最重要的特征就是它的意向性,即意识必定指向某个对象,不论这个对象是实在的还是非实在的,是外在的还是内在的。意向性表示的是意识和物理现象之间的关系,也就是意向活动与其内容之间的联系。所有的意识都以某种东西作为自己的对象(即都有意图或意向对象),尽管包含方式各不相同。因此,每一种意识都是关于某个对象的意识,每一种意图也都是关于某个对象的意图,不指向任何对象的意识并不存在,也不可能存在;同样,不指向任何对象的意图也是不存在的。意向性可以说是一切心理现象最根本的特征(涂纪亮 1996)。

理解。话语是用语言编出来的语码,其理解过程就是解码的问题。但语言编码的意义只是理解过程中所输入内容的一部分,另一部分是听话人的语境假设,它可以借助多种方式丰富语言的编码意义。例如:

(8) 今天是星期天。

上面这句话可以有多个语境假设,比如:

(9) 语境假设1:一对夫妇,丈夫潜心事业,天天伏案工作,不知休息,妻子出于关心和体贴,而说出这句话。

(10) 语境假设2:一对夫妇,丈夫不干家务活,但答应妻子星期天帮忙做点家务。星期天到了,丈夫睡到10点才醒来,接着打开电视,在被窝里盯着荧屏上的足球比赛。妻子生气了,对丈夫说了这句话。

(11) 语境假设3:儿子随父亲住在城郊,假日才会到城里逛街游玩。星期天到了,孩子在家待不住了,便对父亲说了这句话。

交际过程就是表达和识别意图的过程,即说话人为传递某一意义的意图提供了证据,听话人则在该证据基础上推导出说话人的意图所在。意义就是意图,交际者传递某一思想的目的在一定程度上就是让接受者明白他传递该思想的意图。一般而言,意图只能靠推理,而不能靠解码。事实上,推理活动无论在语言交际还是非语言交际中都很常见。例如:

(12) 当我看到你从口袋里拿出钥匙,并朝一扇门走去时,我就可以得出这样一个合理的结论,即你想开门。

(13) 当你用手指一下我身边关闭的窗户时,我就可以推断出你想让我开窗户的意图。

当然,这样的推理并不是唯一可能的选择,推理中识别说话人的意图是要冒一定风险的,推理的结果可能成功,也可能失败。有时候,说话人的意图会藏得很深,需要层层推进。比如说,说话人想要实现意图A,但会给A放些"烟雾弹",诱使听话人识别意图B,从而保证意图A的顺利实现。格赖斯对语用学的主要贡献在于,他提出了可以取代代码交际模式的基本框架。他指出，言语交际隐含内容涉及实质性的推理。假设彼得要去赶中午 12 点的火车，而且通常要花半小时才能到达火车站，在这种情况下，当玛丽对他说：

（14）It's nearly half past eleven.

在以上具体语境中，该话语可能刻意暗示彼得应该准备动身的意思。但推理并非百分百可靠，主要看语境和说话人的意图。就像（14），玛丽暗示的还可能是"快点吃饭，好去赶火车"，也可能是"差不多 11 点半了，可火车票还没有买到，眼看要推迟出发了"，等等。在格赖斯看来，语用学必须弄清楚这些刻意的暗示（implicatures）是如何推导出来的。格赖斯认为，当交际者提供证据表明希望传递某一思想，而接受者又据此推断出该意图时，推理交际就取得了成功。推理受合作原则及其数量准则、质量准则、关系准则以及方式准则的管辖。当准则明显被违反时，听话人就要越过语言编码的意义，继续设想说话人遵守着合作原则及其准则。在（14）中，当玛丽对彼得说"It's nearly half past eleven."时，彼得就会推断出玛丽希望他准备动身，否则她说的话跟自己没有关联。在这样的情况下，说话人并没有真正违反准则；违反仅仅是表面的。不过，有时候，说话人为了传递某种暗含意义，如形象的暗含意义（figurative implicature），也会有故意、公然违反准则的情形发生。因此，不管是真正还是表面违反准则，它们在格赖斯语用学中都占有一席之地。根据格赖斯的观点，人们在交际中着力于话语的暗含方面，即通过推理得出含意。但格赖斯对于含意的推导过程关注不多，不太重视话语明说部分对暗含交际所起的作用，也没有深入讨论如何通过选择恰当的语境假设来完成暗含意义的推导。这似乎是语用学研究中普遍忽略的关于理解过程的问题。格赖斯将理解看作是一种有意识的、没完没了的推理过程（要么遵守准则，表示话语的明示意义；要么通过故意违反准则来表示暗含意义，并让听话人推出他期望表达的暗含意义）。在理解日常话语时，很难相信人们会使用这样的有意识的推理方式。斯波伯和威尔逊不赞同交际一定需要格赖斯所谓的合作，不赞同只重视暗含意义的推理，而忽视明示意义在推理中的作用。在他们看来，交际不是以准则为基础的：说话人不需要知道准则就可以进行交际,真正或故意地违反准则在关联论里面不起作用。交际双方无须知道管束交际的关联原则,更不必有意遵守,即使人们想违反关联原则也做不到,因为每一种明示交际行为都应设想它本身具有关联性。听话人在话语理解的推理过程中,需要使用这一假设。为了使交际取得成功,说话人和听话人唯一的共同目标是要理解对方以及被对方理解。这里既有说话人的明示,也有听话人的推理。在(14)中,当玛丽对彼得说"It's nearly half past eleven."时,彼得可以进行各种推理,但他必须从中找出最符合当时语境的意思,否则玛丽说话的意图就同他没有关联了。

3.1.3 明示推理模式

交际可以分为有意交际与无意交际。根据我们的理解,所谓有意交际指的其实就是意向性交际,即说话人为了达到一定意向或目的而介入的交际活动。斯波伯和威尔逊的关联论所关注的正是有意交际或意向性交际(Sperber & Wilson 1986:64),那些"无心插柳柳成荫"的交际故事不是关联论关注的重点。人们经常带着这样那样的目的与他人进行交际,或交流信息、表达情感,或表明立场、建立联盟,或保持接触、获取利益,或破坏关系、挑起事端,等等。有意交际或意向性交际是关联论一个非常重要的大前提,关联论正是在这个大前提下讨论关联概念及其相关问题。而有些学者之所以批评或者误解关联论,在一定程度上恰恰是由于他们忽视了这个大前提。关联论关注的核心问题是交际与认知,它不以规则为基础(rule-based),也不以准则为标准(maxim-based),而是基于下面的观点:

(15) 话语的内容、语境和各种暗含,使听话人对话语产生不同的理解;但听话人不一定在任何场合下对话语所表达的全部意义都理解;他只用一个单一的、普通的标准去理解话语;这个标准足以使听话人认定一种唯一可行的理解;这个标准就是关联性。因此每一种明示的交际行为都应设想为这个交际行为本身具备最佳的关联性。(Sperber & Wilson 1986;转引自何自然、冉永平 1998:94)

关联论没有准则,也没有说话人要遵守的规则;它只描述了人们对每个话语的认知过程:话语本身和语境具有关联性,这种关联使人们对说话人意图做出合理的推论,从而对话语做出正确的反应。关联是正确认知的基础。关联论认为说话人不是有意违反什么准则来使听话人理解自己所说话语的意图,更不会把人们常见的隐喻、反语等语言现象看作是违反准则的表现。关联论认为,交际中语言的产出和理解有两方面:编码和解码,以及明示和推理。语码的编辑、解读过程是明示和推理的主要依据,理解并非只限于解码,推理才是重点。听话人的理解并非绝对可靠,因为听话人理解的意义不一定就是说话人想要表达的意义。正因为如此,关联论认为言语交际可能成功,也可能失败,误解对方的情况随时都会出现(宗世海 2000)。但是,由于交际大都带有目的,交际双方总力图消除误会,尽可能地达到不同程度的相互理解。

关联论认为,人们在意向性言语交际中理解语言,靠的是一个明示推理过程。一般说来,说话人的话语总是尽可能提供具有关联的信息,明白无误地示意,这就是明示,说话人明示行为背后的真正目的在于引发听话人对信息意图的反应;而听话人则选择有关联的假设,对说话人用明示手段提供的信息作逻辑推理,从而推导出说话人的意图。话语的隐含,如隐喻及言外之意,要靠推理来认知。推理的过程就是寻找话语与语境关联的过程。人们通过不同程度的努力,根据话语提供的词语信息、逻辑信息和自身具备的百科信息,在推理中选择最合适的语境,并求得话语与语境之间的最佳关联,从而正确认知和理解自然语言(何自然 1997)。

关联论主张"明示推理"的交际模式,这种交际必须满足三个要求(Sperber & Wilson 1986:153—154):

(16)吸引听话人的注意力;

(17)将听话人的注意力指向说话人的意图;

(18)显示说话人的意图。

斯波伯和威尔逊认为"明示"和"推理"是交际过程的两个方面。从说话人的角度看,交际是明白无误地示意的"明示"过程:说话人用明白无误的明说表达出自己的意图。交际离不开说话人的明示行为。① 从听话人的角度看,交际又是听话人从说话人的明示信息中推断出说话人意图的"推理"过程。识别明示背后的意图对于有效处理信息非常必要。例如:

(19) A: Is there any shopping to do?

　　 B: We'll be away for most of the weekend.

对话中 B 明说了"周末不在家"的信息,他(B)可能想通过这句话明白无误地向 A 传达他的意图:不用到商店买东西了。这就是语言交际中说话人的明示。当 A 听到 B 这么说时,她(A)就从 B 提供的话语信息中推出 B 隐含的意义:不用到商店买东西。这里的问题是:A 是如何推导出 B 这句话的暗含意义呢? 因为即使 A 以"周末不在家"作为语境假设,作为推理的前提,她(A)也无法确定 B 是否想到商店买东西。B 的明示话语给 A 提供了推理的认知环境,②A 从这个认知环境中获得自己的语境假设,并加工出 B 话语中的种种语境隐含:

(20) If we are away for the weekend, then we won't need food.

(21) If we are away for the weekend, then we won't be able to go shopping.

(22) If we don't go shopping, then we won't have any food on our return.

语境隐含经过推理获得的语境效果是:

(23) 根据(19),A 得知 B 不想到商店买东西;

(24) 根据(20)和(21),A 可能会认定 B 的意见是要去一趟超市。

可以看出,说话人话语的明示过程实际上为听话人提供了一个推理的认知环境。关联论认为,所有的推理,甚至包括通过猜测而形成的

---

① 刘绍忠(1997)认为,明示行为的作用主要有两个。第一,通过说话引起听话人的注意,诱发听话人去思考,即明示行为的"示意"(showing something)目的。第二,通过说出一句话,向听话人表达更深层的目的或意图,即明示行为的"施意"(meaning something)目的。

② 在关联论里面,认知环境可以指"交际者共处的世界",而这个"世界"在言语交际中体现为交际双方在某时、某地、关于某事所说的话或所做的事(刘绍忠 1997)。交际中每一个人的认知环境都由三种信息组成:逻辑信息、百科信息和词汇信息。由于人们的认知结构不尽相同,上述三种信息组成的认知环境也就因人而异,对话语的推理自然也会得出不同的结果。

前提,都是有理有据演绎过来的。例如:

(25) Barbara plays the violin.

说这句话之前可能会有以下一些推理依据:

(26) You see Barbara carrying a violin case.

(27) You hear the strains of a violin coming from Barbara's house.

(28) You see (and hear) Barbara playing a violin.

(29) Somebody tells you that Barbara cannot play the violin.

(30) Barbara tells you that she cannot play the violin.

据(26)说(25),信度就不高,因为拿琴盒的人不一定会演奏提琴;况且盒里也不一定装着提琴,可能装着枪支或别的什么东西。据(27),(25)的信度同(26),因有琴声传出不一定证明演奏者就是主人。据(28),(25)的信度会比(26)或(27)高。如同时依据(26)、(27)和(28),则(25)的信度大,可以说是真的了。如依据(29),说(25)当然不足信;如依据(30),(25)就更不足信了。一旦(29)和(30)集中作为推理依据,则(25)就应该是假的了。

其实,语言或非语言交际都是以推理为基础,①说话人实施某一个明示行为的目的就是交际,而推理依据就是一些语境假设。上面的思辨推理过程,实际上是根据关联原则在话语(25)和各个语境假设之间寻找一种可能的最佳关联。必须指出的是,在关联论里面,推理理解过程是非论证性的(non-demonstrative):

(31) 即便在最好的情况下,……交际也可能会失败。听话人既不能解码也无法推断出交际者的交际意图,他所能做的只是在交际者明示行为所提供证据的基础上建构假设。这样的假设可能会得到证实但缺乏证据。(Sperber & Wilson 1986:65)

关联论认为,明示交际的成功不仅仅建立在一般心智解读(mind-reading)能力基础之上,人类要求信息处理高效化,这在一定程度上促

---

① 在讨论交际的推理性时,关联论以福特(Fodor 1974,1975,1983)的认知理论为主要依据,将认知系统分为输入系统和中央处理系统两部分。前者用于处理通过视觉、听觉、语言以及其他知觉获得信息,后者用于综合加工各种输入信息,并完成推理任务。

使了认知机制的发展,使大脑能够识别和处理明示刺激(Wilson 2000,
2003；Wilson & Sperber 2002a, b)。关于言语交际,关联论有如下一些
重要观点(Higashimori & Wilson 1996：13)：

(32) 交际改变受众和交际者的认知环境。互明(mutual
manifestness)的认知意义可能不大,但却具有重要的社会
意义。

(33) 交际的目的不是"复制思想",而是"扩大相互认知环境"。①

(34) 互知(mutual knowledge)是理解的结果,而不是理解的先决
条件。

(35) 交际关联原则通常不能保证单个明示刺激导致多种理解。

(36) 交际关联原则是对话语解读的总概括,这种概括不存在任何
例外情况。

3.2 关联与意义

3.2.1 意义与意图

我们知道,格赖斯是从意图的角度来讨论意义的。在他看来,意义
就是意图,而交际行为能否成功,要看意图能否实现。不过,塞尔
(Searle 1969)对此则不以为然。他指出,交际者不需要实现格赖斯所
说的交际意图也能成功传递意义。格赖斯曾经指出："'说话人 S 通过
x 表达意义'(大致)等于'S 期望受众通过识别意图使话语 x 在受众身
上产生某种效果'"(Grice 1989：220)。也就是说,为了通过 x 传递意
义,说话人必须期望：

(37) a. S 的话语 x 在受众 A 身上产生了一定反应 r；

b. A 识别 S 的上述意图；

c. A 识别 S 的意图这一点在一定程度上导致了 A 的反应 r。

(Strawson 1964；转引自 Sperber & Wilson 1986：21；略有

① 不过,如果从模因论的角度看,有些时候,交际过程的确就是复制思想的过程。维特
根斯坦就曾这样说道(Wittgenstein 1998：16)："我认为我的思考只不过是在复制别人的思
想……我认为我从未发明什么思想,我的思想都是别人提供给我的……我所发明的[只不
过]是新的比喻。"思想是可以复制的,问题的关键在于我们应当如何认识"复制"这个概念并
挖掘复制过程背后所涉及的大脑认知机制。

改动）

斯波伯和威尔逊（Sperber & Wilson 1986：28）认为，意图（37b）一旦实现，不管意图（37a）和（37c）实现与否，交际者都能够成功地传递意义。他们举了下面的例子来加以说明。

(38) I had a sore throat on Christmas Eve.

如果按照（37）的表述，我们可以说，玛丽对彼得说出话语（38）的目的是期望：

(39) a. 她的话语（38）在彼得身上产生这样一种信念，即圣诞前夕玛丽喉咙痛得很厉害；

b. 彼得识别玛丽的上述意图；

c. 彼得识别玛丽的意图这一点在一定程度上导致了彼得的反应。

斯波伯和威尔逊指出，假设彼得识别了玛丽的意图，但他不相信玛丽，那样的话，只有意图（39b）实现，意图（39a）和（39c）并没有实现。不过，虽然玛丽没能让彼得相信她，但她仍将她的意义传递给了彼得。斯波伯和威尔逊认为，既然意图（37a）没有实现也能使交际获得成功，那么，（37a）根本就不是交际意图，而只是所谓的"信息意图"（informative intention）；（37b）才是真正的"交际意图"（communicative intention）。最初，斯波伯和威尔逊对信息意图和交际意图分别定义如下：

(40) 信息意图：向受众传达某事；

(41) 交际意图：向受众传达自己的信息意图。（Sperber & Wilson 1986：29）

斯波伯和威尔逊认为交际意图本身就是第二阶的信息意图（second-order informative intention），一旦第一阶的信息意图被受众识别，交际意图就可以实现。在日常情景中，如果一切顺利，识别信息意图可以促使该意图的实现，那样的话，信息意图和交际意图就都会实现。但即使信息意图没有实现，交际意图也照样可以实现。随着讨论的逐渐深入，斯波伯和威尔逊将信息意图和交际意图的定义重新表述如下：

(42) 信息意图：向受众表明或进一步表明一套假设集；（Sperber & Wilson 1986：58）

（43）交际意图：使受众和交际者相互明白交际者有信息意图。
（Sperber & Wilson 1986：61）

也许是觉得上面的表述不够明晰，有些费解，斯波伯和威尔逊将信息意图和交际意图的定义简化如下：

（44）信息意图：向受众传达某事的意图；

（45）交际意图：向受众传达信息意图的意图。（Wilson 2005：1139）

斯波伯和威尔逊把意图看作是一种心理状态，认为意图的内容肯定会在心理层面上得到表征，而交际者的信息意图直接改变的不是受众的思想而是认知环境，交际者之间相互认知环境的改变则会影响后续言语互动的过程及其结果。至于交际意图，斯波伯和威尔逊认为明示意向性交际的目的在于产生一定的刺激，以完成信息意图，并让说话人和听话人都明白说话人意欲传递的信息意图。许多时候，听话人只有在弄清楚说话人意图之后才能准确解读出说话人意欲传递的信息和意义。

3.2.2 隐义与显义

在斯波伯和威尔逊看来，格赖斯过于强调合作原则和各准则的作用，过于强调违反准则所起的作用，过于关注交际中的暗示；原则和准则是用来供人们遵守的，不是让人们自由、公开、故意违反的，而格赖斯一方面大讲原则和准则，另一方面又允许有意违反或不遵守这些原则和准则，并且声称只有违反才产生含意。斯波伯和威尔逊则认为，人们在交际过程中并不总是按交谈所要求的目的和导向进行合作，他们不相信"说话必须真实"这条准则，而且根本不相信存在必须遵守的准则；按照关联论的框架，关联性才是交际中最根本的要素。这不是因为说话人必须遵守什么关联准则，而是因为关联性是认知的基础。隐喻和反语并不是因违反某准则才产生含意，它们属于语体学上的形象表达，并没有违反任何交际准则。关于隐喻，斯波伯和威尔逊认为那不外是一种随意的言谈（loose talk）。人们随意交谈时无须遵循什么真实准则（maxim of truthfulness），因而无须刻意追求话语必须真实；随意的言谈往往包括说话人使用的隐喻,让听话人去推理、联想,获取话语和语境之间的最佳关联。同样,反语不外是话语的模仿和重复,但说话人在模仿、重复的话语中持与之相反的意见。在无须遵循真实准则的言谈中,人们无须只讲他们自己相信是真的东西。如此一来,反语就可能在这样的言谈中出现。总之,无论是隐喻或反语,还是随意的言谈、模仿的言谈,都丝毫没有离开正常的交际准则。隐喻、反语的理解与话语的间接性有关。例如,可以把 John is a lion 这句话间接理解为 John is brave。要理解话语的这种间接性,听话人需要付出努力,当然要比单从字面上的 John is brave 作直接理解多付一分努力。从隐喻 John is a lion 那里获取语境效果的办法是努力寻找关联:有许多不同程度、不同类型的勇敢,说话人的意图是要表达 John 就像狮子那样勇敢。这样的语境效果是听话人付出努力进行推理思考换来的。

语用研究不但要关注交际中的隐义(implicature),也要关注交际中的显义(explicature),重视语用因素在消除歧义、明确所指以及其他表示"说什么"(而不仅是"暗示什么")的过程中所起的作用,即重视话语真实条件意义的语用问题。这里,有一点必须说明:我们之所以将关联论中的 implicature 译为"隐义",是因为它与格赖斯的implicature(含意)并不完全相同。关联论对隐义所下的定义是:

(46) 以暗含方式传递的假设就是隐义。(Sperber & Wilson 1986: 182)

也就是说,隐义指的是:

(47) 通过明示方式传递的不属于显义的假设;即仅通过语用推理过程推导出来的交际假设,或者说是说话人意欲传递的语境假设或语境暗含。(Carston 2002: 377)

隐义主要与语境演绎(contextual deductions)相联系。有时,可能要加上一些假想的前提才能推断话语关联,获得合理的演绎。例如:

(48) A: Do you drink whisky?

B: I don't drink alcohol.

B 的回答可能会产生如下隐义:

(49) Whisky is an alcohol.

（50）B doesn't drink whisky.

这里,（49）属于暗含前提（implicated premise）,（50）则属于暗含结论（implicated conclusion）。也就是说,关联论有两种隐义,一是暗含前提①,一是暗含结论。格赖斯会话含意理论中的含意似乎很像这里的暗含前提,但是暗含前提具有不确定性。比如,（48）B 话语的暗含前提除了 whisky is an alcohol 之外,还可以是：gin is an alcohol,sherry is an alcohol,grappa is an alcohol,vodka is an alcohol；也可以是 There is no alcohol in B's blood。但 A 听了 B 的话之后,关联原则却使他推断出暗含的 B doesn't drink whisky 的结论。②

再看一个例子：

（51）A：你开奇瑞 QQ 吗?

B：便宜的车我不开。

听到 B 的回答,A 必须识别 B 句的暗含前提"奇瑞 QQ 是便宜车",然后再从这个暗含前提推导出暗含结论"B 不开奇瑞 QQ"。但格赖斯的会话含意理论似乎只到达暗含前提,还未能有理据确定（51）中 B 暗含的结论。正因为这样,用格赖斯的含意理论推导 B 的意义,除了"奇瑞QQ 是便宜车",还可以推导出"便宜车没档次",或者推导出"开奇瑞QQ 没档次"等。

在格赖斯含意不确定性观点的基础上,关联论还区分出了强隐义（strong implicature）和弱隐义（weak implicature）,认为隐义可能是一个连续体。简单地说,如果某隐义对于理解说话人意义必不可少,那么该隐义就是强隐义；如果某隐义只是一系列可能隐义中的一个,那么该隐义只是弱隐义。请看下面的例子（Wilson & Sperber 2004；另见 Huang 2007：196）：

（52）a. Peter：Did John pay back the money he owed you?

b. Mary：No. He forgot to go to the bank.

---

① 有的学者则认为（Recanati 2004b：48）,暗含前提不是暗含意义,因为它们不是说话人意义的一部分,而是说话人预设的一部分,说话人只不过期望听话人也能意识到该预设罢了。

② 黄衍（Huang 2007：195）认为这种分析只适用于格赖斯和新格赖斯框架内的特殊会话含意,至于能否应用于格赖斯意义上的一般会话含意,则不是很清楚。

（53）a. John was unable to repay Mary the money he owed because he forgot to go to the financial institution.

b. John may repay Mary the money he owed when he goes to the financial institution next time.

c. ...

（52）中玛丽的回答能产生一系列的关联隐义,如（53）所示。在这些隐义中,（53a）属于强隐义,否则玛丽的回答就没有任何关联了;（53b）则是一个弱隐义,因为它是不确定的,对于理解玛丽的回答也不是必不可少的。

接下来简单谈谈关联论框架内的显义问题①。格赖斯提出交际的合作原则,强调交际中的暗含意义。关联论则认为,格赖斯没能意识到所言(what is said)所涉及的语用问题,即忽略了所谓的"明示内容"或曰"显义"。关联论对显义定义如下:

（54）话语 U 所传递的假设是明示的,当且仅当它是 U 编码的逻辑形式的充实(development)。（Sperber & Wilson 1986: 182）

也就是说,显义指的是:

（55）一个通过明示方式传递的假设,它是对话语所编码的不完整概念表征(或逻辑形式)进行推导和充实的结果。（Carston 2002: 377）

在关联论看来,显义的功能在于充实话语的逻辑形式,产生完整的命题内容。卡斯顿(Carston 2002)认为,显义的内容来自两个不同的方面,即所用的语言表达式和语境,而根据这两个不同的来源,显义的推导方式可以是语言解码,也可以是语用推理。语言逻辑形式本身几乎永远无法组成完整的命题实体,它们是推导完整命题假设的图式。一些话语虽然具有相同的命题内容,也具有相同的显义内容,但其明晰程度却可能不尽相同,如下例(Carston 2002: 117):

---

① 巴赫(Bach 2004)认为关联论的 explicature 与他的 impliciture 大致相当,但他同时认为,explicature 这个词容易使人产生误导,因为它不是跟 explicit 同源,而是跟 explicate 同源;或者说,"让不明晰的东西变得明晰"与"让某样东西变得明晰"这两点是不一样的。

(56) a. Mary Jones put the book by Chomsky on the table in the downstairs sitting-room.

b. Mary put the book on the table.

c. She put it there.

d. On the table.

卡斯顿认为,在不同语境中,(56)中的所有句子都可以传递相同的命题或假设,但显然(56c)和(56d)所需要的语用推理要比(56b)多。再请看卡斯顿分析的另一个例子(Carston 2002):

(57) X: How is Mary feeling after her first year at university?

Y: She didn't get enough units and can't continue.

假设在具体语境中,X 认为 Y 所传递的假设是:

(58) a. Mary did not pass enough university course units to qualify for admission to second-year study and, as a result, Mary cannot continue with university study.

b. Mary is not feeling very happy.

卡斯顿认为,根据关联论对隐义和显义所下的定义,(58a)是(57)Y 话语的显义,(58b)属于隐义,因为在(58a)中,Y 话语的解码逻辑形式是命题形式充实的模板,涉及解码和推理,而(58b)则是从(58a)推导出来的,它既是一个独立的命题,也是涉及玛丽最近学业方面的不如意与她目前心情之间关系的又一个前提。卡斯顿由此进一步指出,隐义的概念内容完全由语用推理获得,而显义的概念内容则是编码语言意义和语用推理意义二者混合的结果。在关联论框架内,显义主要在以下五个方面将概念表征或逻辑形式补全或充实成完整的命题形式:

(59) a. 意义选择或解除歧义(sense selection or disambiguation);

b. 指称锁定(reference resolution);

c. 饱和(saturation);

d. 自由充实(free enrichment);

e. 临时概念构建(*ad hoc* concept construction)。

相关讨论可详见卡斯顿(Carston 2004)或黄衍(Huang 2007),此处不再展开。①

3.3　关联论：评说与争鸣

斯波伯和威尔逊在 *Relevance: Communication and Cognition*（《关联：交际与认知》，second edition，Sperber & Wilson 1995）第二版后记开头这样写道："……首次出版九年以来，它所提出的交际理论得到了广泛接受，也招来了众多批评和误解。"（Sperber & Wilson 1995：255）的确如此。这种理论一问世就有人欢呼，说它可以解决语言学的许多问题，但同时也有人攻击它，说它太简单、太模糊，因而是无用之物。判断一种理论是否成功，我们认为主要看该理论自身的解释力、被人们的接受程度以及该理论的后续发展情况。熟悉关联论的读者对以上三个方面或多或少都有些了解。语用学研究的两大课题是话语产出和话语理解，但在关联论提出之前，人们对话语产出所作的研究居多，即使是关于话语理解的研究，也没有把它上升到认知科学的高度。斯波伯和威尔逊则认为，人们理解话语的过程实际上是一种认知活动，这种观点大大丰富了语用学理论，为语用学研究提供了更广阔的空间。此外，关联论把语言的解码过程和推理过程放在一起研究，从而解决以往单一交际模式所不能解决的问题，对言语交际具有更强的解释力。从应用方面看，关联论也体现出具有很高的应用价值。它不仅可以用来解释日常交际中的语用现象，而且可以利用这种理论来研究会话分析和语篇特征。另外，关联论对各类语言变体、修辞、翻译等应用研究都具有解释力。有学者（Gutt 1991，2000）曾经把关联论与翻译相结合，从一个崭新的视角为译论研究做出了贡献。

在我国，外语教学与研究出版社于 2001 年出版了国内第一部探讨关联论的文集《语用与认知：关联理论研究》。该书由何自然、冉永平主编，由关联论创始人之一威尔逊教授作序，选收我国学者在十多年间

---

① 事实上，熟悉关联论的读者也许会注意到，或许由于这样或那样的原因，关联论的许多重要议题及其新发展我们在书中或"走马观花"，或"蜻蜓点水"，或"只字不提"。的确如此。这不能不说是一个遗憾。有人说遗憾也是一种美，但我们以为，如果遗憾一直持续下去，它可就一点都不美了。所以，我们希望读者能继续关注关联论近年的发展动向，将本书未能论及关联论新进展的遗憾补上。

撰写的与关联论相关的 38 篇论文。关联论学术研讨会曾连续两届（1997,2001）在广东外语外贸大学召开。2003 年底,威尔逊教授应邀参加了在广东外语外贸大学召开的第八届全国语用学研讨会暨中国语用学研究会成立大会。威尔逊教授在会上作主旨发言,并给与会代表作了一个词汇语用学(lexical pragmatics)报告:应用关联论解释词汇意义,指出人们通常从寻找关联中明白词汇字面意义的收窄、放宽,明白话语联系语和话语小品词,正确理解和解释形象以及反语的使用,等等。2006 年 7 月,全国语用学讲习班暨专题研讨在广东外语外贸大学举行,威尔逊教授应邀作了多场讲座,内容涉及关联论基本内容、显性与隐性交际、词汇语用学、发展语用学等。关联论的另一位创始人斯波伯教授曾于 1997 年到广西师范大学作关联论的讲演;2007 年 7 月,第十届全国语用学研讨会在南京大学举行,斯波伯教授还应邀作了关联与隐喻的大会发言,指出关联论视域下隐喻与日常话语的理解并没有任何差别。

综观国内外学术刊物发表的大量相关著述,关联论在语用学领域表现出强大的生命力。应用关联论框架写成的专著和论文大量出现;借助关联论框架理解话语的语用学教材和参考书层出不穷;斯波伯和威尔逊的专著已被翻译成多种文字①;所有这些似乎都说明关联论在语用学领域以及它对语言学、认知科学、心理学、文学、话语分析以及语言哲学等领域的影响都在不断增强。从格赖斯语用学到现代语用学的新格赖斯语用学和关联论,这是语用学理论的又一个重要发展。作为认知语用学的核心理论,关联论涉及问题的深度、广度及其潜在解释能力为语用学、心理语言学、社会语言学等领域的研究提供了新路径。

当然,人们在赞赏关联论的同时,也对关联论提出异议。黄衍(Huang 2001)认为关联论存在着一个严重的问题,那就是它的"不可证伪性"(non-falsifiability)。斯波伯和威尔逊指出:

（60）交际者没有"遵守"关联原则;即使他们想违反关联原则也

---

① *Relevance: Communication and Cognition*（second edition）一书中文版《关联:交际与认知》,于 2008 年由中国社会科学出版社出版,译者为威尔逊的学生蒋严博士,曾任教于香港理工大学,现于英国伦敦大学亚非学院(SOAS)任教。

违反不了。**关联原则不存在任何例外**：*每一个明示交际行为都传递一个关联假设。*（Sperber & Wilson 1986：162；黑体为笔者所加）

在黄衍看来，

(61) 如果关联论是一种不存在任何例外情况的概括，那它就不会被任何可能反例所驳倒。这样，在缺乏经验性证据的情况下，人们很难对关联论的核心主张做出评价，更不用说去证伪。如果关联论不能够被证伪，那么，关联论的整个理论框架就不符合波普尔关于检验科学理论的最低标准，即基于实证的理论（包括语言学在内）只能被证伪，而不能被证实（Popper 1973）。关联论是一个因错而"对"的论例。因此，我们可以得出如下结论：除非关联论能够被证伪，除非人们不是靠直觉而是靠其他手段来估量话语处理过程，否则，关联论的理论宣称在很大程度上只不过是一座空中楼阁罢了。（Huang 2001：7）

对于黄衍的上述批评，关联论的倡导者和积极实践者很快就做出了回应（何自然、吴亚欣 2004）。看过黄衍的文章后，多年致力于关联论研究的西班牙阿利坎特大学的尤斯（Francisco Yus）博士在回应中首先简单陈述了他对关联论的认识。他写道，斯波伯和威尔逊提出的关联论提供了一个有关人类认知的理论模式，这个认知模式以"定性"的评估作为依据，包括听话人如何在第一时间能认定说话人意图交际的内容等。尤斯指出，斯波伯和威尔逊确实为取得话语的语境效果和为理解话语所付出的努力作过假定性的"定量"评估，但是他们也承认，在现阶段这一设想还很难实现，因为要检测关联性，就势必要为测定大脑的神经化学活动而进行计算。因此，他们目前所能做的，最多也就是假定听话人在寻找话语最佳关联的解释时，他在大脑里"必然"进行一些活动。尤斯说，黄衍可能期望找到这样的经验性证据来说明关联论或许能够成立，但是这样的情况目前根本不存在。关联论之所以不能够被证伪，是因为它是纯理论，或者可以说是依靠直觉做判断。当然，关联论并不符合波普尔提出的关于检验科学理论的最低标准，也就是黄衍提到的"基于实证的理论(包括语言学在内)只能被证伪,而不能被证实"。可是,这并不能证明关联论就此失去了价值,因为这种理论根本就不能用上述标准去评定,它不能满足这个标准要求的前提,也就是说,这一标准只适用于鉴定经验性的理论,而关联论根本就不是经验性的,至少不具备词典给"empirical(经验性的)"这个词所下的定义。[《牛津英语大词典(简编本)》对"empirical"下定义如下: *based on, guided by, or employing observation and experiment rather than theory*;(*of a remedy, rule, etc.*)*used because it works, or is believed to*。]关联论是一个理论模式,它旨在解释人们理解话语的过程,这个过程乍看确实是很难捉摸的。在这一点上,尤斯同意福特(Fodor 1983)的说法:大脑中心加工系统具有神秘性。为了证明关联论具有可行性,尤斯还指出,如今很多学者倾向于赞同大脑中心加工系统模块论(如斯波伯的整体模块论),但到底有没有任何经验性证据来证明这一点呢?尽管现在的认知心理学确实朝着通过经验更好地了解人脑这个方向缓步发展,但似乎尚未取得令人满意的经验性证据。所以,尤斯认为,尽管无法为关联论找到经验性的证据,但是这一理论模式对解释交际中人们的一些外在行为是很有意义和价值的。

斯波伯则认为黄衍反对关联论的论点是他受误导(misguided)所致。斯波伯指出,黄衍在文章中曾着重提到:如果关联论是一种不容存在例外情况的概括,那它就不会被任何反例所驳倒,这一点显然是错误的。正确的论证恰恰相反。允许例外情况存在的概括性理论,(如果不是不可能被驳倒的话)是很难被驳倒的,因为任何反例在概括性理论中都可以作为例外而不被看成是反例;另一方面,不容例外情况存在的概括性理论(如一些硬科学理论就是这样),一旦发现它们是错的,那就很容易证伪了。与其他任何科学定律一样,交际关联原则是很可能被证伪的,也就是说,它被证明为虚假、错误的可能性会是很大的。只要找到一种现实交际行为并不传达最佳关联的设想,而只是传递某一设想(如最大信息量),或者根本不传达任何设想,那就足以证明关联原则是不正确的了。上述诸如此类的交际行为要用关联论来解释是很难的,因为关联论描述的交际行为与上述完全不同。事实上,越来越多的实验证实了关联论的观点,到目前为止,还没有任何实验否定过关联设想的正确性,相反,全都证明它是正确的。

当然,在对任何一个科学理论进行检验的时候,也就是在为证明某一理论为虚假或错误而寻找证据的时候,为了做出可供检验的预测,往往在应用该理论的同时,会用到许多辅助性的假设。像关联论这样的概括性理论(交际的关联原则仅是关联论的一部分),可以被看作是一种理论框架,其自身不被检验,但它却可以通过在某些具体领域内获得的结果来检验其正确性以及能否成立。斯波伯认为,这也许正是尤斯在评论黄衍文章时的看法。关联论在很多具体的领域内确实已得到检验,而且这些检验结果都是肯定的,至今还没有发现证据足以证明关联论是一种假的、错误的理论。从这个意义上说,关联论与其他任何概括性科学理论相同,但与宗教或意识形态却不一样,它不会为迎合某些数据而没完没了地去重新解释自己。

斯波伯在回应中还表明了他对批评关联论的各种观点所持的态度。他说,他和威尔逊以前也听到过有人反对关联论,说它不可证伪,但是他们并不认为这对他们或他们的理论有什么冒犯或不利。相反,他们时刻关注着人们对关联论的批评。这些批评也许是正确的,值得他们吸收借鉴,以便进一步对关联论做出修订。即使有些批评是不正确的,只要批评者把自己的观点提出来,让大家自由讨论,这对于整个学术界的进步也是有利的。对那些由于没有正确理解关联论或者由于被误导而做出的错误评论,只要不加回避,积极做出回应,消除误解,就会有助于不断完善这种理论,使其解释力得到增强,这应该说是有利无弊的。

3.4 结语

任何一种理论从其诞生之初到走上发展的道路,都不可避免地要面对种种质疑。我们既不应采取回避的态度,也不应被质疑所吓倒,而要冷静地去分析问题,解决问题,从而对理论进一步予以肯定,或对其做出修正和补充。从上一节的"评说和争鸣"中我们看到,斯波伯和威尔逊提出的关联论也不例外。对关联论支持也好,反对也好,研究者都应该持一种客观的态度,既不应该美化它,也不应该诋毁它。事实上,任何一种理论的学术价值不在于它是否具有完整性,或人人都去遵循它、运用它,而在于它是否能引出令人深思的问题并激发人们从新的视角对这些问题进行探讨(参见何自然 1995;何自然、冉永平 1998)。作为认知语用学的一种基础理论,关联论的目的达到了,它是在格赖斯学说的基础上提出的,格赖斯的目标是解释听话人如何领会话语的意图,关联论接受了这个看法。斯波伯和威尔逊还承认推理在理解中的重要性。尽管他们的思路和格赖斯思考的有所不同,但他们关于交际总原则在推理过程中起着作用的认识却是一致的。从格赖斯的语用学到斯波伯和威尔逊的关联论,这是现代语用学的一个新发展。关联论的潜在解释能力给语用学、认知语言学、心理语言学、社会语言学等研究展现了一个美好的前景。虽然我国学界发表过大量有关关联论的文章(何自然、冉永平 2001),但从整体上看,我们对关联论的研究还远远不够,亟待进一步深入。我们从事认知和语用研究的学者有责任密切关注认知语用学今后的发展,及时引介国外的有关成果,同时将自己的研究成果介绍到国外去,加强与国际学界的交流,共同推动认知语用学乃至语用学这门学科整体的发展。

中篇　顺应论

第四章 顺应论略说

4.1 顺应论的由来

相对于语用学中的言语行为理论、会话含意理论、新格赖斯会话含意理论、礼貌理论、关联论等,顺应论①在国际语用学界所吸引的关注相对不足。其中可能有两个原因。其一,顺应论的学缘背景属于欧洲大陆学派,与英美学派相比,前者的学科目标往往超出语言学层面,更多地与社会政治问题发生联系,语用学作为语言学的学科性质不够明确;其二,顺应论给人的印象是比较宏观,操作性似乎不及其他语用学理论。当然,该理论之所以没有产生巨大的影响,与其创建人或其追随者研究、推广、宣传不够也是有联系的。在这一点上,关联理论显然做得更出色。值得一提的是,仇云龙博士2019年6月在香港理工大学举行的第16届国际语用学大会上组织了语言顺应论的专题小组,同年8月又在江西师范大学举行的第16届全国语用学研讨会上组织了相同主题的专题小组,对于推广该理论或起到了一些积极作用。另外,邓兆红(2016)、郭亚东、陈新仁(2020)对 Jef Verschueren 所做的访谈也值得阅读。

我们认为无论是在理论层面还是在应用层面,顺应论都能给人们很多启示。毕竟,该理论有着比较完整的体系,有着较牢固的哲学基础,有着颇为新颖的理论见解,因而值得学界高度关注。

这里主要依据维索尔伦的研究文献以及一些学者的评介(如:钱冠连1991,2000;何自然、于国栋1999;何自然2000;刘正光、吴志高2000;Jaffe 2001;张克定2002;谢少万2003),对顺应论进行全面的述评。我们将结合实例具体讨论该理论的应用价值,并就存在的问题作

---

① "顺应论"的英文是 pragmatics as a theory of linguistic adaptation or adaptability。从字面上看,这一理论是关于语用学学科性质的界定。然而,从维索尔伦对该理论的运用来看,顺应论其实可以从两个层面理解。第一个层面是把它看作语用学学科性质的理论,认为语用学是关于语言顺应性的理论(pragmatics as a theory of linguistic adaptability, Verschueren 1999:263),是关于语言使用的语言学(linguistics of language use, Verschueren 1999:10),是关于语言的功能性综观(general functional perspective on language, Verschueren 1999:11),研究实际使用的语言如何运作。第二个层面是关于语言使用过程的理论,认为语言是一种顺应语境和交际意图的过程。

简要评价。

　　顺应论由比利时语用学家耶夫·维索尔伦（Jef Verschueren）①提出，在 1987 年国际语用学协会创立后内部出版的第一期 *IPrA Working Document*（《IPrA 工作文集》）中发表，题为"Pragmatics as a theory of linguistic adaptation"（《作为语言顺应论的语用学》）。1995 年，维氏以这篇颇具创意的纲领性文件为基础，在由他主编出版的第一本 *Handbook of Pragmatics*（《语用学手册》）里对顺应论做进一步、更为系统和详尽的论述。他在这本手册里还撰写了前言，按照宏观语用学的认识，将语用学定义为"语言和交际在认知、社会与文化方面的研究"（the cognitive, social, and cultural study of language and communication），并按国际语用学协会的观点，以"The Pragmatic perspective"（《语用综观》）为题，将语用学描述为关于语言整体的、功能性综观［a general functional perspective on（any aspect of）language］，对语言选择的性质进行了界定，对语用学的学科性质进行了阐释，也对语言的顺应性进行了讨论，这一切都为后来的完整理论版本奠定了基础。1998 年，维索尔伦撰写的"A pragmatic model for the dynamics of communication"（《交际动态过程的语用模式》）一文被收录在阿萨·卡瑟（Asa Kasher）主编的 *Pragmatics: Critical Concepts*（《语用学的关键概念》）论文集中，该文详细探讨了交际动态顺应性，完成了对后来完整版本的又一次重要准备。1999 年，维索尔伦出版专著 *Understanding Pragmatics*（《语用学新解》）②，系统呈现顺应论，标志着该理论走向成熟。

4.2　顺应论的理论来源

　　按照维索尔伦的说法，顺应论至少有五个来源：进化认识论、语言起源或进化说、语言习得研究、"局部的"顺应性解释以及相关语用概念（如适切条件）。

---

① 国际语用学协会秘书长、比利时安特卫普大学荣休教授。
② 关于该书的评价，可参阅：Book Review. Understanding Pragmatics（Jef Verschueren），*Forum for Modern Language Studies*, Volume 37, Number 3, p. 359。该介绍没有给予任何主观性评价。

首先,顺应论得益于进化认识论(evolutionary epistemology)。顺应(adaptation)和顺应性(adaptability)是顺应理论的核心概念①,正如维氏自己指出的那样,顺应论很容易使人联想到达尔文的生物进化论理论。② 一旦使用这些概念好像就会把语言提升到一种自然属性或一种独立生存的有机体的地位。但维氏认为这是一种误解或错觉,必须予以消除。维索尔伦的实际意图是,把语言看作是人类与生存条件之间若干顺应性互动现象中的一种,其发展得益于人类的某些属性。语言与其环境或"生存条件"之间进行互动,语言发展之所以可能,与人类的一些进化特征分不开(Verschueren 1987:41)。

诚然,"顺应"与生物意义上的自然选择似乎联系密切,维氏本人也明确表述了顺应论与进化概念之间的联系。但他试图联系的并不是生物进化论,而是进化认识论。用他本人的话说,顺应论可以看作是"一个正在显现的范式",即进化认识论的一个例证(Verschueren 1999:263)。该范式将生物进化论(特别是自然选择)扩展到其他方面的行为和社会文化,包括语言、学习和科学等。根据这一范式,生物总是在不停地解决问题,其行为和社会文化的顺应表现产生于"认识"过程,而人类进化的总体过程就是一个知识扩展的过程。对语言作这种功能性解释时,我们需要把进化的自然选择机制(通过选择或淘汰一些实体来选择或淘汰它们的某些本质特征)和强化机制(直接选择某些特征)区分开来。与前者相比,后者似乎更能解释语言的发生、变化及其运作(functioning)。进化认识论不同于 19 世纪的社会达尔文主义,后者认为社会文化的进化过程就是优胜劣汰。

此外,"顺应"的概念让人联想起行为主义的刺激反应机制,因为世界上任何事物都可以充当引发语言反应的刺激物。维索尔伦提醒人们,这种看法把顺应看作是单向的(unidirectional),并非语言顺应性的本质含义,须予以摒弃。语言顺应是相互的、多向的。语言顺应环境,

① 将语言与顺应概念发生联系的并非维索尔伦首创,但借助此概念系统、全面地解释语言和语言使用,维氏却是第一人。

② 有人认为语言顺应论在语言选择方面来源于达尔文的进化认识论(谢少万 2003)。此说法实不准确。达尔文提出的是自然进化论;进化认识论则是坎贝尔(Donald Thomas Campbell)、波普尔(Karl Popper)等创立的。

反之，环境也会顺应语言（如语言使用促使环境改变），二者可能同时发生。通过选择交际方式，人们有意识地使话语顺应交际目标。其实，即使是生物学意义上的顺应也绝不是单向过程。顺应虽然具有目的性，但纯目的论解释（即始于目标并由目标决定）并不成立，因为自然选择会激励当前成功并从不会设置未来目标，而顺应的最终功能总是超越最初的意图。顺应的每一种形式都会带来新的可能性。就语言而言，没有语言，人类之间的分工也许是不可能的。但反过来，分工并不是人类最初发展语言的目的。这也是为什么达尔文经常使用"相互顺应"（co-adaptation），以及为什么反复强调自然世界中顺应过程的"多向性"（multidirectionality）。自然选择也许使得生物顺应一定的环境因素，但生物进化本身也会改变环境因素。在解释语言时，如果把顺应性解释为单向过程只会带来空洞无效的结果。

其次，顺应论得益于过去一些关于语言起源和进化的理论主张。例如，早在19世纪60年代末，惠特尼（Whitney 1869—1970）认为语言是为了应对交际需要而逐步发展起来的，其隐含的意思就是语言的起源和发展可以归因于一种不断满足人类交际需要的顺应性过程。同样，萨丕尔（Sapir 1921）强调，语言是一种文化功能而非一种生物遗传的功能，语言使用并非由一个或多个通过进化而形成的器官做出的简单活动，而是涉及多个生理系统各种复杂的相互调节和适应。语言通过进化不断满足交际目的。自萨丕尔之后，学界越发明晰地把语言进化与生物进化中的顺应联系起来。雅可布逊（Jacobson 1970）认为，进化具有连续性，就语言而言，不可能存在自然（nature）与文化（culture）的截然分界。维索尔伦引用列勃曼（Lieberman）的说法，即"人类语言也许只是为了适应整个人类环境而进化来的"（Verschueren 1999：265）。如果语言没有在达尔文所说的"生存竞争"中发挥作用的话，保留那些能够逐步引起人类语言进化的变异（mutations）就没有选择优势可言了（Verschueren 1999）。

再次，顺应论从儿童语言习得研究中获得了启示。语言习得可以看作是一连串引发习得成人语言的顺应性过程。这一过程非常复杂，但同样表现出明显的双向性。一方面，儿童顺应成人话语；另一方面，成人也顺应儿童的语言水平，如使用"儿童话语"（baby talk）。

此外，维索尔伦使用顺应理念来解读语言使用现象也得益于语用学同行的研究成果。在一些具体的、局部的语言使用方面，前人已有此类顺应描述和解释的尝试。维氏（Verschueren 1999：265）列举了下列研究作为佐证：在研究请求类言语行为时，贝克（Becker 1984）联系其在社会群体中的运作情况，考察了这类行为的实施如何通过不同顺应方式来解决自然竞争（即自我需要）和合作需要的冲突。一些学者（Pawley & Syder 1983）用自然选择的概念来解释非正式的会话英语和正式的书面英语中一些句法和形态用法上的差别，发现 they、them、their 在指称性别不明、单数、第三人称的对象时，比 he、she 更适合或更能顺应会话英语，而后者在书面写作中仍可以照用无误。再如，奥哈拉（Ohala 1984）通过对语音象征（sound symbolism）的研究，发现使用声学频率较低的语言单位往往听上去具有主宰性、攻击性和威胁性等；使用声学频率较高的语音单位听上去则给人以从属性、不具威胁性等印象。甚至有人认为，男女不同的音质也与生物顺应过程有关。

最后，维索尔伦的顺应论与语用学中某些概念本身也带顺应性这一点息息相关。以言语行为理论为例，塞尔提出对言语行为进行分类的标准之一即"适切方向"（direction of fit）就是一个例子。根据该标准，人们在做断言类言语行为时，须促使某种事态的发生与其所言一致。同样，"适切条件"（felicity conditions）与言语行为是否顺应交际目标和交际环境有关。此外，"背景假定"（background assumptions）也与顺应关联，因为它们与事先存在的、已知的或假定的交际环境有关。语言表达形式的选择必须顺应这类交际环境，从而避免总是采用直接、明晰的表达方式。

值得注意的是，在将语言顺应与生物顺应进行比较时要注意二者之间的异同。一方面，当我们把语言看作是人类进化的产物时，其顺应性就是以上述方式发生作用的；另一方面，当我们考察人与人之间语言的日常使用时，我们必须考虑在进化过程中人脑得到的发展，即具有自我性、意向性等特征并具备设计行为路线的能力。但我们必须避免过分强调这些特征和能力的作用。毕竟,大量的语言选择过程都是自然而然发生的、潜意识的。即使要对行为路线加以选择和设计,可供利用的资源也十分有限,导致做出的选择往往与做出选择的意图未必一致,甚至会导致非预期的结果。因此,维索尔伦指出,把意向性看作是语言使用核心是错误的,应该避免。即使是主动做出顺应,也有可能达不到顺应的目的。语言交往中大量的失败并非都是由于交际者没有做出顺应努力而导致的。

4.3　顺应论的三个核心概念

语言常被描述为人们进行交际的工具,然而与其他许多工具不同,它被"制作"出来之后,并不能独立于制造者(人类),而且也不会一成不变。语言需始终不断地顺应不同的交际意图和使用环境。在描述语言实体的意义、解释其形式时,我们还要经常参照其得体使用的条件。

维索尔伦认为,语用学应该研究语言的变异性(variability)、商讨性(negotiability)和顺应性(adaptability)。

变异性作为语言的一种属性,决定(语言结构的各个层次)可能选择的范围。海姆斯(Hymes 1974:75)指出,"在研究作为行为方式的语言时,变异是一个重要的线索和钥匙"。需要说明的是,这里的变异并不局限于社会语言学中常说的语言变体,而是泛指语言使用者在试图传达特定信息时可以进行选择的各种可能表达。例如在公共场所,为了达到禁止吸烟的目的,可供选择的表达就有许多,如:No smoking(禁止吸烟)、Smoking is prohibited(不准吸烟)、Please do not smoke(请勿吸烟)、Smokers will be fined(吸烟者处以罚款)、Non-smoking area(非吸烟区)、Thanks for not smoking(谢绝吸烟;请勿吸烟,谢谢合作)、Smoking is hazardous to health(吸烟有害健康),等等。就变异性而言,语言选择的范围并非静止不变而是不断变化。一些陈旧的表达可能会很少再使用甚至不再使用,同时往往又有新的表达产生。在我们国家,社会语用中的公示语变化就是一个例子。一些人们司空见惯的禁止用语因缺乏新鲜感而被冷落,换之以充满中华文化人情味的新的表达方式。

商讨性是指语言选择基于高度灵活的原则和策略进行,而不是按照严格规则或固定形式—功能关系机械地进行。关于"禁止吸烟"的各种表达方式就是例子：

(1) a. Smoking is prohibited.

    b. No smoking.

    c. Thanks for not smoking.

    d. Smoking is hazardous to health.

从语法或语义上讲，上面几个表达都符合语法，语义上都合格。然而，却没有哪一条规则告诉我们什么时候应该使用哪一个表达。这时，我们就需要诉诸特定社会中的交际原则以及交际者的交际策略。以 a 为例，使用者应该具有机构赋予的行政权力，相应地，该表达的约束力非常大。b 则比较常用，可以是行政机构的选择，也可以是一般部门或场所的规定。c 与 d 都具有明确的策略性，c 采用先感谢对方的方式来获取对方的合作（不抽烟），而 d 则通过说理和关心对方的方式试图达到让对方不抽烟的目的。当然，商讨性也隐含了选择的不确定性。一方面，说话人有时是在不得不做出选择的制约下而仓促操作，其结果未必总是能满足其交际需要。在一些场合下，说话人对听话人的语境资源和认知能力未必能很好地把握，表现在使用指示语、省略话语时经常导致理解不当或理解困难。另一方面，听话人在理解时也存在不确定性，如对话语含意的捕捉。交际中大量存在的误解除了说话人的责任外，听话人理解不当也是重要原因。

顺应性作为语言的一种属性，使人类能够从各种变异可能选项中做出商讨性选择，以满足基本的人类交际需求。这里，"基本"并不是指"一般的"，相关的交际需求总是在语境中产生，往往是非常具体的。语言使用所服务的"交际需求"也不表示所有的需求都在严格意义上具有"交际性"，如自我情感的抒发等。"满足"也并不排除偶尔发生严重交际失误的可能。正如维索尔伦强调的那样，语言使用的变异性、商讨性本身就意味着交际困难和失败是不可避免的，除非一些特殊的场合，否则交际的成功总是极端相对的，从不可以视为理所当然（Verschueren 1999：61）。

关于变异性、商讨性和顺应性这三个概念，有几点需要明确。其一,这三个概念本质上是不可分割的,它们并不代表不同的研究课题,而是整个语用学研究对象有密切关联的特征,只有一起加以考虑,才有可能揭示语用现象的复杂性。其二,这三个概念并不处在同一层次上,因为语言只有具备了变异性和商讨性,其顺应性才成为可能,没有变异性和商讨性,就没有顺应性的内容。因此,顺应性属于更高一个级别的属性。以顺应性为出发点,可以为语用描写和解释确立四个明确的任务:顺应的语境对象,顺应的结构对象,顺应的动态过程以及顺应过程的意识凸显程度(详见下文讨论)。其三,顺应性不应解释为单向性的。语言选择并不总是为了去顺应事先存在的环境因素。事实上,语言选择也会改变环境,或使环境、现实反过来顺应语言选择,如塞尔对承诺类言语行为的刻画。同样,上文中 Thanks for not smoking 的使用也要求人们不要吸烟,否则就与该表达发生偏离。

4.4　顺应论的视角观

语音学、音系学、形态学、句法学和语义学是语言学的传统分支学科,对此人们没有异议。语用学是否也是呢?

在以列文森、利奇等为代表的一些英美语用学者看来,语用学也是语言学的一个核心分支学科(pragmatics as a core component),与上述分支学科并列。利奇认为,"语法学(语言的抽象形式系统)和语用学(语言使用的原则)是隶属语言学的互补领域"(Leech 1983:4)。在他看来,语义学是语法学的一部分,语用学与语义学和/或语法学互补。盖茨达认为,(形式)语用学是关于去除了真值条件(语义学只限于研究真值语义问题)之后的意义的研究(Gazdar 1979)。柯尔认为语义学用来确定规约(或字面)意义,语用学则是确定非规约(或非字面)意义(Cole 1981)。列文森同样认为,研究语义时考虑语境因素的语用学与语义学互补。这些英美学者认为,语用成分是好的语言能力理论[1]不

---

① 乔姆斯基认为人生下来有一种语言能力,人之所以能学会语言,不是因为各种学习策略,而是主要由于先天遗传因素的作用。这种语言能力具有普遍性,由普遍语法构成。语言学的研究目标是解释这种语言能力。然而,在交际方面,最主要的不是这种普遍性,而是顺应性。当然,在语言使用方面也存在一些共性的东西,即语用共性(pragmatic universals)或语言(交往)行为共性[universals of linguistic(inter)action]。顺应具有一定的普遍性。

可或缺的组成部分。例如,列文森认为,"一个综合的语言能力理论应有语用成分"(Levinson 1983:33)。戴维斯也指出:"我将把语用学看作是(语言)能力理论的一部分,而且具有心理现实性。"(Davis 1991:4)

利奇认为,话语的语义表征(或逻辑形式)不同于其语用解释(Leech 1983:19)。但这一观点在维索尔伦看来掩盖了一个事实,即话语的逻辑形式本身(如同语言的所有其他结构方面)可以从语用视角看作是顺应某一功能需要的选择(因而可以是语用研究的对象)。"I am reasonably satisfied"与"I am not dissatisfied"尽管指同一心理状态,但在语义结构上显然不一样。在它们之间做选择多数时候需取决于语境。与其说这两个句子的语用解释依附于或不同于它们的逻辑形式,不如说它们的解读与不同的逻辑形式直接相关。因此,在维索尔伦看来,利奇等英美学派对语用学的界定过窄。

列文森等英美学者忽视了许多语用问题。例如,列文森在自己的著述中花了大量笔墨讨论预设,但却没有讨论预设在实际交往中被(策略性地)使用的各种方式。在维索尔伦看来,预设在使用中反映出的各种顺应性才是语用学应该关注的核心问题。又如,利奇在研究礼貌时主要考虑绝对意义上的、不因语境变化而变化的礼貌。维索尔伦认为,礼貌的可变性或语言使用中的变异是交际顺应性的产物,因此应是语用学家关心的核心问题。

显然,将语用学看作是语言学理论的一部分,似乎可以获得从话题到方法论上的统一性。上述英美学者之间尽管也存在一些差异,但他们的研究范围基本共享,包括指示语、含意、预设、言语行为、会话互动等。他们不大希望介入社会语言学和心理语言学,而他们所讲的语用能力就其性质而言明显带有认知性质(一个重要的方面是涉及推理过程)。

然而,维索尔伦及其他欧洲大陆学者则看法迥异。在他们看来,语用学既不与语音学、语义学、句法学等横向分支平行,即不属于语言学核心分支学科,也不与神经语言学、心理语言学、社会语言学和人类语言学等纵向分支或跨学科研究分支平行或并列存在。在维氏看来,语用学不是语言学核心学科中与语音学、音系学等并列的一个分支。由于缺少具体的分析单位,语用学不能参与到语言学理论传统分支的分工中去。就其实质而言,语用学是关于语言现象或这些分支学科研究对象的一种功能性视角或综观(pragmatics as a functional perspective①)。换言之,只要这些学科研究者采用这一功能性视角(功能的含义包括认知、社会和文化分析。当然,要注意这三者本身是密不可分的②),他们就是在从事语用学研究,如图 4-1 所示(Verschueren 1987:37):

·
·
·
人类语言学
·
·
社会语言学
·
·
·

音系学　形态学　句法学　语义学

·
·
心理语言学
·
·
神经语言学
·
·
·

图 4-1　语用视角

A) 语用学与语音学、音系学、形态学、句法学和语义学不同,原因是它没有任何的基本分析单位。

语用学要回答的问题是:语言资源是如何被使用的? 从这个意义上讲,语用学不会构成语言学理论的又一个组成部分,而是提供一个不

① perspective 可理解为"视角""纵览"或"综观"。
② 关于为什么"认知、社会、文化的功能解释是密不可分的",可参见 Button (1991)。

同的理论角度。如果把语用学看作是一种视角，我们会发现，关于语言使用现象的研究可以发生在语言的任何结构层次上。换言之，语用学与任何类型的形式—意义关系都是相关的。

先谈语音层面。语言人类学家发现，一个特定社区的成员使用其语音系统会考虑到是否在与相同群体的其他成员进行交际（Verschueren 1999：3）。显然，语音尽管属于音系学的研究范围，但就其使用而言带有语用学的实质。又如，对于带有明显方言变异的语言来说，人们使用该语言时的发音情况会视自己所在的交际环境不同而变化。他们在与父母或兄弟说话时很可能会使用小时候学会的方言，而在工作中很可能会使用在正规教育中获得的标准语。

在义位和单词层次上，派生形态学、单词合成，甚至是屈折形态学方面都存在某些语用限制。healthy、friendly、able 等与 unhealthy、unfriendly、unable 之间是派生关系，后者是由前者分别加上否定前缀构成的。然而，我们一般不会先有 unhealthy、unfriendly、unable，然后去掉 un-，变成表达 healthy、friendly、able 等意思的词。之所以这样（当然有例外，如 selfish），维索尔伦认为这一派生关系是由社会规范体系决定的，比如人们往往强调 healthy、friendly、able 等的重要性。类似的规范或标准也可能是概念方面的，如"熟悉程度"决定了 familiar 和 unfamiliar 一对词的出现，尽管 strange 可以作为该对概念负面的一端出现，但并不会出现 strange（表示 familiar 的）与 unstrange 之对应，除非出自某种特殊的修辞目的。相对而言，某物如果可以视为 fastened，则处于 fastened 的状态便被视作是"常态"，这样我们才可以解释 fasten-unfasten 的对立。在英语中，unloosen 并不表示 fasten，而是表示 unfasten。

在英语中，单词合成同样取决于语用原则和语用制约。如果一个合成词难以解读，或对应的语境不存在，这样的合成就是有问题的。反之，如果一个合成词对应多个语境，哪一个语境最容易进入，就会在哪个语境中解读。例如，在汉语中有"雪人""泥人""草人""橡皮人"等表达，却没有"雨人"，因为人们一般不会把雨与人从形状上联系在一起，或以雨为材料做人形物品。不过，"泪人"却是一个有趣的例子。

在句法层面,表面上看同一事态可以用不同的句法结构来描绘,如"狗咬了小明"和"小明被狗咬了",而实际上不同的结构选择对应了不同的使用环境或条件。在前一种情况下,人们关心的是狗咬了谁,而在后一种情形下我们想知道的是小明遭遇了什么事情。二者对应了不同的话题选择。就语义理解而言,由于表达简化的需要,越来越多的表达(如 topless district、mental midwife)很难从语义组合性(semantic compositionality)角度去分析,而是要求交际者拥有相关的百科知识,否则难以解读。句子或命题意义的理解更是需要世界知识和语境信息的支撑。例如,X is on the Y 作为一种语义框架的解读取决于 X 与 Y 隶属什么样的情形:

(2) a. The book is on the desk.

　　 b. The picture is on the book.

　　 c. The fly is on the ceiling.

诸如语篇、会话或话语等语言结构单位属于将语言资源付诸使用的典型产物,因而就更加容易从语用学角度加以研究。

综上所述,语言的各个层面上都可能做出语用分析,或者说,语言的各个层面都可能产生语言顺应的过程,表现出顺应的特征。语言现象涉及的任何一个语言结构层面都应在语用学视角之内。

B)语用学同样不同于社会语言学、心理语言学等纵向分支学科,原因是这些学科都有其自身对应的与语言相关的研究对象,而语用学却没有。

例如,粗略地讲,神经语言学试图揭示听与说的神经生理基础和过程,即神经生理机制与语言的关系;心理语言学研究语言与一般心智、心理过程和大脑之间的关系(包括认知语言学);社会语言学研究社会关系、社会地位、社会模式、社会网络等如何与语言结构和使用发生互动关系;人类语言学研究语言与文化的关系。相反,我们却不能为语用学找到具体的直接相关对象。语用学面对的是语言行为的各种复杂情形。那么,语用学的学科性质究竟是什么呢?在维索尔伦看来,我们虽然无法为语用学找到直接对应的相关物,却可以从语用学角度对上述纵向分支学科的研究对象进行功能性的分析。例如,我们可以考察交际者如何通过把握特定的社会关系取得预期的效果。下面(3)中王平对"叔叔"的运用就是适例：

(3) 王平：小强，帮叔叔倒杯水。

小强：好的。

C）显然，语用学如果被看作是一种功能视角，就必然具有跨学科性(Verschueren 1999：6)。

维索尔伦认为，英美传统虽然对语用学的范围加以限制，但没能消除语用学界限的模糊性。例如，利奇(Leech 1983)和列文森(Levinson 1983)在其教材中都没有成功地界定语用学的范围。

维索尔伦在批评英美学派①的同时，认为欧陆传统也存在问题，指出多数人试图驳斥对方的观点，而不是试图把对方的观点纳入一个更统一的框架中。尽管如此，维氏在试图建立连贯统一的语用学理论时，认为只有在更宽广的欧陆传统中方可做到。他认为，英美学派的所有基本概念都来自语言哲学。这些概念可能是对具体的哲学问题做出的反应，很难系统地加以理论化。

因此，维索尔伦在看待语用学的跨学科性时所持的是一种更为"激进"(Verschueren 1999：268)的观点，即语用学是关于语言现象的一种功能综观(functional perspective)。他在国际语用学会编辑发行的刊物 *Pragmatics*(《语用学》)上始终明确地采取这一观点。维氏从莫里斯(Morris 1938：30)下面这段话里获得重要的支持②：

(4) "语用学"指的是研究符号与其解读者之间关系的科学……
    既然多数符号(如果不是所有符号的话)的解读者是生物，那
    么，如果我们说语用学研究符号学的生物方面，即发生在符号
    运作过程中所有心理、生物和社会现象，这就是一种对语用学
    做出的足够准确的描述。

---

① 维索尔伦认为，英美学派对于决定哪些现象应该或不应该由语用学处理时显得没有信心。关于维索尔伦对利奇和列文森的详细批评，请参见：Verschueren(1987：25—35)。

② 莫里斯的问题同样也在于对语用学的范围限定过宽。他认为，语用学研究符号的生命部分，涉及符号运作过程中所有的心理、生物和社会现象。界定的模糊性和范围设置的宽泛性使语用学呈现无限的分化，几乎囊括了人类语言学、社会语言学、神经语言学、心理语言学、语言哲学、篇章语言学、话语分析、会话分析等学科内容。

上面这段话让人们有理由将语用学看作是一种视角或综观①。从这一视角出发,我们会发现,如果不考虑社会和文化因素,就无法讨论认知问题。同样,讨论文化如果脱离了其认知基础也是做不到的。当然,把语用学看作是一种视角或综观,并不意味着我们在做具体研究时可以偏重某一方面,而忽略另一方面。维索尔伦提醒人们要正确理解其语用视角观或综观论的含义。作为一种视角或综观,语用学涉及语言使用的各个方面。然而,在做具体语用学研究时,可以选择研究重点,确定话题和方法的边界,这不仅是可以接受的,而且经常是必要的(Verschueren 1999:10)。

语用学并不研究语言本身,而是研究语言使用,研究语言形式与语言使用之间的各种关系(Verschueren 1995:1)。语言使用涉及认知过程,发生在带有各种文化制约的社交世界中。这一点说明语用学具备多学科性的基础(Verschueren 1999)。

维索尔伦区分了关于语言资源(language resources,包括语音学、句法学等)的语言学和语言使用的语言学(即语用学)。根据莫里斯(Morris 1938:35),语言资源的规则中同样有语用因素的沉淀②:句法规则决定符号之间的关系,语义规则决定符号与其他客体之间的关系,语用规则交代符号解读者在什么条件下使用符号。任何规则在实际使用时都表现为某种类型的行为,从这个意义上讲,任何规则都有语用成分。从最根本上说,语用学可以定义为语言使用的研究;或采用更为复杂的表述方式来说,语用学是从使用特征和过程的角度对语言现象所做的研究(Verschueren 1995:1)。采纳这一定义,就意味着语用学与语言学的其他领域(包括话语分析、社会语言学或会话分析)之间没有严格的界限。语言语用学研究人们的语言使用,而语言使用在维索尔伦看来是一种行为举止或社会行为。语用学的基本任务是回答如下问

---

① 维索尔伦(Verschueren 1985b)详细讨论了"成分观"(component view)站不住脚的原因。至于"视角观"或"综观论"的早期思想可参见韦瑟(Weiser 1974)、哈勃兰德和梅伊(Haberland & Mey 1977)。

② 莫里斯说,语用学规则可以说明句法学和语义学规则不能说明的一些情形,如感叹语"Oh!",命令语"Come here!",评价语"fortunately"等。但这样的观点会把句法学和语义学不能处理的一切归于语用学,这就是为什么有人说语用学是个"废纸篓"。

题：使用语言的实质是什么？一个基本的观察是：说话或使用语言进行交际，是一个出于语言或语言之外原因而有意识或无意识地不断进行语言选择的过程，这些选择可以发生在语言组织的各个层面：语音、形态、句法、语义，等等。语言使用的理论能够也应该研究这些选择背后的机制和动机，以及这些选择带来的或说话人希望带来的效果。对于"这本书是红的"的理解，最多可以延伸为：我相信这本书是红的。但一般情况下，语用学不需要去探讨我为什么相信这本书是红的。"语言资源是如何使用的？"，这一问题可以说成："语言在人类生活中是如何运作的？"语用视角旨在解释的维度是语言与一般人类生活之间的关联。因此，语用学也是语言学和其他人文学科和社会学科之间的纽带。

总而言之，顺应论认为语用学不是语言学的任何独立分支学科，这表现在它与语义学等横向分支学科有一个根本的区别，就是没有基本的分析单位，而与纵向分支学科的根本差别则在于没有具体、特定的语言外部现实作为对应的研究对象。语用学在维索尔伦看来是一种功能性的视角或综观，与语言有关的方方面面都有可能成为语用学的研究对象。

4.5 结语

顺应论从萌发到成型经历了一段过程，在此过程中吸收了多种理论养分。与此前的语用学理论不同，顺应论试图为语用学确定一个统一的研究框架。为此，维索尔伦将语用学看作是一种功能性综观，由此顾及语言及其使用的方方面面。这一做法与英美语用学者的做法形成了鲜明对比，因为后者将语用学看作是与音系学、句法学、语义学等平行的分支学科。

从语用功能视角研究语言，我们会发现语言很多层面的现象都可以得到很好的选择。究其原因，或许是因为语言使用者的社会、生理、心理、认知等特性已经融入语言的组织中。相对而言，这一点在日常的语言使用中有更加明显的表现。对此，我们将在下一章中做更具体的讨论。

第五章 顺应论的分析维度

对于语言顺应来说,维索尔伦认为需要同时考察下列四个方面:

1)顺应的语境相关因素(contextual correlates of adaptability),即对语境因素的顺应;

2)顺应的结构对象(structural objects of adaptability),即语言结构选择的顺应;

3)顺应的动态过程(dynamics of adaptability);

4)顺应过程的意识凸显程度(salience① of the adaptation processes)。

这四个方面构成了顺应论的四个主要分析维度,在这四个维度的分析基础上,可以构建统一的语用学理论框架。

5.1 语境因素的顺应

根据顺应论,"语境"是语言交际的环境,用来指与话语相互顺应的一切因素或影响话语处理的一切因素,包括交际语境(由物质世界、社交世界、心理世界以及交际双方构成)和语言语境(如图 5-1所示)。

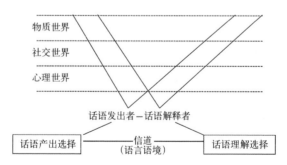

图 5-1 语境相关因素(根据 Verschueren 1999:76)

注:图中水平方向的虚线表示这三个世界并非严格分割。

---

① Salience 的所谓凸显性,这里指交际者在选择语言做出顺应时的语用意识程度,是交际者使用语言过程中表现出来的自返意识或元语用意识[参见维索尔伦《语用学新解》(外语教学与研究出版社,2000)一书导读第 F26—F27 页,正文第 66—67 页、第 173—200 页的有关论述]。

从图 5-1 可以看出,就交际语境(communicative context)而言,最重要的莫过于交际双方,即话语发出者(utterer)和话语解释者(interpreter)。作为语境的焦点,无论是话语产出还是话语理解,都离不开他们。当然,按照维索尔伦的说法,没有他们以及他们大脑的运作,就没有语言使用,而就语用学理论建构来说,重要的是交际双方的功能实体或社会角色,而非实际生活中具体的人。首先,人们在生活中往往具有多重身份,在不同情境中可能扮演不同的角色。其次,人们在说话人身份与听话人身份之间不停转换,甚至从听话人角度估算或监控自己即将讲出的特定话语的效果。最后,说话人/作者与听话人/读者有时并不同时存在,如文学创作;说话人/作者也可能成为自己的听话人/读者;有时,听话人的存在并不明确,如自我独白的时候。

交际者的重要性还体现在他们从物质世界(physical world)、社交世界(social world)、心理世界(mental world)中选择相关物充当语境成分。如图 5-1 所示,话语发出者和话语解释者发出的射线表示他们的视线(lines of vision),三个世界中被视线触及的部分将被激活或被调用,成为语境顺应的因素。

下面,我们先具体讨论交际者因素对于交际的影响。先看说话人因素。日常交际经验告诉我们,说话人的类别(说话人是信息的唯一来源、说话人是信息来源之一、说话人不是信息的来源)、说话人的人数(如独白、对话场合)等都会影响话语的表达和理解。以说话人的类别来说,作为信息的来源(source),说话人以何种口吻(voice)说话至关重要,比如是代表本人说话,还是代表别人说话。例如,在外交部记者招待会场合,发言人的话语代表了政府的立场而未必是发言人本人的立场,除非明确使用"我个人认为"等话语标记语。语言选择经常因说话人或听话人"质"的不同而有所变化。在现实交际中,说话人和听话人的身份经常表现出一些变异(如 Verschueren 1987)。这些变异反映了人们顺应不同场合的方式,比如庆贺方式的变异。下列是常见的一些庆贺方式,例如:

(1) a. Congratulations.

b. Jane and I would like to congratulate you on your new

discovery.

   c. On behalf of Mr. Simpson, I congratulate you on your . . . .

   d. Mr. Simpson congratulates / would like to congratulate you on your . . . .

上面四种祝贺方式都可以由同一个说话人使用,但效果不一样。a 的说话人是祝贺者本人;b 的说话人是祝贺者之一;c 的说话人充当祝贺者的代言人;d 的说话人回避了本人的信息,而是直接报道了祝贺者的身份。

值得注意的是,在新闻用语中经常策略性地采用人称的变化来报道所发生的事件(见 Fairclough 1989:50),这同样可以看作是一种语言顺应的方式。例如:

(2) a. There is every indication that the Soviet satellite fell into Lake Bajkal.

   b. We have been able to determine that the Soviet satellite fell into Lake Bajkal.

   c. Reliable sources have declared that the Soviet satellite fell into Lake Bajkal.

   d. Pravda reported that the Soviet satellite fell into Lake Bajkal.

对于信息的来源,a 没有使用任何明显的方式加以说明;b 直接交代了 we;c 委婉地以可靠来源予以说明;d 明确交代了报道的来源。在新闻用语中,消息的来源是一个重要因素,决定了消息的可靠性,也表明了责任的归属。因此,信息来源的选择使用具有很强的顺应特征。

说话人的人数对语篇的发展和组织具有十分重要的影响,表现在话轮的控制和转换等,这一点不言而喻,故不在此处赘述。

作为信息的接受者,话语解释者也可能有许多角色。维索尔伦提出了一组概念区别不同性质的在场者(presence)。在他看来,所有在场者对交际都会有不同程度的影响,但并非所有的在场者都会是话语的解释者。一般说来,话语的直接受话人(addressees)会是话语的目标解释者,邻近参与者(side participants)也会对话语进行解释,此外,那些尽管在场但不属于交际参与者(non-participants)范围的旁观者

(bystanders)可能也会对话语做出一定程度的解释。此外,可能还存在说话人不能确定是否成为话语解释者的一些人,他们虽不参与交际却也在场,可能属于偷听者(overhearers)范畴,如在场的偷听者(listener-in)和场外的窃听者(eavesdroppers)。在场者的构成情况对于话语的产出和解释都会构成影响,其中典型的例子是应用暗示策略的现场交际,以及矫正策略的使用(陈新仁 2000)。当有第三方在场时,说话人往往比没有第三方在场时更加注意保护听话人的面子;听话人在场人数的多寡,则明显影响说话人声调的高低。另外,教授与单个研究生交谈时会采取不太正式的谈话方式,然而,当他面对大庭广众发表讲演时,则往往会采取一种更有准备、更为庄重的姿态。这类顺应现象已经得到大量研究的证实。例如有研究表明,暗示策略在人数众多的场合比只有二人单独对话的场合显得更有必要(陈新仁 1998a)。

又如,以说话人所处的物质世界状况来说,带着难过表情说的"对不起"与满脸堆笑时说的"对不起"在效果上有本质的区别,前者会被看作是真诚的道歉,而后者则会被看作是言不由衷。当提到一个其貌不扬的人的长相或在谈到与性有关的话题时一般宜用委婉语。

说话人与听话人在社交世界中的情况以及在心理世界中的状况也直接影响着话语的产出和理解,对此我们将在下面作进一步的说明。

现在让我们重新回到图 5-1。从该图可以看出,人们同时生活在不同的世界,具体地说,处于包括物质世界、社交世界和心理世界的环境。相应地,人的语言行为应该顺应在这些世界中出现的各种情况。

在物质世界中,时空因素对语言选择具有至关重要的影响。典型的表现如问候语以及指示语的选择。Good morning 使用的场合与 Good evening 虽然都用于见面时的寒暄,但使用的时间是不同的,前者只用于上午第一次见到时,后者用于傍晚和傍晚之后第一次见到。同样,Good evening 与 Good night 的用法也不一样,前者用于见面,后者用于道别。除了绝对时空概念外,交际者双方在物质世界中的位置以及彼此之间的相对空间距离对交际也有影响。比如彼此远近情况会决定说话声音的高低。此外,说话人和/或听话人在物质世界中所处的位置、身体姿势、生理属性、身体状况等也不同程度地对语言选择和话语理解产生影响。

在社交世界中,需要语言做出顺应的社会因素无论是数量还是种类都几乎难以穷尽,顺应过程往往更加动态,更为复杂,也更为微妙。其中,大多数社会因素与社会场合(social settings)或机构(institutions)相关,一些语言选择必须受到特定机构的制约,比如只有法官才可以做出宣判。换言之,在这些场合下,许多语言选择取决于依附(dependence)和权威(authority)关系,或权势(power)和平等(solidarity)关系。这种关系不仅是说话人与听话人之间的,还可能是说话人与谈话内容之间的,或听话人与谈话内容之间的,也可以是交际者与第三方的。而且,社交场合和机构会对言语行为的实施强加各种原则和规则,甚至决定一些行为能否得到执行,如享有知识权威的人可以给别人建议或提供咨询,反之则只能期望别人的指导。同样,牧师主婚时所使用的语言与法律上所使用的语言也存在明显区别。交际双方的性别因素、婚姻状况等也是很重要的社会因素,这些因素对于礼貌的运用都有直接的影响。一个常被引用的例子就是 *tu-vous*(类似汉语的"你"—"您")的区别。在重视教育的社区中,教师作为交际者所受到的尊敬远胜于重视金钱关系的社区人群。同样,一个所谓重量级的头面人物即使是一般地讲几句话,也被认为带有分量。此外,说话人和听话人的各种特征固然重要,但二者之间的社会关系对于说话人使用什么样的表达方式更具有决定作用,一个公司的总裁在另一个公司的普通职员面前,因相互间并无隶属关系,一般是无权指手画脚的。

在心理世界中,说话人和听话人的心理状态也需要做出顺应。在日常人际交往中,语言是一个大脑与另一个大脑之间进行交际的工具。作为语境的一个重要组成部分,心理世界涉及交际者的心理状态,包括个性、情感、观念、信仰、欲望、愿望、动机、意向等。心理状态对话语理解的影响在反语的运用中尤为明显。人们在交谈中之所以能觉察出说话人的意思与所说的字面意义相反,一定程度上正是参照了说话人的心理世界做出的判断。事实上,由于顺应色彩很浓,我们可以根据话语推测说话人的个性、情感、信仰、愿望、动机、交际意图等(Verschueren 1987:66)。从一个人说话的方式,我们可以判断这个人是拥有自信还是缺乏自信,是乐观还是悲观,是反对还是支持。

相对于非语言的交际环境而言,语言交际环境构成的另一要素是用来交际的语言信道(linguistic channel)以及语言选择本身的方方面面,即语言语境(linguistic context)。

用于交际的语言信道起作用时,往往伴随非语言类交际信道,如手势、凝视等,可以分为口头和书面两类,又可以进一步划分成若干小类。它们之间有程度不同的差别。打电话与新闻播音有许多不同,面对面的谈话与书信交流也不一样。

语言语境对语言选择的影响也是多方面的,如衔接手段的选择、话语的序列安排等。语言语境的上下文对词、短语、句子等的理解有直接的影响,如 strong 可以与 woman、door、character、resistance 等搭配,但要根据具体搭配情况才可以决定 strong 的意思。另外值得一提的是互为语境性(intertextuality)问题。这个术语原指互文性,如使用典故、引文等,但维索尔伦使用这一术语的范围较广,如包括为阅读正文而提供参照的"序言"。但维氏使用的互为语境性并不包括"说话口吻"(voice)、"说话多重角色"(polyphony)等概念(Verschueren 1999:108)。

总而言之,语言需要顺应各种语境因素。语境不是某种静态的外在物,而是动态生成、发展的各种成分的组合体。根据维索尔伦,语境是在语言使用过程中生成的,在很多方面受到限制。虽然理论上任何东西都可能成为语境的相关物,但不是所有的成分都同时出现并充当当前话语的语境。因此,语境是由说话人和听话人从若干可能事物中根据交际意图构建起来的。换言之,特定话语的语境是有边界的,随着交际的推进,语境中的一些成分会不断更替。因此,要理解特定话语,就有必要确定相关的语境因素,而不是强加给预先设定的语境模式(Verschueren 1999:109)。语境的动态特性表现为以下一种事实:交际者,无论是说话人还是听话人,都会根据他们对物质、社交和心理世界中的相关因素的假想构筑起一个用来理解当前交往的框架。如此看来,对于任何一个具体的话语来说,语境不是无边无际、深不可测的。相反,语境是语言使用者调用(有时是操控)交际"外在物"的结果。

5.2 语言结构选择的顺应

按照顺应论(Verschueren 1999:55—56),使用语言的过程就是不断选择语言的过程,这种选择可以是有意识的,也可以是无意识的。选择的原因可能来自语言内部(即结构性的),也可能是来自语言外部。这些选择可以发生在语言的各个层次:语音、音系、形态、句法、词汇、语义等,这些选择可以发生在同一变体内部,也可以发生在不同社会、地域变体之间。任何语用理论都应该能够对这些选择做出必要的解释。

A)选择发生在语言结构任何一个可能的层面。下面这些层面从大到小依次排列,使用语言时就会依次在这些层面同时做出选择。

符号系统:交际者在交际过程中有时可以完全依靠语言符号系统,但有时也可以辅以非语言符号,如手势、表情、目光、笑声等。语言符号系统可以是母语,也可以是外语,或者二者混用。符号系统的选择是由交际语境和语用目的驱动的。例如,教师在口头讲授时经常使用手势,其目的是帮助学生理解和掌握所讲内容。又如,在外语教学中,出于教学需要,教师经常会在外语和母语之间转换。

交际渠道:语言交际的渠道可以是口头的,如谈话;也可以是书面的,如通信。教师在授课时经常边口头讲述,边在黑板上板书,这样做往往是为了突出重点或帮助理解。

语码:由于社会文化因素存在差异,多数语言在使用中会呈现为不同的语码。例如,汤加语(Tongan)存在一套被称为"尊敬语"(language of respect)的语码,在几内亚语(Guinea)里存在一套被称为"狩猎语"(hunting language)的语码。这些当然是少数现象,但对于多数语言而言,一般都存在着不同的方言(包括地区方言、标准方言、社会方言等)、流行于黑社会的黑话、流行于特定行业或领域的行话(如专业术语、新闻用语)等。还有一类值得关注的语码是反映个人用语的口头禅、习惯用语等。语码的选择取决于交际对象以及交际场合。

语体:语言使用有正式程度之区分。日常会话一般为非正式,而课堂交际则相对正式许多。书面语一般较正式,但一般书信又比商业

84

书信要随便一些。语体正式程度的选择从常规上讲是由交际场合决定的，但相同场合下话题的选择也会影响语体的选择(Thomas 1995)。

言语事件：言语事件又可以称为交际类型(communicative type)，涵盖各种语言行为，如敲诈勒索、吹牛、撒谎、做广告、议论、求爱、描述、评价、指导、做语言游戏、劝说、自言自语等。语言选择行为必须结合具体的文化背景和语言特点。

语篇：语篇层次上的语言选择可以从范畴、结构和特性三个方面考察。笼统地看，语篇有两大类，即独白类语篇和会话类语篇。前者包括说明书、法律文本、信件、文学文本、留言、讲座、演讲、各类报道等，后者包括各种场合下的会话，如父子对话、儿童会话、法庭里的问讯和盘问、面试、医生与病人的交谈、拉家常、广播电视上的谈话节目、打电话、谈判等。每种语篇有其相对稳定的规范和特点。从组织上看，独白类语篇可以从宏观结构、语篇单位构成角度来分析，会话类语篇可以从话步(conversational move)、回合(exchange)、言语行为序列(speech act sequence)、话轮(turn)、优选组织(preference organization)等角度来分析。就连贯性而言，可以考虑衔接、语篇焦点、语篇推进、语篇话题、主题连贯性等因素。

言语行为：这一层次上的语言选择可以从执行特定言语行为是否满足相应的合适性条件(felicity conditions)和从得体性(appropriateness)的角度来观察。

命题内容：这一层次涉及指称关系、述谓结构、语法关系、句法过程、句法结构、话语类型等。例如，就句法过程而言，外置、置首、倒装、名词化、被动化、代词化、主谓提升、话题化、从属化等外显性选择现象尤其值得关注。

句/短语：这一层次涉及时态、体态、语态、语气、情态、命题态度、语义格、选择限制等。

词：这一层次关注词汇构成、词性、词汇功能(如限定、强化、划类、前指、连接等)、词汇意义、词汇场等的选择。

语音：包括各种音段、超音段(如重音、语调)和韵律(如头韵、节奏、语速、停顿等)特征的选择。

任何一个层面的选择都不可避免,同样也都具有其重要的交际价值。例如,我们需要在熟悉的语言中选择一种语言,或者应用两种或多种语言的混合体(如语码混用场合)进行交际。这看上去好像无足轻重,但有时却非小事。例如,在正式的外交场合,如果舍弃母语而不恰当地使用外语讲话,往往会带来不良的影响。

维索尔伦(Verschueren 1987)认为,相对于话语理解这一共时现象而言,我们需要关注具有明显交际价值的语言结构的选择,尤其需要注意顺应性选择发生在语言结构的哪个(些)层次,以及由此产生的特别语用意义。例如:

(3) Peter:Do you want some coffee?

　　Mary:Coffee **would** keep me awake.

Mary 的暗含意义是:不要咖啡。从常规关系模式(徐盛桓 1993)看,得出这一结论的根据是:咖啡与让人难以入睡之间存在常规关系。尽管我们不反对利用常规关系去推导本例的含意,但我们要指出情态词 would 在这里所起的作用。倘若我们将 would 换成 will,同样的常规关系没有改变,但 Mary 的含意却可能是要喝咖啡:她需要咖啡提神。可见,Mary 在话语类型方面选择了虚拟性话语来表达一种间接拒绝类言语行为,换言之,Mary 在命题内容以及在句子的语气层次上相应地做出了顺应性选择。又如:

(4) A:Let's get the kids something.

　　B:Okay, but I veto C-H-O-C-O-L-A-T-E.

这里,B 的顺应性选择明显地体现在两个方面。一是词汇层次,故意使用了一个儿童一般不会知道其意思的词(veto)来取代某个容易为儿童理解的词或短语。二是语音层次,故意用字母拼读法取代单词的正常发音方式,以达到不让其孩子听懂的目的。可见,交际中说话人出于社会、情感、美学等方面的考虑,可能会在话语的几个甚至全部层次上做出非常规的选择,从而传达特定的语用意义。

B) 说话人不仅选择语言形式,而且选择话语策略。策略的选择又最终反映在语言结构的选择上。例如:当我们向对方发出请求时,我们需要在不同的面子策略中进行选择。根据布朗和列文森

（Brown & Levinson 1987），我们首先要在公开（on-record）和非公开（off-record）面子之间进行选择；当选择公开性面子策略后，又要在是否使用针对面子的补救措施之间进行选择。当选择了使用补救措施的面子策略后，又要在针对积极面子和针对消极面子的补救措施之间进行选择；当确定了使用针对积极面子或消极面子的补救措施后，又要在相应范畴中的各种措施中进行选择。① 上述过程可以用下列例子来体现：

(5) a. Get me a cup of water. （公开策略+无针对面子的补救措施）

b. I'm thirsty. （非公开策略）

c. My dear, get me a cup of water. （公开策略+使用针对积极面子的补救措施）

d. Mr. Smith, could you please get a cup of water for me? （公开策略+使用针对消极面子的补救措施1）

e. Mr. Smith, could you please get a cup of water for me? I'm really thirsty. （公开策略+使用针对消极面子的补救措施1+使用针对消极面子的补救措施2）

显然，无论说话人使用哪一种策略，最终均由不同层面的语言表达来实现。选择策略的同时也就选择了语言结构。反之，语言结构方面的选择也反映了特定话语策略的选择。

C）"选择"并不一定总是很有意识的行为，不同选择可能表现出不同程度的意识层次。在新闻发布会上，发言人的语言选择一般具有高度的政治意识和立场；一个人说话遇到表达上的犹疑或困难时，也会意识到自己力图恰当选择语言的过程。话语中的 I mean、frankly speaking 都提示高级别的意识凸显。相反，在路上遇到熟人用"你好！"打招呼、在动词后加"了"提示完成状态等却往往显得比较自然，像是不假思索的结果。

---

① 关于积极礼貌策略和消极礼貌策略的分类及说明，可参见布朗和列文森（Brown & Levinson 1987）。

D）话语的产出和理解两端都会发生选择,这两类选择①对于交际的进行和意义的生成具有同等的重要性。当说话人使用"你会修电脑吗?"来间接执行请求这一言语行为时,听话人具有选择的余地:（前提是听话人会修电脑）可以回答"会"然后就不再做出任何反应,也可以在回答"会"之后主动提出帮助对方修电脑（甚至都可以不用说"会"就直接提出给予帮助）。大量事实表明,对相同的话语可以有不同的理解或反应,其原因就在于听话人或读者做出了不同的理解选择。

E）只要是交际者,无论是说话人还是听话人,都会是选择者,只要使用语言,选择就是强制性的。说话人可以选择讲话,也可以选择保持沉默（后者在一些场合中与前者一样有意义,如当对方征询自己关于某人的看法时,沉默往往意味着否定的态度;相反,当对方征询自己是否同意关窗户时,沉默一般表示默许）。但一旦用上语言,说话人即便当时没法做出满意的语言选择,也必须把话说出来。这也解释了为什么经常会出现词不达意乃至交际失误或失败的现象。儿童习得语言阶段,这种现象时有发生,原因是小孩进入交际后也需要进行选择,而他们的语言能力却不能满足他们的交际需求。外语交际亦是如此。用维索尔伦的话说,使用语言总是免不了冒险（Verschueren 1999:57）,我们总是不得不选用说话时想到的那个词或表达方式,实在不行就努力找最接近表达需要的词语,同时还要尽量不要给人感觉自己在有意识地选择语言。事实上,在日常交际中,如果我们总是挑剔地使用语言,交际就会出现中断。

F）不同的选择一般出现在不同的场合;而在相同语境中,不同的选择带来的交际效果是不相等的。还以上面例(5)的各个策略为例。说话人要实现自己的交际目的,那么使用(5a)时的场合一般是交际双方很熟悉,说话人的社会地位比听话人要高,或者双方的情感距离很近。使用(5b)的场合一般是交际双方非常熟悉,如夫妻、父母与孩子等。使用(5c)时的场合一般是双方关系很亲昵,如夫妻等。使用(5d)

---

① "选择"这一术语会使人错误地关注语言表达行为这一端。实际上,理解一端也同样需要做出"选择"。这就是为什么维索尔伦提醒人们不能在研究语言使用的过程中过分强调说话人的意向性（Verschueren 1999:57）。

的场合则是彼此关系不太密切的情况，(5e)的场合就显得更加疏远。假如上述五种策略由相同的说话人在相同的场合下进行选择，则会产生明显不同的结果。试想丈夫用(5d)或(5e)来让妻子给他倒杯水，后者一定会感到愕然，甚至怀疑自己是否做错了什么事。

此外，讨论话语表达在交际效果上的差异时，我们还可以考虑有标记(markedness)和无标记(unmarkedness)的区分。当使用有标记的表达时（如使用 How young is your brother? 而不用 How old is your brother?），说话人往往传达不同的信息，其预设的交际情景不同于使用无标记表达时的默认情景。总之，只有联系说话人所在的认知、社会和文化语境，他所作的语言选择的含意和因此而产生的效果才会变得确定起来。

G）特定语言结构选择总是与其他可能选项相对而言的。选择了一个常规的表达方式，也会让人想起其他更准确的表达方式。所选的表达方式的意义一方面可以根据其自身加以确定，另一方面也可以参照未被选择的表达方式加以确定。例如：come 与 go 作为语义对立的一对词，承载着相反的空间指示信息。根据菲尔墨的研究成果（Fillmore 1971；何自然 1988），它们的常规或默认用法是：用法①，使用 come 时表示向着说话人在说话时刻所处的方位移动；用法②，使用 go 时则表示向着说话人在说话时刻所处方位不同的方向移动；用法③，come 的移动表明说话人在移动终结时刻处于移动终点；用法④，go 的移动表明说话人在移动开始时刻处于移动起点。然而，这些常规或默认的用法却可能在交际中被放弃：

（6）He came here an hour before I arrived.
放弃默认用法③，这里的 come 只表明用法⑤：说话人在说话时刻处于移动终点。

（7）I saw him go over there.
放弃默认用法④，这里的 go 却表明用法⑥：说话人在说话时刻不是位于移动终点。

（8）I'll come there right away.
放弃默认用法①，也不是(10a)所说的用法⑤。这里是用法⑦：移动终点是听话人在说话时刻所处的地点。即使主语不是说话人，而是第三者,仍然表示移动终点是听话人在说话时刻所处的地点: He'll come there right away。可见,此例完全放弃了前述关于 come 的默认用法。

（13）I'll come there at eight.

这里又不是用法⑦,there 既不是说话人,也不是听话人在说话时刻所处的地点。这里是用法⑧:听话人在非说话时刻所处的地点。我们甚至可以说: Please come there at eight,因此默认用法又再一次被放弃了。

综合用法①至用法⑧,come 在以下情况都可能被选择:它表示向着说话人或听话人在说话时刻或非说话时刻所处的方位移动;它的移动表明说话人或听话人在移动终结时刻或说话时刻处于移动终点。可是 come 和 go 的用法选择还没有完,人们还会做出更多的超越上述范围的选择:

（14）He came over to my place last night, but I wasn't home.

（15）I came over to your place last night, but you weren't home.

（16）When you lived nearby, I came over several times to visit you, but nobody was ever home.

come 在这里的用法都不在用法①至用法⑧的用法范围内,而是用法⑨:说话人或听话人在移动的终点时刻都不在移动终点。菲尔墨称这里的 come 是"home base"选择,即以家作为基本的移动终点。说话人或听话人都有家,只是当时刚巧不在家。

总之,对于那些常规的顺应,人们无须具有很高的意识程度就能做出正确的语言结构选择,至于那些所谓特定语言结构的选择,往往是由于说话人所处的语言语境的要求而做出的非常规顺应。

语言结构选择的顺应属性表明,在解释语言使用时,我们可以讨论观察到的语言使用情况,同时也可以讨论可能被使用到的语言表达方式（Verschueren 1999: 58）。

言语交际过程是一个语言选择的过程,语言结构选择的实质是顺应,①交际者需要顺应语境因素,从若干可能的话语方式中做出合理选

---

① 我们不能简单地认为选择是手段,顺应是目的和结果（见谢少万 2000）。其实,选择的目的是为了实现特定的交际意图或顺应交际环境,为此,选择应该具有顺应性。张克定（2002）正确地指出,在使用语言过程中,可变性和协商性是基础,顺应性是根本。

择,以实现交际目的。

5.3 顺应的动态过程

顺应的阶段涉及交际的时间维度或动态过程。顺应的动态过程指的是这样一个事实: 语言过程在时间维度上发生、展开、结束。用维索尔伦的话说,交际动态过程的原料是时间,如果说存在任何交际普遍性(communicative universal)的话,那么很明显,所有交际随着时间的推移而发生(Verschueren 1998: 141)。虽然空间是顺应的重要对象(如空间距离与社会关系相关),但作为顺应对象的时间会给言语表达和理解施加更为普遍的制约。空间与意义相关,时间与交际行为相关。在微观层面上,交际者的"记忆"对与时间有关的信息会给予更多的制约,交际过程本身涉及对未来的"规划"。在宏观层面上,语言和语言规范的早期发展阶段对当今的语言使用者而言已不可知,但若与未来的人们进行交际,即使是借助书面语的媒介,也难以保证成功。

要了解交际动态过程必须根据过程的特征考虑其顺应因素。如必须考虑顺应的对象、层面、程度和功能:

A)顺应过程要考虑顺应对象。

由于交际发生在人与人之间,因此,要考察顺应过程,最好的途径就是看语言如何顺应说话人和听话人之间的社会关系。我们知道,交际双方的积极、消极面子,以及权势与平等因素都可能影响会话的顺利进行。另外,说话人和听话人的个人心理状态(如期望,说话人希望听话人做某事)在交际中不断地"发展"着。同样,言语事件中一些最动态的因素,如知识、信念等,也是随着时间推移而变化的,一些相关的基本概念甚至根据交际的时间维度来定义,如"预设"是说话人假定听话人共享的知识(即属于说话人和听话人在交际前就共同知道的东西),"会话含意"在说话前属于说话人的知识世界,说话后如果表达与理解都成功,也就成为听话人的一部分新知。

在宏观层面上,从共时角度看,语体之间的语码转换取决于社会语境和群体关系。保持个人隐私的需要和建立同盟/友好的需要之间存在冲突,二者呈反向关系,一个群体的成员之间如果建立同盟,就意味着对另一群体之间保持隐私(如果不是敌意的话)。从历时角度看,语言变化与社会变化息息相关,其中也有交际动态过程的影响,在时间维度上也可以区分一些过程。例如,皮钦语化和克里奥尔语化的区分就是基于一代人与下一代人之间的继承关系(皮钦语被当成母语习得后就成为克里奥尔语)。

B)顺应过程要考虑顺应层次。

在符号系统层次上,语言具有一个与时间相关的基本属性——线性(linearity)。正因为语言的线性,序列排列方式对于交际尤为重要。

在交际信道层次上,口语和书面语表现出与时间或时间维度完全不同的关系。这导致话语组织上的差异,如对连贯与衔接、走题等的制约等。以会话为例,毗邻对(adjaceny pair)的排列、回馈信号的时机把握、语码的转换,整个话轮体系的组织、修正等都与时间有关。

在语义或命题内容层次上,话语的明说与隐含、已知与未知等总是随着交际的不断进行而不断变化着。一个信息结构中的新信息在下一个信息结构中就成了旧信息。

在句法层次上,词序显然与时间有关,不仅因为是线性的又一表现,而且它明显受到记忆和计划的制约。另外,时态和时间指示语的使用直接属于时间维度。

在语音层面上,强调只有相对于前后成分才有意义。一个单词的重读音节是与非重读音节相对立而存在的。没有非重读音节的出现,就谈不上重读音节。同样,诗歌的押韵也取决于相同韵脚的先后运用。

在宏观层面上,语言接触的过程具有明显的时间特征。外来语进入一门语言后往往需要较长的"试用期",最后可能留下来,也可能被淘汰。

C)顺应过程要考虑顺应程度①。

会话推理在很大程度上取决于交际的进程,但同时又对交际的进程施加决定性的影响。这一过程因顺应程度不同而存在很大的差异。顺应程度对这一过程发生的速度有很大的影响。交际双方可以对这一

---

① 顺应程度不是指顺应的成功程度,而是指可及性程度或意识程度。

过程进行评估,能够对错误的推理进行修正。会话中大量出现的具有较高意识凸显程度的会话修正(repair)现象就明显体现了交际者的动态顺应过程。

D)顺应过程要考虑顺应功能。

研究语言顺应的功能时,要回答的问题是:顺应过程在言语交往中是如何被使用或被"策略地"加以利用的? 在微观层面上,顺应过程的表面功能(surface function)或一般功能就是将话语与环境发生联系(如预设提示交际双方具有共有背景)。但顺应过程可以发挥各种策略功能(例如,预设可以间接传达某种新的信息)。一种明显的功能一旦在顺应过程中被采纳,这一过程就可理解为一个顺应策略。

从语言选择的实际运作看,策略性的语言运作是交际动态性的突出表现,因为"策略"本身就带有过程含义。我们不妨还以预设为例。如果预设被策略地使用而不是当作一般功能的提示(即提示相同背景),其隐含传达的内容就难以直接获得,引发的可能反应就会被延迟。如果某一反应不是说话人试图避免的或延迟的,那么该预设策略的使用或许只是一种简单的省时手段①,但都与交际的时间维度或动态过程相关。

5.4 顺应过程的意识凸显程度

我们再讨论一下顺应过程的意识凸显度问题。并非所有选择都是在相同的意识程度和带有同等的目的的情况下做出的。诚如我们在上一节中讲的那样,有些选择自然而然地发生,有些则带有明确的动机。意识凸显程度是一个相对概念。由于选择语言的意识程度不同,人们顺应整个"社会思维"(minds in society)的方式也就不同。一些凸显度低的表达方式,听话人处理起来往往需要花费更多的时间和精力,而这时往往又是说话人传递特殊信息的时候。因此,我们要善于区分明说和隐含的信息。正因为这样,人们开始注意说话人在顺应过程中不同意识凸显程度支配下的语言表现,语言意识的研究在语用学中也就成

---

① 省时有时未必是主要动因,特别是在一些带有欺诈性的广告中更是如此(陈新仁 1998b)。

为重要的话题,从而推动着元语用学(metapragmatics)的发展。

5.5 语用学统一理论的构建

使用语言进行交际——不管是面对面还是在更广泛的社会层面,不管是表达还是理解——就其本质而言是一个不断为交际进行语言选择的过程。语言为人们做些什么? 或者,人们使用语言时在为自己做些什么? 语用学是关于语言(任何方面)的一种总体的功能视角或综观,这一研究途径充分考虑到语言在人类生活中的认知、社会、文化(即"有意义的")运作的复杂性。从顺应论看,意义(meaning)是语用学研究的根本。意义不应看作是与语言形式固定对应的东西,而是在使用语言过程中动态生成的(Verschueren 1999:11)。要描述这一过程,我们需要参照上一节中所讲的四个维度,它们构成了一个完整、统一的语用学理论基础(如图5-2所示):

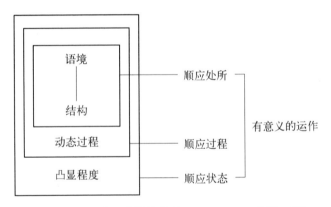

图5-2 语用学理论的结构(据 Verschueren 1999:67)

要描述语言现象,须从语境因素的顺应、语言结构选择的顺应、顺应的动态过程和顺应过程的意识凸显程度等方面加以考察。这就是我们讨论的语用视角。就实质而言,语用研究的这四个任务并不完全平行,所承担的功能角色并不相同,但彼此之间则互为补充。例如,在确定顺应处所(locus)时可以同时考虑语境对象和结构层面的顺应问题,二者可以同时描写言语交际中语言和语言外部的相关事物。在讨论语码层面的选择时,可考虑儿童社会化过程问题;在讨论句子的信息结构时可考虑听者的参与;在讨论前指的使用时可考虑记忆的限制,等等。

语境对象和结构层面的顺应相对来说较为直接和较易操作,可以在具体描述时作为研究的起点,但在后期阶段仍需不断加以参照。

解释顺应的动态过程,考虑变异性和商讨性的各种影响,无疑是语用研究中必须做的工作。这些工作实质上是研究顺应过程(process)。研究这个过程比识别过程中出现的"处所"要难得多。动态过程涉及时间维度上语境与结构的关系,而顺应过程实质上就是语境与结构相互关系的动态过程。

语言使用者对语境与结构的相互动态顺应或多或少具有一定的意识程度,因此,研究顺应过程的意识凸显程度可以揭示人们在顺应过程中的意识状态(status)。

总之,研究语用现象的动态过程,考察这一过程中如何不同程度地认识语境与结构的相互关系,为的是更好地理解语言如何有效地运作,揭示话语意义在什么样的社会文化环境和意识层次上动态地生成。

为了更好地阐述上述理论框架,维索尔伦(Verschueren 1998)详细分析了下面这则发生在1981年加州的一个咖啡厅里的对话。

(10) Customer:Is this non-smoking?

　　　Waitress:You can use it as non-smoking.

　　　Customer:(sits down):Thanks.

维氏认为,如果不从宏观上考虑历史时间和群体关系的动态性,就很难理解这一会话。会话发生时,非吸烟人士之间已经形成了一个很强的、相对于吸烟人士的群体身份认同。他们已成功地为自己争取到相关的权利,并在社会生活中要求得到这些权利。多数咖啡厅和餐厅都辟有非吸烟区。当这位(女)顾客问"这是不是非吸烟区座位?"时,她明确自己的身份属于非吸烟者群体,并声明有获得不被吸烟者烦扰的既定权利。尽管吸烟者也可以提出这样的问题以避免进入无烟区,但显然对他们来说,这是一种有标记的问法,而他们一般会用"Is this smoking?"来提问。尽管"Is this non-smoking?"是一个用来获得信息的问题,但女侍者并没有把它当作询问,而是当作请求来反应,这也是为什么这位顾客因对方明白她的请求而予以满足时表示了感谢。

这里,参照社交语境(顺应的"对象"),我们发现女侍者表现出较高程度的合作。她本可以用较消极的方式直接回答说"No, it isn't"的(她现实的回答方式实质上也隐含了这一信息),但如果真的那样直言,那就会让顾客觉得她不合作甚至是粗鲁无礼,因为顾客的询问明显是为了了解一些决定她将要坐在什么地方的事实。当然,女侍者也可以采用下列较合作的方式(一方面是消极回应,另一方面又代老板因没有为非吸烟者的正当权利着想而道歉):

(18) I'm sorry; we don't have a non-smoking section yet.

(19) I'm sorry; we have not yet decided where to put the non-smoking section.

然而,女侍者并不这样说。她不仅接受了顾客自我表白为非吸烟人士的身份,表现出对非吸烟者权利的认同(上面两种回应方式也具备这样的功能),而且还表明她愿意立即采取行动来纠正此前的疏忽。她越过顾客形式上的询问而直接把这个行为转换成对方要求保护非吸烟者权利的请求。这一转换正是结构层次的顺应,即以词汇上违反形式、音调上给予强调的方式做出顺应。表现为动词 use 的非寻常使用。"use X as Y"这个结构通常涉及某种"行动",而此例并不涉及。从字面上看,"You can <u>use</u> it as non-smoking"似乎是给予听话人一种许可,但显然这不是说话人的意图。女侍者在非常规地、带强调口吻地使用 use,正是这一语音特征使得这一句子传达了咖啡厅还没有明确区分吸烟区和非吸烟区这一重要的隐含信息。

此例明显是预设的策略性运用(顺应过程的顺应功能)。预设可以充当表达的捷径,既是一种省略手段,也可以显示交际者的合作程度(女侍者越过顾客形式上的询问,而直接提出方法满足对方的要求),可以规避批评(如果明确说咖啡厅还没有划定无烟区可能会引发批评)。双方会话的结果是,顾客用 Thanks 表明接受女侍者安排,将她(顾客)要坐下的地方声明为非吸烟区。顾客表达 Thanks 的同时,也意味着她希望女侍者不要将吸烟者带到自己身边。

上面这些交际选择最多发生在半意识层次。顾客一方刻意地寻找所需的信息,她也一定意识到询问中隐含的表明身份问题,但她也许没有意识到她的询问可能被理解为要求获得非吸烟人士权利这一事实。至于女侍者一方,她尽可能满足顾客的需要,这一点是有意识的。但她在尽力合作的同时,采取了违背语言常规的跨越式回答,这也许是无意识的或者是非刻意的。当侍者讲完后,所有的暗含意义都变得明朗起来。

可见,从交际角度看,即使最简短的对话也可能是高度动态的。说话或使用语言交际在于不断地进行语言选择。语用学能够而且应该研究这些选择背后的机制和动机,取得或者期望取得应有的效果(Verschueren 1987:14)。以往的语用学理论(所谓理论即连贯和系统地组织在一起的各种假定、原则和程序)都不足以解释上述符合直觉的全部内容。

5.6　结语

语言顺应的语境相关因素可以包括交际语境(由物质世界、社交世界、心理世界以及交际双方的各种因素组成)中的各种成分、语言信道和语言上下文。语言选择须顺应上述各种语境因素,而反过来又会对语境产生影响。

语言顺应的结构对象主要指的是语言系统。交际选择发生在语言结构的各个层面,而这些结构存在各种变异性。语用现象可以与任何层面的结构发生联系,小到语音特征,大到话语,也可以指任何类型的层次之间的关系。语言选择具有不对等性。不同选择往往产生不同的交际效果,不同选择往往也体现了不同的话语策略。

语言顺应具有时间维度,表现为顺应的动态过程在时间层面上展开。交际中的意义是在协商过程中产生的。交际双方的认知环境在交际过程中不断变化着,而这对于此后的交际方式会产生影响。

语言顺应体现交际双方对语言的选择有不同程度的认识。他们的意识凸显程度取决于相互间的熟悉程度、交谈任务的难度、类似交际的频度等。无论如何,语言顺应体现在交际过如何与整个"社会思维"相适应,绝对意义上的无意识交际在实际生活中或许并不存在。

第六章 顺应论的应用

根据上文,我们可以将顺应论的主要主张概括为下列几个方面:

——语言是人们赖以生存、维系生活的工具,语言使用是一种顺应过程,不仅需要顺应交际意图,而且需要顺应交际环境。理解语言顺应,需要把握几个关键概念:变异性、商讨性和顺应性。语言的顺应性提示人们通过商讨性语言选择能够实现交际意图。没有变异性和商讨性,就没有顺应性。语用学要侧重研究语言发挥功能的过程(functioning),而不是单纯地罗列语言的各种功能(functions)。

——语言顺应涉及语境、结构、动态过程和意识凸显程度。这四个方面构成语言顺应现象的四个语用视角。

——语言的顺应过程是一个不断选择语言的过程,选择发生在语言的各个层面,换言之,在各个层次上都会发生语言顺应现象,产生语言顺应特征。

——语言顺应既是共时的,又是历时的。语言顺应对语言系统的演变和发展会带来影响,语言变化的路线反映了语言顺应的长期影响。

——语言顺应既发生在儿童语言习得阶段,也发生在成人语言使用过程之中。

——由于上述原因,维索尔伦与其他欧陆学者认为,与句法学、音位学、语音学、语义学不同,语用学不是语言学的一个分相或分支学科,语用学是一种功能性视角或综观,即从语用学角度可以观照语言的各个层次,在语音、形态、句法、语义乃至语篇等各个层面都可以进行语用分析。这些见解与利奇、列文森等英美语用学家认为语用学是语言学的一个核心分支学科的观点大相径庭,故有欧陆学者的宏观语用学派与英美学者的微观语用学派之分。

顺应论可以广泛用来解释成人语言的日常使用(包括表达与理解)[1],也可以用来解释语言的习得过程,还可以用来解释语言的历时变化、形成机制等。前面,我们已经借助若干实例对顺应论的解释力进

---

[1] 关于语言顺应论在宏观层面上的应用,参见:Verschueren(1999:228—252)。

行了讨论。下面,我们分别再以共时交际中经常出现的信息过量现象①以及英语构词法中反义词缀派生的运用为例,进一步展现顺应论的应用价值和方法。

6.1 信息过量现象的顺应性解释

日常会话中,人们经常在话语中添加额外信息,对于这类信息并不能简单地从字面去理解。试看下列各例:

（1）a. Shut the window, Tom.

　　 b. Shut the window, Tom. <u>It's cold in here.</u>

（2）A：When did you come back last night?

　　 B1：Ten to eleven.

　　 B2：Ten to eleven. <u>The film was too long.</u>

在(1)中,a 和 b 可以用来实施相同的施为目的,即让 Tom 关上窗户。值得关注的是 b 的画线部分其目的并不是对自然环境的简单描述。类似的分析也适用于(2)。B2 对 A 的问题的回答不仅仅包括预期的回答,即关于回来的时间,还包括进一步的信息,这一信息用以解释说话人迟归的原因,而非与回来时间无关的叙述。上述两例实则上代表了人际会话中一种常见的应对现象。我们将这一会话现象描述为信息过量现象。

信息过量现象之所以有趣,是因为依据经济原则(从整体上制约语言的使用和人的行为的原则,Zipf 1949；Horn 1984),会话应对中出现过量信息似乎是不合理的。弗拉娜(Ferrara 1980a,1980b)指出,说话人在会话的一个话轮中可以产生不止一个言语行为,连续扩展的谈话形成了统一体,构成紧密联系的言语行为序列。请看以下例子:

（3）a. There are thirty people in here.

　　 b. Could you open the window?

（4）a. We are in a church.

　　 b. Don't talk so loudly.

---

① 详见陈新仁(1999, 2004a)。

就语境而言,(3)发生在参加研讨会时一间拥挤的教室里,(4)发生在教堂。按照弗拉娜的分析,(3)和(4)中的组成部分 a 和 b 并不处于同一层次,其中一个言语行为是整个序列中的主旨,而另一个言语行为从属于这一主旨。具体地说,在(3)中,由 b 表达的请求是主旨,而 a 可以被理解为提出这个请求的理由。在(4)中,a 为 b 表达的要求提供了理由。从属言语行为的功能至少说明了以下两点:i) 从属言语行为并不是随意发生的;ii) 不能对它们进行字面上的解释,而需要考虑它们与主要行为的功能关系。按照弗拉娜(Ferrara 1980b)的说法,从属言语行为的功能是为主要行为增加成功的机会。然而,从我们收集到的语料看,提供过量信息的从属言语行为的功能远不限于此。此外,从属言语行为为什么会有增加成功机会这个功能还有待做出语用解释。无独有偶,克拉克(Clark 1991:202)也发现预期的应答常常"意外地夹杂"着额外信息。

根据格赖斯(Grice 1989),会话者正常情况下应该遵守合作原则,具体表现为对质量准则、数量准则、关系准则和方式准则的遵守。其中,数量准则有两条次则:i) 提供的信息不少于(交谈的当前目的)所要求的信息量;ii) 提供的信息不多于所要求的信息量。显然,信息过量现象违反了第二次则。

应该说,上述研究使我们在一定程度上认识了言语交际中的信息过量现象,例如,传达过量信息的言语行为从属于某一主要行为,其作用在于增加该主要行为的成功机会,这就是为什么说话人在实施请求、命令、建议等言语行为时经常会使用过量信息。然而,从语用学角度看,许多问题还有待解决,如对信息过量产生的动因研究还不深入。我们认为,借鉴维索尔伦的顺应论,可以为会话应对中经常出现的信息过量现象找到很好的解释。

根据顺应论,我们认为,会话应对中信息过量现象的产生和运作体现了交际者的语言顺应策略。参与言语交际活动的会话双方往往带有各种需求,我们可以将它们统称为交际需求,还可进一步区分为语境需求、涉及面子或利益的基本需求(按照顺应理论,这种需求为交际语境构成要素——心理世界的一个组成部分)等。说话人的特定语境需求

（如说话人请求听话人开门）产生后，一旦表达出来，就会与自身的基本需求（面子或利益）尤其是听话人的语境需求（如果对方正在或正准备做某事）和基本需求发生关系。交际发生的具体语境会确定说话人的语境需求是否会与其自身的基本需求和听话人的语境需求/基本需求形成冲突，从而确定当前会话的应对属性。说话人与听话人需求一致则产生应对和谐，反之则发生应对冲突。语境的作用主要有三个方面：第一，确定当前交际阶段中各种交际需求的组成情况；第二，决定各类需求作用下的应对属性；第三，影响交际者对过量信息的选择。交际者是否诉诸过量信息取决于他对当前语境的认识和顺应情况。

在应对和谐的情况下，交际者一般无须使用过量信息来解释顺应对方的原因，但可以利用过量信息增进和谐，维护人际关系的稳定；在发生应对冲突的情况下，交际者可以使用过量信息对话题做出解释或给予支持，从而淡化意图强加倾向，缓解面子威胁，消除应对冲突。冲突的解决直接关系到说话人的语境需求能否得到实现，因此，在出现应对冲突时使用过量信息是符合顺应需要的（当然，交际者也可能诉诸礼貌标记语等方式来缓解冲突）。

其一，解决会话中的冲突。

在实际生活会话的应对中充满了各种各样潜在的冲突。因此，要取得交际的成功，说话人需要付出额外的努力来解决可能发生的冲突。在交际中运用信息过量来实施面子策略（包括积极礼貌策略和消极礼貌策略，Brown & Levinson 1987）就是这种努力之一。

在会话应对中，交际双方都会关注对方的面子，不管是积极面子还是消极面子。为了解决自身语境需求与对方面子需求之间的矛盾，我们在会话应对中附加某种说明来交代原因或陈述理由，从而顺应对方的面子需求，缓解这个矛盾（Fraser 1980；Mey 1993）。例如：

（5）（小郭和小黄是同班同学。小黄正忙着给家里人写信。）

　　小郭：能不能帮我做这道习题？我实在做不出来。

　　小黄：好吧，让我来试一试。

在这段对话中，小郭首先承认自己做不出这道练习题，以此表明自己并非愿意无故将自己的事强加给小黄，从而缓解自己的语境需求与对方消极面子这一基本需求之间的冲突,并因此增加获得小黄帮助的机会。

(6)(姐弟二人在一商场门口。)

姐:你最好把车锁上。<u>近来自行车失窃特别频繁</u>。

弟:好吧。

在上面这段对话中,为了达到让弟弟锁车这个目的,姐姐在过量信息中陈述了一个客观理由。这样,她弟弟就容易理解姐姐为什么让他把车子锁好。

换个角度看,通过维护对方的消极面子,交际者可以赢得积极面子,因为自己的需求得到了满足。会话应对得不成功,就会使说话人丢面子。当会话应对中可能出现冲突时,会话者需要做出必要的或特别的努力来提高自己言语行为的论辩力或者说服力。大量语料表明,使用过量信息可以顺应交际者心理世界中的面子需求。

其二,巩固会话中的和谐。

在和谐的交际中说话者无须使用过量信息。然而,即使在这种情况下,人们运用过量信息策略的事例并不少见。语料表明,和谐交际中出现的过量信息都是出自顺应、同意、接受等目的。这一现象背后至少有两个动机:一是提升对方的积极面子,如下面的(7),二是主动消除对方对自己的消极面子的威胁,如(8)。两种情况都可以增进交际的和谐,巩固团结,都是一种为了实现当前或今后的交际目的而做出的语言顺应。

(7)(小李和小杨是邻居。)

小李:可不可以帮我个忙?<u>你一向对人很好,肯帮忙的</u>。

小杨:行吧,让我来试一试。

在这段对话中,小李没有试图缓和自己的请求对小杨消极面子的潜在威胁,而是选择恭维对方来提升小杨的积极面子以达到自己的交际目的。

(8)(小王和小陈是研究生同学。)

小王:小陈,帮我把这篇文章拿去复印一下,好吗?

小陈:没问题,<u>反正我自己也正准备去复印材料</u>。

我们发现在寒暄性交际或闲聊中经常会出现多余信息,之所以这样,我们认为是因为起寒暄作用的过量信息有助于促进双方交际的和谐。艾得蒙森（Edmonson 1981：125）甚至将这一现象概括为一条社交规则，即"在自由会话中，当对方需要你提供信息时，应该尽量多提供信息"，并认为不遵守此规则的人是难于交际的。可见，使用恰当的过量信息，顺应了交际双方的社交世界，可以建立和谐的社会关系。

　　为了验证上一节提出的理论假设，我们进行了一次认真的调查。在调查中，我们选择了请求-回应类会话应对作为我们的考察对象。调查结果验证了我们的基本假设：i）当会话出现应对冲突时人们会倾向诉诸过量信息以解释原因、交代理由等，通过维护对方面子来解决当前的冲突；ii）会话处于和谐时，过量信息的使用则一般是不必要的。在第一种情况下，强加幅度越大，面子威胁也越大，使用过量信息的概率相应地也就越高。人们在同级或上级面前使用过量信息消除应对冲突方面，并不存在明显差别。无论是在第一种情况下，还是在第二种情况下，过量信息的使用及其内容选择都体现了交际者的语言顺应本质。

　　就结构层面而言，信息过量在语言结构顺应中属言语行为序列层次，过量信息表达的言语行为是话语的从属行为，用来支持或支撑话语中的主要言语行为。过量信息是一种意识凸显程度较高的话语策略，它的运用具有变异性和商讨性，其命题内容的选择往往顺应不同的语境因素，如物质世界、社交世界、心理世界以及语言语境等。在下面的例（9）中，小张主动顺应双方的社会关系；而在例（10）中，小丁则主动顺应对方的兴趣爱好：

（9）（小张和小李是大学同学。）

　　小李：能帮我去买张票吗？

　　小张：当然可以，<u>咱们是同学嘛</u>。

（10）（小丁和小吴是舍友。）

　　小丁：下午一起看《重案六组》吧，<u>你最喜欢看这类电视剧了</u>。

　　小吴：太好了。

　　在会话应对中是否运用过量信息实施礼貌策略往往也是由语境因素决定的。比如说，在十分紧急的情况下（如发生火灾），即使说话人因为要对方去救火而威胁了对方的消极面子,也没有必要在话语中使用过量信息。或者,会话双方在权力、资历、专业等方面处于不平等状况下,下级或者地位较低的说话人请上级做事时,往往要比上级让下级做事更需要借助过量信息等手段来实施礼貌策略。这也解释了为什么请求和命令虽然都会威胁到对方的面子,但发出命令则无须过量信息的支持。当然,上级可以选择是否有必要使用过量信息来解释他发出指令的原因或理由。同样,这也可以解释为什么有些上级在与其下属交往中经常运用过量信息解释原因或理由,会比那些没有在这方面做出努力的上级显得更和蔼可亲。可见,信息过量现象具有明显的商讨性。

6.2　英语反义词缀派生的顺应性解释

根据顺应论,语言的各个层面(包括词汇构成)都存在语言顺应现象。相对于动态的、共时的交际行为而言,词汇构筑是一种静态的历时现象。然而,这种静态的历时现象实际上也是语用过程固化的结果。从词汇构成中我们仍然可以看到语用因素(如语境)的存在以及语言使用者对这些语用因素的顺应倾向。

以英语词缀构词法为例。英语中一些词汇在其构成过程中可能会凝结语言使用者的主观含意。例如,rewrite 就不只是 write 的简单重复,而是以更高的质量来"重写";unthinkable 就不是简单的"不能被想到",而是"不可想象的(差、难、多等)",如 an unthinkable amount of money。英语中通过添加词缀构成反义词也存在类似情况,所不同的是反义词缀在运用时存在体现语言交际者主观因素的语用限制。现有构词理论(如 Jespersen 1917;Dowty 1979;Kiparsky 1983)对反义词缀派生具有很多启示,然而在描写与解释的充分性方面均差强人意。相反,运用顺应论,则可以很好地揭示英语反义词缀(特别是 un-)在构词过程中的语用制约,并就其构成规则做出统一的解释。

其一,反义词缀派生规则的语义制约。

英语中能与否定前缀 un-结合的一般是表示正面意义的形容词,如果词基本身已包含负面意义,就不能与 un-结合,可见 un-的能产性受到语义因素的制约。叶斯泊森（Jespersen 1917）发现，如同在其他语言中一样，在英语中存在一个总体的规则：多数带有 un-或 in-的形容词都是贬义词，我们可以有 unworthy、undue、imperfect 等，却不可能存在由 wicked、foolish 或 terrible 加否定前缀构成的形容词。根据这一观察，齐默（Zimmer 1964；见 Štekauer 2000：62）就否定前缀的使用规则提出了如下假设：

1）否定词缀附着于诸如"好—坏""理想—不理想"之类评价量表中带有正面价值的形容词词基。

2）否定词缀不附着于诸如"好—坏""理想—不理想"之类评价量表中带有负面价值的形容词词基。

另一种源于语义视角的解释是，英语中不用 unhot、ungood、untall 来分别表示"冷""坏"和"矮"是出于避免同义的需要。根据基帕斯基（Kiparsky 1983）提出的"避免同义"的原则（Avoid synonymy principle），一条词汇规则的产出不可以与已经存在的词项同义。这一原则可以解释 unhot、ungood、untall 不存在的原因：它们分别与英语中已经存在的 cold、bad 和 short 同义。阿若诺夫（Aronoff 1976）曾用"阻遏"（block）这一术语来指称这一现象，即 cold、bad 和 short 的存在分别阻遏了 unhot、uncold 和 untall。[①]

上述齐默的假设在很大程度上解释了否定词缀在构成新词方面的不对称性。然而，我们发现，这种基于语义限制的假设在面对下列语料时就难以自圆其说：

pretentious — unpretentious   modest — *unmodest

controversial — uncontroversial   unanimous — *ununanimous

selfish — unselfish   selfless — *unselfless

distorted — undistorted   （distorted 没有对应的肯定词）

disputable — indisputable   （disputable 没有对应的肯定词）

此外，一些带有否定词缀的词基本身不一定能用正面或负面的概

[①] un-作为一个能产性前缀，可以加在任何形容词前，除非该形容词已有其反义词，这时，已存在的词会阻断使用反义词缀来构成具有对应意义的词（Hofmann 1993），如 bad 的存在阻断 ungood 的生成。

念来描述,因为根据不同的语境,这些词往往会带有中性色彩。如下列语料:

possible — impossible	visible — invisible
sinkable — unsinkable	thinkable — unthinkable
variable — invariable	mobile — immobile

由此可见,反义词缀并不一定都附着于带有正面评价义的词基,派生而来的词也未必带有负面评价义。如此说来,齐默的假设尽管涵盖了大多数带有否定前缀的英语词汇,但从对语料的描写充分性方面看仍是不够的,对于相当多的例外缺少应有的合理解释。

同样,"避免同义说"或阻遏机制也都没有从根源上解释为什么造词时需要避免同义,毕竟同义现象在词汇系统内是广泛存在的,因而其解释力值得怀疑。而且,词汇构成中的阻遏机制有时并不彻底。例如,尽管存在 sad,但还是从 happy 派生出一个 unhappy。从语义上讲,unhappy 的语义域比 sad 大,因为一个人可以"不高兴",但未必"悲伤难过"。换言之,happy 与 unhappy 并非冲突性反义关系,它们之间存在中间状态。然而,有趣的是,在交际中,当说某个人 unhappy 时,传达的往往是 sad 的意思。

其二,un-等词缀选择与语用顺应。

显然,un-等反义前缀的使用存在语义等方面的限制。然而,这些制约因素的约束力从语用的角度看并不是绝对的。语言使用过程中经常运行的强制机制(coercion,Blutner 1998)表明,在包括词汇层次在内的语言构建过程中,语言使用者并不是既有语言规则的消极执行者,而是贯彻表达需求的积极顺应者。顺应不仅表现为执行规则,而且体现为利用甚至超越规则。

我们认为,从语言顺应角度可以对英语反义词缀的构成特性做出统一的解释,即英语反义词缀的派生方式取决于语用顺应:语言使用者为了满足交际和语境对语言系统(词汇系统)的需求而决定采用何种派生方式。具体说来,语言使用者在构词过程中顺应词汇系统本身,意味着避免派生出(即阻遏)与现有词汇具有相同外延义和使用特性的新词,避免不必要的资源重复(陈新仁 2007)。当然,这一要求从根本上讲来源于支配人类行为的一般原则——省力原则（Principle of least effort, Zipf 1949），因为词汇系统若是允许两个或多个具有不同形式却具有完全相同价值词汇的存在，对于词汇学习、使用和理解来说都是一种浪费。

此外，语言使用者在构词时会顺应语境。这里的语境是一种广义的概念，不仅包括当前动态的、客观的交际情境或物理空间，而且包括语言使用者的社会、心理和情感世界（如价值观、情绪、社会地位等，详见 Verschueren 1999）。下面，我们就重点考察反义词缀派生对语言使用者评价体系的顺应情况。

我们发现，通过添加反义前缀而构成的派生词往往具有共同的特征：它们的词基所表示的实际上都是人们在特定语境（社会、心理、物理空间）中评价行为、事态的标准或参照。与齐默的观察不同，这一标准不只是正面的日常行为、伦理规范、价值取向、事物常态、事物关系等，也可能是负面的概念，反映了社会认知的习惯和倾向。这种认识从英语词汇构成中得到有力的支持：

情况一：从正面评价。

这一类派生词的词基（涉及伦理准则、道德规范、法律法规、社交礼仪等）往往具有正面的评价色彩，构成事物评价中的无标记项，而由它们派生出来的词汇则具有贬义。相反，表达与这些标准或体系相背离的概念的词基则不能用来派生具有正面评价义的新词。这里，我们不妨考察一些常见的评价词汇与其反义词缀派生之间的联系。

1）伦理道德规范

moral — immoral　　ethical — unethical

faithful — unfaithful　　loyal — disloyal　　vile — *unvile

2）法律法规

legal — illegal　　lawful — unlawful　　criminal — *uncriminal

3）政治倾向

democratic — undemocratic　　tyrannical — *untyrannical

despotic — *undespotic　　patriotic — unpatriotic

4）社交礼仪

friendly — unfriendly   hostile — *unhostile

polite — impolite   rude — *unrude

5）行为品质

generous — ungenerous   mean — *unmean

wise — unwise   foolish — *unfoolish

6）事件性质

important — unimportant   trivial — *untrivial

fruitful — unfruitful   fruitless — *unfruitless

true — untrue   false — *unfalse

7）外表特征

attractive — unattractive   ugly — *unugly

clean — unclean   dirty — *undirty

8）事态状况

healthy — unhealthy   sick — *unsick   ill — *unill

married — unmarried   single — *unsingle

safe — unsafe   dangerous — *undangerous

developed – undeveloped   backward — *unbackward

9）心理状态

happy — unhappy   sad — *unsad

10）事物关系

similar — dissimilar   like — unlike

different — *undifferent①

情况二：从负面评价。

这一类词基表达的评价意义都是一些负面的内容。由于过于普遍或常见，具有这种负面特征反而成为一种默认的、无标记的状况。通过添加反义前缀，语言使用者表明不具备某种缺陷或弊端，从而间接地表达一种正面的评价。例如：

――――――――――

① 英语中有 indifferent，但并不表示"不同的"，而是表示"冷淡的"。

selfish — unselfish   selfless — *unselfless

pretentious — unpretentious   modest — *unmodest

对某些比较常见、表示负面现象的形容词,要描述它们的对立面时,可能会容许附上 un-等反义前缀。例如:

corrupt — uncorrupt

情况三:既可从正面评价,也可从负面评价。

just — unjust   partial/impartial

biased — unbiased   punctual — unpunctual

delayed — undelayed   memorable — unmemorable

forgettable — unforgettable

从上面所作的分析,我们不难看到,前面齐默所提出的假设尽管反映了一定的事实,但不全面,其原因在于缺乏必要的理论支持。至于他为什么会得出那样的假设,我们认为,可能是由于人们倾向于将正面的东西作为标准而造成的。显然,在复杂的社会环境里,评价标准绝对不会是单一、不变的。负面现象发生的频率如果达到一定的程度,也会成为人们的参照。语言使用者总是主动顺应社会的变化,对语言做出必要的调整。

换个角度看,包括反义前缀派生构词方式在内的评价系统所作的选择是一种语用顺应,它实际上包括对省力原则做出了顺应。因为依据评价派生反义词,一方面可以避免新造词的麻烦,另一方面也便于学习和提取,促进认知效率和减轻认知负担。

最后,语言使用(包括构词规则的运用)还会服从交际者的临时表达需要。语言使用者会在现有构词规则的基础上灵活地、策略性地运用,从而达到某种特殊的交际效果。毕竟,语言规则从属于人们的表达需要。

6.3　结语

在国内语用学学界,顺应论可能是过去若干年以来被应用最多、最广、最频繁的西方语用学理论之一,应用对象主要涉及翻译研究(戈玲玲 2002;宋志平 2004;张晓梅 2005;龚龙生 2010)、语用句法研究(张克定 2002;单谊、戴劲 2013)、话语标记语研究(于国栋、吴亚欣 2003)、新闻标题研究(王鑫、陈新仁 2015)、礼貌研究(朱小美、阚智文 2007)、身份建构研究(袁周敏 2012,2014;袁周敏、陈新仁 2013;徐敏、陈新仁 2015)、名词化现象(肖薇、陈新仁 2013)等。

在本章中,我们分别从共时与历时角度展示了顺应论的强大解释力。未来运用该理论来解释各种语言、语用现象乃至语言学之外的话题都是可能的。然而,如何合理运用该理论,如何融入具体的理论分析模块,仍需要我们做进一步的探索。只有这样,我们才可能不断地发展这一理论,深化我们对语言交际的理解。

第七章　关于顺应论的评价

从已有的研究文献来看,语言顺应论的主要"市场"在中国,西方语用学文献(维索尔伦本人的研究除外)中很少运用这一理论。这是一个非常有趣的现象,毕竟该理论的倡导者本人是国际语用学研究会的秘书长,在国际语用学界有很广泛的人脉。该理论在西方学界遭受的冷遇也许与该理论来自欧洲大陆学派而非英美学派有关,就语言学正统研究而言,后者是主流。此外,该理论存在一些重大问题也是一大原因。这里我们介绍的内容主要是基于国内一些学者对该理论提出的一些批评和修正建议。其中特别值得一提的是,毛延生(2011a, 2011b, 2011c, 2012a, 2012b, 2013a, 2013b, 2014, 2015)在2011—2015年期间发表了九篇有关顺应论的反思文章,涉及该理论的意义观、"顺应"等术语的理解、所使用的方法等问题,特别提到了该理论也遭到了一些误解,如其不可证伪性问题。

下面,我们拟从正反两个方面,在相关文献的基础上进行必要的归纳,对该理论作一简要的评价,并提出一些自己的看法。

7.1　顺应论简评

首先,我们认为,顺应论具有巨大的创新性,表现在以下几方面。

一是,顺应论一改英美微观语用学派的做法,对语用学的学科性质进行了彻底的、明确的定位。英美传统中的语用学范围只涉及语言顺应的微观过程,这些过程发生在日常的交际语境,发生在个体或小型群体之间。顺应论将语用学定义为关于语言顺应或顺应性的理论,不仅解决微观层面的语言使用问题,而且在宏观层面既关注共时方面的顺应(包括双语体现象、双语现象等),又关注历时方面的顺应(包括皮钦语化、克里奥尔语化、语言变迁、语言消亡等)。可见,顺应论通过主张语用学作为语言功能的视角或综观①,拓宽了语用学的研究视野,"从

---

① 需要指出的是,带有多学科性质的视角观并非维索尔伦首创。在哈特莫特·哈勃兰德和雅可布·梅伊(Haberland & Mey 1977:5)为《语用学杂志》第一期所写的编者按中就有:"语言语用学……是一种考察语言现象的新方法,而不是与其他学科划清界限的新方法。"而早在1974年,安·韦瑟就指出,不应把语用学与语义学和句法学并置,开展语用学研究不是扩大研究领域,而是对语言持一种完全不同的观点。另见维索尔伦(Verschueren 1999)。

这一视角或综观出发,研究任何类别的语言材料都没有限制"(Jaffe 2001)。语用学不再是废纸篓,不再只是解决各种"疑难杂症"的帮闲学科。

二是,顺应论提出了新的语言观和语言使用观。顺应论把语言当作整个人类和个体拥有的一种交际顺应手段。语言使用是关系到人类生存问题的大事,语言选择缘于语言使用,而语言使用必须顺应客观世界、社交世界、心理世界等语境因素以及交际目的①。语言顺应发生在话语组织的各个层面。语用学理论有必要对发生在所有层次的语言顺应特征和过程做出解释。语言由人类的社会大脑执行其顺应功能。任何社会性的东西通过每个个体的人脑进行处理。顺应媒介有两个方面:大脑和社会。我们需要关注的是"意义的行为"(acts of meaning),这些行为经过认知中介,在社会文化环境中得以实现。

三是,顺应论在现有研究基础上第一次为语用学系统地构建了一个统一的理论框架,"把各课题都贯穿起来了"(何自然、于国栋 1999)。维索尔伦认为,语用现象研究的最高目标是了解语言是如何有意义地运作的,即探究语言使用中意义的动态建构。要建立统一、连贯的语用学理论,需要回到一个最根本的核心问题上。那就是,语言对人类生活(在人类的层次上、在或大或小的社会层次上、在个人层次上、在日常生活情景层次上)有何贡献以及如何做出贡献? 因此,顺应论的基础是语言使用,将语言使用问题作为语用学的根本问题,具有本体论的意义(刘正光、吴志高 2000;谢少万 2003)。在最近几十年中,语用学取得了令人瞩目的发展。纵观语用学核心理论的发展简史,我们不难看出,关于语言使用和理解的若干语用理论不是孤立地产生和发展的。后继理论总是在先前理论的基础上作进一步完善,顺应论也不例外。该理论是在综合会话含意理论、礼貌原则、面子理论、言语行为理论等基础上产生的。在维索尔伦看来,这些理论之间存在许多共通的地方,然而其中任何一个理论又都不足以构成一个全面而统一的语

---

① 运用顺应的概念来解释语言现象并非维索尔伦首创,其创新之处在于从认识论的高度,将其系统化为一种语用理论,构建起一个语用学的理论框架,并以此解释人类的语言使用(刘正光、吴志高 2000)。

用理论。语用研究表现出高度的零散性。即使两个研究者在谈论相类似的问题，由于方法论和术语使用背景有所不同，二者之间也无法相互理解。顺应论则兼收并蓄。一方面，它探讨了发生在话语组织各个层面的语言顺应特征，揭示了语言顺应发生的机制；另一方面，它提供了一个探讨任何语用现象的理论框架。从这个意义上讲，顺应论有望提出满足全释条件的语用解释（陈新仁 2001）。维索尔伦为语用学建立了重要的方法论和分析标准，顺应论讨论的是语言的动态交际理论（Verschueren 1998），有了这一理论，语用学就有了一个连贯的、合理的分析框架（Jaffe 2001）。

　　四是，顺应论较好地解决了语用学与其他相邻学科之间的关系。按照维索尔伦的看法，语用学为所有语言现象提供一种功能性视角或综观，旨在观察语言使用的顺应性本质。从这一角度看语用学，可以把它与社会语言学和心理语言学较好地区分开来。例如，语用学不研究社会语言学视野中的"随机性变异"，传统的描述方言学等对语用学而言至多是边缘性的论题。同样，语用学可以不去描述那些非动态性、不易具有顺应性特性的生理结构和过程（换言之，这些结构或过程长期没有发生变化），因而有别于心理语言学。同时，顺应论提出分析社会文化和认知之间的相互作用，这样，语用学的"跨学科性质就更加不言而喻了"（何自然、于国栋 1999：434）。此外，维氏将认知与社会紧密结合起来（体现为对"社会思维"的强调），并通过讨论元语用意识（metapragmatic awareness）加以展示，这同样非常值得关注（Jaffe 2001）。诚如一些评价所言，顺应论探究了人类使用语言的心理机制和动机以及社会文化的作用，这与那些强调从认知的角度研究言语交际的学者（Sperber & Wilson 1986）和强调从社会的角度进行研究的学者（如利奇、梅伊）等都大为不同。换言之，维索尔伦为语用学"走出了第三条道路"，"这本身就是一种创新"（刘正光、吴志高 2000：87）。

　　五是，顺应论丰富、深化了我们关于语境的认识。与以往理论对语境的处理相比，顺应论的语境观更加直白、明晰、细致，对语境构成要素的分析非常清楚，对要素之间关系的表述也非常中肯、客观。该理论不仅告诉我们语境包括哪些因素，更用大量实例展示了语境的生成过程、方式及动态性。按照这一理论,语用学应该在所有的语言特征(语言组织的任何层次)与语境因素之间建立联系,而不只是"意义"的语义层面,这将引导人们更多地探讨语境对语言系统的影响。在贾夫(Jaffe 2001:105)看来,"语境不是固定的,而是在语言中生成的"这一动态语境观是非常重要的观点。

六是,顺应论对意义的动态性分析以及意向性在言语交际中的作用的看法也让人耳目一新。在顺应论中,意义"不被看作是与语言固定对应的内容"(Jaffe 2001:104),这一看法与托马斯(Thomas 1995)十分一致。同时,维索尔伦建议不要过度强调意向性,这一点就话语理解来说有很好的说服力。毕竟,理解除了受说话人影响外,听话人也会进行各种选择。当然,我们也不能因此轻视意向性的作用。

七是,顺应论具有较强的操作性,能够应用到很多领域的研究中。一方面,该理论能够对理论问题提出新的分析框架[1],另一方面它对外语教学、跨文化交际等语言实践也有很好的指导意义。需要指出的是,顺应论在方法上是多元的(钱冠连 2000),允许纳入不同的理论主张,参照各种不同类型的证据,前提是所做出的解释必须是顺应性的。

出于以上的考虑,我们同意一些学者的评价,顺应论在许多方面(如语言的属性、语言选择的过程和实质、语境的构成、意义的生成等)具有高度概括性,因而显得"更科学和更完善了"(何自然、于国栋 1999:434)。

当然,该理论在我们看来也存在一些不足的地方,主要有以下几点。

语言顺应的说法有过度概括之嫌,"将'顺应'看成一把万能的钥匙,以解释所有的言语运用,有运用过度之嫌"(刘正光、吴志高 2000:88)。鉴于语言使用的人类社会是个复杂系统,语言使用者也非整齐

---

① 例如,张克定(2002)指出,语言顺应理论为理解和诠释语用学提供了一个全新的视角,其中对语用句法研究具有下列几点启示:1)为句法研究提供了理论依据;2)语言的可变性和协商性指明了语用句法研究的对象和范围;3)为语用句法研究提供了有效的途径,以语用为视角和切入点来研究句法问题,进行语用与句法的交叉结合研究,可以突破以往静态的句法研究的局限性,把句法结构放在语言的实际运用中进行动态考察,有望探索出各种句法结构的语用功能和语用规律。

划一,因此很难用一种语用理论来解释复杂多变的言语运用。日常语言的确存在零顺应的情况,讲话我行我素者大有人在。在一些场合,语言使用的社会、认知等制约并不够强。从这个意义上讲,语言顺应其实是一个相对的概念,不同语言使用者、不同场合的语言顺应存在程度上的差别。此外,不同文化对顺应的要求也未必一样,而在这方面,语言顺应的讨论不够充分,不够"让人满意"(Jaffe 2001:105)。

顺应论对语言选择的界定过严。在同一场合,不同语言选择会带来不同的交际效果。当然,我们也要承认这样的事实,有些表达之间的差别并不那么显著,我们不妨看看利奇(Leech 1983:108)的例子。下列各种表达构成一个关于话语间接性的梯度:

(1) a. Could you possibly answer the phone?

　　 b. Would you mind answering the phone?

　　 c. Can you answer the phone?

　　 d. Will you answer the phone?

　　 e. I want you to answer the phone.

　　 f. Answer the phone.

由 a 到 f,话语越发直接,相应地,礼貌程度也随之下降。然而,在实际交际中,a 与 b、c 与 d 之间的差别并不太大,具有一定的可替换性,即存在一定的语用自由变异(陈新仁 2004b)。语言使用具有一定的自由度和轻松感,这是人们的一般直觉和感受。

顺应论有时(如对语用学一般研究目的界定时)将语言选择的过程看作是语言使用者运用语言结构与适应语境之间的影射(mapping)或匹配(matching,Verschueren 1999:69)。这个观点容易使人产生误解。我们认为,与语言结构对应的是其交际功能,二者之间的匹配当然不是一一对应的关系:由于社会文化、认知等因素的影响,同一结构或形式可以执行多种功能,反之,同一功能可以由多种形式实现。因此,我们需要考察的是结构与功能在具体语境中的匹配问题,而非结构与语境的匹配问题。结构与功能在语境中的匹配具有商讨性,这才是语言顺应性的本质。当然,维索尔伦有时也确实持这样的看法,如给商讨性下定义就是如此(Verschueren 1999:59,69)。

维索尔伦试图建立一个统一、连贯的理论框架来统辖语用学的研究,全面描写和解释在复杂、抽象的语言系统中的语言运用。然而,由于语言是一个非常复杂、庞大、抽象的系统,他的愿望能否实现,他的这一理论能否担当如此重任,还有待时间和实践的检验(谢少万 2003)。

7.2　回应：语言顺应论的可证伪性[①]

应该说,上述批评不无中肯之处,语言顺应理论的确比较笼统(对此我们将在下节加以讨论),的确容易让人摸不着语用学的边界(下文不对此详加讨论)。然而,上述批评也存在曲解语言顺应论的地方,如认为该理论忽视语言交际者的主观能动性等。其实,维索尔伦在书中多处用具体交际实例说明了交际者如何超越各种语境限制实施特定的交际功能。

这里,我们重点讨论另一误解之处,即认为该理论具有不可证伪性。我们不妨提出这样的问题:语言顺应论要证实的是什么？如何认定该理论可以被证伪？

根据语言顺应论,交际者为了实现特定的交际目的,会刻意顺应特定语境因素,进而做出语言选择,并最终实现交际目的,取得交际成功。这是该理论要证实的东西。笔者认为,至少下列情况如果成立,则语言顺应论可以被证伪。

第一种情况：交际者针对特定的交际目的,不刻意顺应语境因素使用了语言,但仍实现了交际目的。

第二种情况：交际者针对特定的交际目的,刻意顺应语境因素进行语言选择,但未实现交际目的。

第三种情况：交际者没有特定交际目的,但仍进行了语言选择。

第四种情况：交际者虽然有交际目的,却不顺应语境因素。

第五种情况：由于交际目的、立场等与对方的目的、立场等冲突,交际者刻意不顺应语境因素。

对于第一种情况,我们发现,在日常生活中,下级对上级发出请求,

---

　　①　本部分和下一部分内容曾收录于何自然主编的《语用学研究》(第三辑),见高等教育出版社 2010 年版第 13—22 页。

或有一定社会或情感距离的平级之间发出请求,有时会使用礼貌级别低的请求方式。按照语言顺应论,上述请求者应该使用高礼貌级别的请求方式,原因是他们应该顺应社交世界的相关要求,否则他们将无法实现他们的交际目的。该理论的预测总体上是准确的,但日常生活中例外情况比比皆是。平易近人、善于宽容的上级或友善的平级有时会容忍对方发出请求不够礼貌并满足其请求。另外,上级对下级,或情感距离很近的二人之间有时也会使用礼貌级别高的请求方式。这或许反映了他们的修养或友善,而非总是另有所图。

在第二种情况下,交际者在语言选择上顺应了语境因素,但却没有能够实现特定的交际目的或取得交际成功。这很大程度上是因为交际成功与否并不完全取决于说话人,而是有时取决于对方的态度、价值观念、心情、意图、目的等各种因素。此外,如果说话人自身语言能力不够,即使主观上想顺应语境制约,也未必能表述到位、得体。这说明,顺应并不总是有效的,并不总会做出积极贡献(刘正光、吴志高 2000)。例如,听话人由于对说话人不满,或者自己很忙,或者出于其他因素考虑,有时会拒绝说话人的特定请求。这也说明,语言尽管可以用来做事,但却不是万能的。语言学家 Burt(1994)的调查表明,言语顺应中言语趋同的语用效果是模糊的,并不总是积极的,有时甚至是消极的或令人反感的,更不用说达到预期的行事目的了。

在第三种情况下,交际者的语言选择不是为了实现特定交际目的或任务,因而也谈不上顺应语境因素。这样的情形包括醉酒后的话语、一些人(如精神疾病患者、失去理智者)心智失常后的话语、无意识下的梦语、未社会化的幼儿话语,等等。这样的话语其实谈不上是一种"语言选择",然而又确实是在语言的各个层面上做出了选择。从这个意义上讲,并非所有的语言使用都具有顺应性。

在第四种情况下,交际者虽然有交际目的,却不顺应语境因素的制约(可称为零顺应)。例如,由于社会化程度不够,一些人讲话时我行我素,与别人交际时从不或几乎不考虑彼此间的社会距离、权力关系、交际场合等。《三国演义》中张飞即是这样的交际者,以致刘备不时地叮嘱"三弟不可鲁莽"。

在第五种情况下,由于立场、利益等方面存在冲突,交际者可能会放弃对各种语境因素的顺应,选择不合作、不礼貌、不关联的话语方式。如果说语言顺应是交际的默认方式,那么主观上、刻意的语言不顺应则是例外情况。事实上,我们发现,在日常交际中,这样的例外表现并不鲜见。毕竟,交际目的是第一位的,对语境的顺应有时可以被放弃。

语言顺应其实是一个相对的概念,不同语言使用者、不同场合的语言顺应存在程度上的差别。此外,不同文化中对顺应的要求也未必一样。可惜的是,语言顺应论在这方面的讨论不够充分,不够"让人满意"(Jaffe 2001:105)。

7.3　语言顺应论的笼统性及其解决办法

如前所述,不少学者认为语言顺应论的解释经常过于含糊,因而难免失之笼统。为此,一些研究者试图修正这一理论,如杨平(2001)提出了关联—顺应模式,将语言顺应理论与关联理论组合起来,引入最佳关联的制约。廖巧云(2005a,2005b,2006)则更进一步,将会话合作原则吸纳进来,提出了合作—关联—顺应模式。这些都是一些积极的尝试,有一定的道理,但将会话合作原则、关联理论和顺应理论在同一个层面上进行组合似乎有所不妥。其实,语言顺应论像关联理论一样,是一个宏观理论,描绘或解释的是语言使用的选择过程或机制。如同维索尔伦本人所言,诸如会话含意理论、礼貌理论等都不是全面解释语言使用的统一理论,而是对语言交际中某个或某些维度进行解释的理论,而这些理论是可以融入语言顺应论这一宏观框架的(因而不是与它平起平坐)。此外,关联理论是基于认知制约的宏观理论,是从话语理解角度加以构建的语用理论,与主要从话语产出角度加以构建的语言顺应论不在一条"跑道"上(当然语言顺应论中提及的语境因素也包括了心理世界中的认知因素)。

尽管笼统是任何宏观理论的基本特征,但对于语言交际的解释,我们显然不能满足于笼统的解释。为此,对于语言顺应论这样的宏观理论,我们要做的就是如何能够将各种微观理论融入该理论框架,充当顺应论主旨下的解释模块。这些微观理论包括现有的语用学理论,如礼貌理论、面子理论、经济原则、指示语理论、含意理论、预设理论等,也包括任何其他相关学科的理论,如特定语法规则、特定构词规则、特定语类规范(如新闻语类、学术语类等的交际规范)、特定社会心理、特定文化规范等。前提是,运用这些微观理论时需要将它们置于语言顺应论的总体主张下。例如,当我们使用面子理论作为一个具体解释模块时,需要将面子理论看作是语言选择所顺应的心理语境的因素,这样一来,面子理论就在语言顺应论的框架下获得了新的意义。换言之,人们在语言选择时维护面子、缓和面子受威胁的行为等并不是为面子而面子,而是为了通过顺应心理语境中的面子因素以达到实现特定交际目的的一种顺应性选择。有了面子理论的支撑,对相关现象所做的语言顺应论解释也就更加具体、明确了。

要使基于语言顺应论的解释更加具体、客观,笔者进一步提出下列建议:1) 对说话人当前交际目标的分析要具体化;2) 对当前交际者试图传达的特殊表达效果的说明要具体化;3) 对语言选择中特定层面发生的顺应特征要具体化;4) 对交际者在语言选择时所顺应的特定语境因素(包括来自物理世界、社交世界、心理世界、上下文等特定因素)要具体化;5) 与语境因素相关的微观理论模块(涉及各种原则、规则、条件、假设、规范、制约等)要具体化。

7.4 **结语**

在本章中,我们从共时与历时角度分别展示了顺应论的强大解释力。同时,我们从正反两个方面对该理论进行了比较理性的评价。下一步,我们需要更多地借助这一理论来进一步揭示语言系统的本质属性,增进人们对动态言语交际的理解,使语言更好地为人类服务。我们需要进一步研究、完善该理论,不断丰富该理论的内涵,提升该理论的解释力,使之真正成为一个全面而统一的、有充分解释力的语用学理论。

有学者认为,语用视角观(当然也包括整个顺应论——笔者)的出现是“语用学的幸运”,因为:“在任何学术界,一论横天下,总是一种不幸。学术上真正的发展离不开真正的争鸣。形成百家都行,何论两家?"(见：维索尔伦 2003,译者序)这固然很有道理,不过,我们还认为,顺应论(包括语用视角观)应该得到我们更多关注的根本原因在于,该理论的上述创新思想和方法论具有一定的借鉴价值,而其中一些模糊、遗漏的地方则更加需要我们努力寻找更好的办法去解决。这正是我们撰写本篇的初衷。

第八章 顺应与重建：关于结构 与语境关系的再思考[①]

语言的使用过程是为了达到特定交际目的而进行的一个不断做出（语言和语境）选择的过程（Verschueren 1999，2008）。根据维索尔伦（Verschueren 2008），交际中的结构与语境之间存在本体论上的联系和认识论上的联系。这一思想可以深化人们对于语言形成、变化、发展的认识，对于理解语言使用的本质及机制也具有深刻的启示，但不利于探析交际中不时发生的错位或"有标记"结构选择重构语境的作用及其对交际的影响。本章拟通过有标记的身份构建的实例，表明交际者可以通过策略性地使用对当前交际目的而言并非默认的语言结构来重建交际语境、调整顺应目标，从而实现特定的交际目标。在此基础上，本章将进一步阐释语言顺应与不顺应之间的辩证关系。

8.1 语言结构与语境的联结关系

语用学研究"使用中的语言"或"语境中的意义"，当然也应该包括"语境中的语言"。对于后者，维索尔伦特别强调，语言结构特征与语境特征作为语言使用中的"基本要素"（nuts and bolts），任何语用学研究对二者不可偏废，不应将二者视作可以分离的事物（Verschueren 2008：14）。

维索尔伦也许是学界第一个如此强调语言结构与语境联结关系（nexus）的人。在他看来，结构与语境密不可分，存在本体论上的联系（即语言使用同时涉及语境与结构，结构的意义随语境的变化而变化，反之亦然）和认识论上的联系（即从交际者使用的语言结构可以了解语境的情况，反之亦然）。维索尔伦本人指出，对于语言与语境之间存在本体联系的思想打破了传统研究中用"得体性"联系描述语言与语境关系的认识，也澄清了存在独立于语言的语境的认识，还可以深化人们对于语言形成、变化、发展的认识，对于理解语言使用的本质及机制

[①]　本章内容曾发表于《外语教育研究》2014 年第 1 期，收入本书时做了删节和文字调整。

也具有深刻的启示。然而,维索尔伦在阐述语言与语境之间本质联系时还存在一些不足,例如对语言、语境的界定不够清晰,有时前后不一致,对这种本体联系的产生机制缺乏充分的说明,对得体性关系的认识存在一定的误区,对交际中不时发生的基于语言与语境之间本质联系的错位或"有标记"结构选择重构语境的作用及其对交际的影响关注不够,对于语言与语境关系的阐述还可以进一步明晰、细化,特别是对交际者之于二者的影响应该给予更多的关注,因为离开交际者、交际目的讨论,二者的关系容易犯机械主义的错误。

8.2　语言语境的本体论和认识论联系

维索尔伦将语言使用定义为通过话语产出和理解选择实现的意义生成的互动过程,指出"结构"是"可以做出选择的任一层次的语言组织或形式成分的组合",语境则指的是"交际事件涉及因素的任意组合"(小到一个语音特征,大到一个话语策略)。话语的产出和理解过程涉及语言与语境两个维度的选择,二者都是在一个多样、多变的选择范围中进行的(因而在维索尔伦的理论中"变异性"被看作是语用学理论的核心概念之一)。

根据语言顺应理论,一个完整的语用学理论需要考虑语境(context)、结构(structure)、动态过程(dynamics)和凸显程度(salience)。这四个方面构成语言顺应现象的四个分析维度,研究语言顺应性可以从顺应的语境因素、语言结构因素、交际动态过程、顺应的凸显程度四个方面探讨,如图8-1所示(Verschueren 2012[①]):

语言使用与理解过程的核心问题是语境因素与语言结构之间的匹配关系,这是意义生成过程发生的场所(locus)。语言意义的生成过程是语言结构顺应语境、语境顺应语言结构的一个动态过程。这一过程是在动态的交际过程中展开的,相对于交际者的意识而言具有或强或弱的凸显程度。

---

① 维索尔伦修改了 *Understanding Pragmatics*(Verschueren 1999: 67)中提出的框架图,即在 context 与 structure 之间用了双向箭头,而之前二者是用无箭头直线联系的;其他变化包括使用了四个同心环,而不是套环;用 meaning generation 代替了 meaningful functioning。

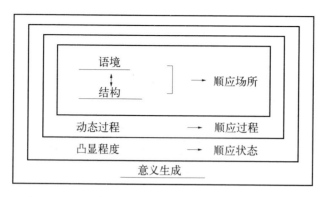

图 8－1　语用学理论框架

在维索尔伦看来,语言与语境虽然不是同一回事,二者也不是偶然发生关联的独立、分离的实体,但二者之间确实"在本体论意义上是彼此联系着的,而这种联系仿佛是天然的"(Verschueren 2008：20)。根据维索尔伦(Verschueren 2008),语言与语境的"天然"联系反映在以下方面:

其一,无论是书面的还是口头的语言选择,都是语境和结构的"融合",同时体现、界定意义是如何表达的(即结构)以及发生在哪些环境因素(即语境)中。维索尔伦使用了一些类比的例子说明语言与语境之间的本体论或本质联系。在他看来,语境与语言之间的本质联系也不可忽视。例如,一个人因为发音因素(如口音、发音器官问题)而泄露自己的身份。

其二,话语一旦发出,就成为语境的一部分,即所谓的语言语境。语境衔接标记(连词、前指、自指、对比、比较等)、互文性特征、序列排列现象等都可以看作是语言语境。维索尔伦甚至认为,"许多时候很难说得清哪些是语言结构、哪些是语境,是先考量语境参数还是先分析具有语境效果的语言选择"(Verschueren 2008：21)。

其三,语言形式或结构的意义会因为语境的变化而受到重大的影响。维索尔伦举了下列例子(试看图 8－2)。

Au bon accueil(相当于 at the good welcome)在法语中是用来表示迎客的一个客套程式语,在瑞士阿尔卑斯山,常用来装饰宾馆或饭店的

图 8 - 2　语境变化对语言意义的影响

前门以示对客人的欢迎。在这种情况下,语言与语境的联系是常规的。然而,如果同样的话语在一个近乎破坏的建筑门前,如图 8 - 2 所示,语境的变化会导致该话语的意义变化:它不再传达它原有的意义,或发挥原有的交际功能。这样的意义或功能变化显然不是其张贴者试图带来的。

　　反之,语境会因为语言形式的选择而受到影响。例如,在发生语码转换时,由于所使用语言的变化而带来了语境的变化。随着语码转换的不停发生,语境也在不停地发生切换。

　　在维索尔伦看来,语言与语境之间除了具有本体论联系外,还存在认识论联系(epistemological link)。所谓认识论联系,是指"在交际者参与的活动交互展开过程中,结构资源被用来标明说话人对语境现象的诉求",换言之,交际者可以从语言结构的使用情况了解到语境的情况(Verschueren 2008: 22)。维索尔伦提出这种认识论联系,与其语境观密不可分:在他看来,语境不是客观的实体,也不是稳定不变的实体,在实际交际中,语境具有动态性和多变性。语境取决于交际者双方的视线(lines of vision)融合。他认为,处于交际语境中的语言使用者具有主体性,对语境因素选择性地加以聚焦、去焦、忽略等,而正是这种主体性决定了交际的特性,也正是这种主体性决定了特定语境因素的关联性。

8.3　语境与结构之间内在关联的启示

在维索尔伦看来,了解语言与语境之间的本体论联系有助于表明语言与语境之间的关系并非"单向的(基于规约的)'得体'"关系(Verschueren 2008:21),二者的关系非常深刻,至少是双向关系,因而可以说二者具有相互顺应性(interadaptability)。

与语码转换随着交际推进而发生不同,语境因语言选择变化而变化还发生在下列情形中:称呼语的选择基于对彼此现有社会关系的考量,交际者的身份关系也会因为称呼语的选择而受到深刻影响。试看下例(Verschueren 2008:21):

(1) It's disgusting.

(2) It's irresponsible.

(3) There are a number of reasons to reconsider.

(4) People perceive this as inconsiderate, even demagogical.

(5) The organizational structure has to be changed.

说话人可以用上述任何一种说法传达自己对某一建议的反对意见。不同之处在于,不同说法对应于不同的语境定位和身份定位。也就是说,上述选择乃是基于语境的具体特性(如交际双方的关系)而做出的:(1)用于朋友之间;(2)用于同事之间;(3)发生于公司会议;(4)也许发生在一所大学里,说话人对一位副校长那样说;(5)发生在联盟(union)会议上。在实际交际中,这些选择也可以用来构建语境。设想(1)—(5)用来对同一个人讲话,如一位大学副校长,但不同选择的效果显然会不同,与各自"常规的"用法相比在效果上也会不同。

另外,了解语言与语境之间的认识论联系有助于人们"以实证的方法去评估语境因素的关联性,而不必滑向主观臆测"(Verschueren 2008:23)。

维索尔伦的语境观纠正了过去关于语境的认识(以为语境是客观的、稳定的"外在现实")。语境如果无所不包,讨论就会没完没了。维索尔伦的语境观由于突出了交际者对语境建构的主体参与选择,而具有了分析的操作可能。具体来说,就是去"探寻"在意义生成过程中确实起了作用的语境因素。换言之,从彼此使用的话语方式,我们可以明白无误地探寻到相关的语境参数。这种话语方式反映了交际者的元语用意识,而语境与语言之间的认识论联系正是基于这种元语用意识(Verschueren 2008:23)。

维索尔伦关于语言与结构之间存在本体论和认识论联系的思想,可以深化人们对于语言形成、变化、发展的认识,对于理解语言使用的本质及机制也具有深刻的启示。以下列一组例句(Leech 1983)为例:

(6) a. Could you possibly answer the phone?

　　b. Would you mind answering the phone?

　　c. Can you answer the phone?

　　d. Will you answer the phone?

　　e. I want you to answer the phone.

　　f. Answer the phone.

根据例(6),这组例句的礼貌程度由 a 向 f 递减,原因是话语的间接程度越来越低。这样的分析后来招致很多学者的批评(如:Eelen 2001;Watts 2003;Arundale 2006;Christie 2007),理由是话语的礼貌程度与话语的间接性没有必然联系。当然,这样的批评也可能掩盖利奇的洞见:在默认情况下,或在语境合适的情况下,间接性确实是礼貌的一个指标。问题在于,我们需要结合语境来讨论上述语言形式的礼貌属性。事实上,上述不同的请求方式一般情况下确实对应了不同的(社交)语境:说话人与听话人是上下级关系还是平级关系,彼此距离是远还是近,处于常规情况还是紧急状态。这些默认性、常规性的说法以及它们的用法并不是偶然形成的,而是在长期的合适语境中规约化并进而固化的,形成了这些语言形式与各自语境之间的本体论联系。语言使用正是基于这样的本体论联系,才能传达相应的默认意义,并传递关于当前语境的默认信息。缺乏对语言与语境之间的本体论和认识论联系的把握,过分强调语言与语境之间匹配的多样性、动态性、不确定性,就会在语言及其使用的认识上犯不可知论错误。

8.4 语境的语言重建与"不顺应"

维索尔伦在阐述语言与语境之间本质联系时还存在一些不足,例如对语言、语境的界定不够清晰,有时前后不一致,对这种本体联系的产生机制缺乏充分的说明,对得体性关系的认识存在一定的误区,对交际中不时发生的基于语言与语境之间本质联系的错位或"有标记"结构选择重构语境的作用及其对交际的影响关注不够。不仅如此,他对于语言与语境的关系的阐述还可以进一步明晰、细化,特别是对交际者之于二者的影响应该给予更多的关注,离开交际者、交际目的讨论二者的关系容易犯机械主义的错误。

同时,维索尔伦强调语言与结构之间存在本体论和认识论联系的思想也存在可以商榷的地方。主要包括:

首先,该思想会给人一种错觉,即语言使用仿佛只涉及语言(形式或结构)和语境选择及其匹配。笔者认为,语言使用的过程不只涉及语言(形式)与语境的匹配,而且涉及语言的形式与功能、话语内容与语境的三因素匹配。一方面,一些语言形式确实传达语境信息,如(6);另一方面,话语内容也同样传递语境信息,如从话语内容我们一般推知交际发生的场所、彼此的身份关系,等等。为此,陈新仁(2010)对维索尔伦的语用学理论模式进行了局部调整(见图8-3):

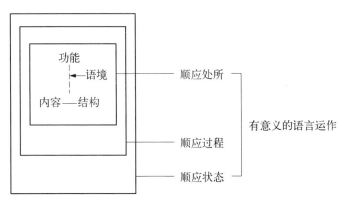

图8-3 顺应论框架下修正的语用学理论结构图(陈新仁 2010)

顺应论将语言选择的过程看作是语言结构与语境之间的影射（mapping）或匹配（matching）（Verschueren 1999：69），这一做法容易使人产生误解。其实，与语言结构对应的是其交际功能，二者之间的匹配当然不是一一对应的关系：由于社会文化、认知等因素影响，同一结构或形式可以执行多种功能，反之，同一功能可以由多种形式实现。因此，我们需要考察的是结构与功能在具体语境中的匹配问题，而非结构与语境的匹配问题。结构与功能在语境中的匹配具有商讨性，这才是语言顺应性的本质。其实，维索尔伦有时也确实持这样的看法，如他在给商讨性下定义时就是如此做的（见 Verschueren 1999：59、69）。在修正的顺应论框架中，我们不仅可以解读言语交际者在语言层面上的各种选择，而且可以对交际者在说话内容上的选择进行分析。分析交际者的说话内容其实是一般语用学理论都涉及的维度，如合作原则中的质准则、相关准则（甚至包括量准则），而关联理论的分析几乎都离不开对话语内容的关注，原因是关联的确定是基于话语内容的。

　　其次，维索尔伦强调语言与结构之间存在本体论和认识论联系的思想似乎在客观上会让人们以为语言与语境之间是一种静态的、一对一的关系，忽视了交际中会不时发生错位或"有标记"的语言语境匹配事实，淡化了相关交际行为的作用及其对交际的影响。

　　我们不妨看下面一个例子（基于何自然、冉永平 2002：68—69）：

（7）（语境：母亲唤女儿帮助晾衣服，女儿待在房间里做自己的事，就是不肯出来。母亲于是发出如下呼唤。）
　　　Liz … Elizabeth … Elizabeth Anne … Elizabeth Anne Warner！

　　我们知道，母亲呼唤名为 Elizabeth 的女儿会一般使用 Liz。然而，该母亲在上述交际语境中却更换使用了几个称呼女儿的方式。尽管此时的物理世界没有发生变化，母女二人的社会身份关系是明确的，但通过先后使用不同的呼唤方式，母亲却在不停地重建彼此的临时身份关系：从亲近的家人到疏远的外人，以此提示自己的不满。如果我们从母亲后来使用的几个称呼形式来认识交际双方的身份关系，则会出现误读。

我们不妨再看一个交际双方在线共同重建语境的例子（陈新仁
2004）：

（8）（语境：康熙御驾亲征，不幸染上重疾。留守的太子在索相的
怂恿下企图提前登基，后被康复了的康熙获悉。）
太子：皇阿玛，我错了。
康熙：不要叫我皇阿玛，叫我皇上。
太子：皇上，儿臣错了，请皇上降罪。

这里，康熙之所以让太子称自己为皇上，是为了让对方正确评估自
己在当前语境中的交际需要，即需要对方以臣子的身份向自己认罪、
道歉。

因此，相对于特定的语言形式而言，存在默认语境中的使用和非默
认语境中的使用；反之，相对于特定的语境而言，存在默认使用的语言
形式和非默认的语言形式。语境与语言形式之间的匹配关系尽管存在
顺应的默认性，但是在具体的交际中是浮现的、建构的，其驱动因素是
话语策略（身份策略），这可能是因为语言的变异性：同一语境中对于
特定功能可以有多重实现方式；语言形式的选择不仅受制于原则，还会
服从于（身份）策略。

最后，维索尔伦强调语言与结构之间存在本体论和认识论联系的
思想缺乏对动态、在线的语言—语境重构关系产生及运作的解释。笔
者认为，交际者之所以能够策略地使用语言，是因为能够认识到不同语
境与不同语言形式之间的本体论联系。以（7）为例，母亲之所以会考
虑选择变换不同的称呼方式来实施自己的交际目的，乃是基于对不同
语言形式与语境之间的"指示"关系，策略地利用了不同的称呼形式所
具有的语境提示功能，从而让听话人在错位的或有标记的语言—语境
关系中解读说话人"不合作"地使用有标记语言的真实意图。语言重
建语境的实践之所以可能，是因为有标记的语言—语境的匹配关系实
质寄生于二者的本体论和认识论相联系，相关变异并不是无端的、毫无
理据的任意操作。

8.5 结语

任何话语(理解)的选择都同时蕴含了语境信息和结构信息,这是维索尔伦为什么认为语境与语言结构二者之间存在本体论和认识论联系的根本依据。这一思想可以深化人们对于语言形成、变化、发展的认识,对于理解语言使用的本质及机制也具有深刻的启示。

当然,在特定的互动过程中,语言与语境之间呈现什么样的匹配关系值得进一步细化。本章通过有标记的身份构建的实例,表明了交际者可以主动地利用二者之间的内在联系,通过策略性地使用对当前交际目的而言并非默认的语言结构来重建交际语境,调整顺应目标,从而实现特定的交际目标。我们认为,影响交际现实的是二者在具体互动中的在线、浮现关系,而不是二者之间的本体论或认识论关系。这是语用学区别于语义学、社会语言学的根本所在。但不可否认的是,语言与语境的变异、重建关系寄生于二者的本体论和认识论联系。语言与语境之间两种不同性质的关系体现了语言顺应与不顺应之间的辩证关系。

下篇　模因论

第九章　模因论说略①

9.1　道金斯简介

道金斯(Clinton Richard Dawkins)是英国牛津大学著名动物学家和行为生态学家。道金斯 1941 年 3 月 26 日在肯尼亚内罗毕出生。当时正值二战期间,其父是那里的一名士兵。1949 年道金斯 8 岁时,举家迁往英国。1962 年道金斯毕业于牛津大学的贝列尔学院(Balliol College),获动物学学士学位。之后,他在牛津继续深造,师从著名行为学家、诺贝尔奖获得者庭伯根(Nikolaas Tinbergen,1907—1988),于 1966 年获动物学博士学位,1989 年又获得了理学博士学位。1967 年,道金斯到加州大学伯克利分校担任动物学助理教授,两年后重回牛津。1970—1990 年他在牛津大学任动物学讲师,后来担任高级讲师,1995 年升任教授。道金斯除了是牛津大学第一位查尔斯·西蒙尼教席公众理解科学教授②,还是目前英国唯一一位"双料"研究员——既是英国皇家学会(the Royal Society,英国最著名的科学研究院)的研究员,又是英国皇家文学学会(the Royal Society of Literature)的研究员。

道金斯也是一位著名的科普作家和思想家,他善于借助平白朴实又不乏诗性的语言阐述复杂而深刻的学术思想与观点,著述颇丰,已经出版的书籍包括《自私的基因》(Dawkins 1976,1989,2006a)、《延伸的表型》(Dawkins 1982,1999)③、《盲眼钟表匠》(Dawkins 1986)、《伊甸园之河》(Dawkins 1995)、《攀登不可能之山峰》(Dawkins 1996)、《解析彩虹》(Dawkins 1998)、《魔鬼的牧师》(Dawkins 2003)、《祖先的故

---

① 本书《模因论》部分,有一些内容曾发表于《语言科学》2005 年第 6 期,《现代外语》2007 年第 1 期,《暨南大学华文学院学报》2007 年第 2 期,以及《外语教学》2007 年第 3 期等。

② 1995 年,时任美国微软公司部门主管的电脑专家西蒙尼(Charles Simonyi)向牛津大学捐资 150 万英镑设立该职位,并推荐道金斯成为该职位的首位受益者。道金斯因此从日常繁杂的学术事务中解脱出来,有更多的时间去传播和普及科学知识,促进公众对科学知识的了解和认识。

③ 道金斯认为,写《延伸的表型》这本书是他职业生涯里最引人骄傲和快乐的一件事(Dawkins 2006a:234)。

事》(Dawkins 2004)、《上帝的迷思》(Dawkins 2006b)①、《地球上最伟大的表演：进化的证据》(Dawkins 2009)、《现实的魔力：我们如何知道什么是真实的》(Dawkins 2011)、《超越上帝：初学者指南》(Dawkins 2019)等。这些书籍一经上市，很快就成为国际畅销书，道金斯本人也因此多次获奖。1987年，他获得英国皇家文学学会奖和洛杉矶时报文学奖。2007年度英国图书奖3月28日晚在伦敦揭晓，道金斯获年度最佳作者奖。道金斯由于其对人类进化及其复杂法则的阐述既发人深思、引人入胜，又通俗易懂，获得了总部设在德国汉堡的德英莎士比亚奖评审委员会所颁发的2005年度"莎士比亚奖"。*Collins English Dictionary*、*The Hutchinson Encyclopedia*、*The Macmillan Encyclopedia*、*Who's Who* 等多部辞书对道金斯均有专门介绍。

道金斯致力于将科学普及给普通大众，他除了著书立说，还经常在电视上露面，在报纸杂志上发表意见，甚至以灌录光盘的形式来朗读其著书中的内容，②努力打破科学与普通大众之间的屏障，拉近科学与普通人之间的距离。道金斯曾这样写道：

(1) 我非常赞成科学家和学者能将其原创的思想写成书，借此与身处其他领域的读者进行沟通。我自己的书既能将那些为科学家所熟知的知识大众化，又能以原创的思想激发科学家改变思考的方式，尽管我这些作品没有发表在科学期刊上，也没有整篇文章堆砌着艰涩难懂的行话。我这些作品是为了让所有有文化的人都能理解，我希望看到更多人这样做。（见布罗克曼 2003：8）

道金斯也是一位有争议的人物，这不仅跟他在进化论方面所持的观点有关，而且还因为他在英国是一位家喻户晓的无神论者，强烈反对愚昧的宗教偏见，认为它们是一些邪恶的东西，只会误导公众，因为上帝在他看来并不存在，那只不过是一种错觉罢了：

(2) 作为一个受人注目的科学家，我的狂热来自对真理深切的关注。我极端仇恨任何愚昧的政策和主张。一想到有人在作

---

① 桂诗春教授提供了与《上帝的迷思》相关的一些信息，谨致谢忱。
② 《伊甸园之河》《祖先的故事》以及《上帝的迷思》这三本书均配有由道金斯亲自朗读书本内容的光盘。

假,不是出于对真理的真正关心而只是出于别的动机而做事,一想到有人在假装成知识分子,或故作深沉、故作神秘,我就无比愤怒。宗教中就有一些类似的东西。宇宙如何不额外加进一些实际上并不存在的神秘之神秘,它就算不上一个复杂的地方。还有一点就是感觉,宇宙真的是个神秘、壮观、美丽却令人敬畏的所在。宗教人士沿袭的对宇宙的种种传统观点与真实的宇宙相比实在是渺小可怜、病态疯狂。组织化的宗教所展示的宇宙是一个局促简陋的中世纪的宇宙,而且视野狭窄。(见布罗克曼 2003:61—62)

有人称道金斯是科学的领军人物,是聪明的科学家,具有非凡的理性,也有人把他视作极端的"科学主义者",是疯狂的还原论者,认为他咄咄逼人,树敌不少,连同行也成了对手①。那些宗教右翼对他更是恨之入骨。可以说,道金斯已经成为一名引人注目的公共知识分子,他的一些思想和观点已经、正在或即将改变我们思考问题以及认识世界的方式。2004 年,英国《展望》(*Prospect*)杂志读者投票选出英国最著名的 100 位公共知识分子,道金斯名列榜首,他获得的票数几乎是第二名的两倍。2005 年,《展望》杂志又与美国《外交政策》杂志联合评选了全球最重要的 100 位知识分子,道金斯名列第三,仅次于美国语言学家乔姆斯基(Noam Chomsky)和意大利小说家艾柯(Umberto Eco)。2007 年 5 月 4 日出版的美国《时代周刊》(*Time*)评选出了本年度"世界 100 名最具权威和影响力人物",道金斯同样榜上有名。

9.2　meme 一词的翻译

meme 一词最早出现在道金斯于 1976 年出版的经典畅销书《自私

①　美国生物学家、古生物学家、蜗牛遗传学家古尔德(Stephen Jay Gould)曾是道金斯在学术领域的对手,两人对于进化论有不同的见解,争论的焦点之一是进化进步性(evolutionary progress)的本质与现实。古尔德(见布罗克曼 2003:25)曾指出:"理查德·道金斯仍然希望用基因层次上的选择从本质上解释一切,有一件事他是对的,基因层次上的选择起作用了。但说这种选择是进化的根源,他就错了。"道金斯(见布罗克曼 2003:60)则回应道:"我赞成进化根本不是朝着某个遥远的人性的目标进行,这样想实在荒唐,任何严肃的进化论者都不会这么想。古尔德似乎将事情说得比它们实际上更极端。他装成这个样子。他竖起的那些接受评论的'风车',根本就不是严肃的目标。"相关讨论还可参见沙纳翰(Shanahan 2001)。

的基因》(*The Selfish Gene*)。这本书使道金斯一举成名。当时,道金斯创造该词的目的主要是为了说明文化进化的规律。在他看来,基因不是达尔文主义世界里的一切,meme 是人类文化进化的基本单位,也是文化遗传单位。该书出版后,《科学》《纽约时报》《美国科学家》《泰晤士高等教育增刊》以及《星期日泰晤士报》等纷纷发表评论,盛赞该书充满智慧和新知,而且语言简单明了,连学童阅读起来也不觉得困难,拉近了普通读者与科学之间的距离,让人觉得深奥的东西不一定非得借助深奥的术语来表达。英国著名进化生物学家哈密尔顿(W. D. Hamilton,1936—2000)1977 年发表在《科学》杂志上的书评是这样开头的(Hamilton 1977:757):"每个人都应该也能够读这本书。它以高超的技艺描述了进化理论的新面孔……它成功地完成了一件表面看来不可能完成的任务,即:使用简单、非专业术语来讲述最近进化思想中所出现的一些深奥的、准数学主题。"[1]

据悉,该畅销书销售量已超数百万,至少有 25 种语言的译本。该书于 1989 年出了第 2 版,道金斯为此新增了序、注释以及第 12 章和第 13 章。2006 年,牛津大学出版社隆重推出 30 周年纪念版,[2]道金斯为此写了新的前言,主要就该书书名所引发的争议做了一些说明(Dawkins 2006a:vii—xiv)。2016 年,牛津出版社推出 40 周年纪念版,书中末尾附上了作者专门撰写的新结语,讨论该书主要思想在当代进化生物学中的持续相关性。他认为从基因视角观察生命,不仅可以阐明利他主义和自私的演化过程,而且可以阐述久远的过去,因为依靠单个个体的基因组足以对历史人口统计学做出定量、详细的推断。

科学出版社早在 20 世纪 80 年代初就出版了中译本《自私的基因》(1981),但似乎并没有引起人们太多的注意。后来,吉林人民出版社先后于 1998 年和 2001 年推出《自私的基因》(译自 Dawkins 1989)新译本以及《谜米机器》(布莱克摩尔 2001)。21 世纪以来,评介和研

---

① 另据桂诗春教授介绍(个人交流),《自私的基因》已经成为联合国一些工作人员的必读书目之一。

② 该书 30 周年纪念版的德语版(书名译为 *Das egoistische Gen*)由国际著名出版公司爱斯维尔(Elsevier)于 2007 年出版(Dawkins 2007)。

究 meme 的文章陆续见刊（戴浩一 2002；何自然、何雪林 2003；鲁川 2003；何自然 2005；徐盛桓 2005；陈琳霞、何自然 2006；谢朝群、李冰芸 2006 等），而如何翻译 meme 一词也变得重要起来。桂诗春教授曾经指出（见顾嘉祖、陆昇 2002：II）："Meme 在汉语里应该怎样翻译，很值得推敲。如果译成'文化基因'，又失掉了它的'模仿'的含义。也许可以暂译成'仿因'，但又不够通俗易懂。"也许正因如此，有些学者（如戴浩一 2002；郭菁 2005）在讨论中并没有将 meme 翻译成中文，而是直接使用了英文。

　　根据我们目前掌握的资料，到本书写作为止，meme 一词大致主要有以下几种译法："觅母"（道金斯 1981），"拟子"（道金斯 1998），"谜米"（布莱克摩尔 2001），"敏因"（鲁川 2003），"模因"（何自然、何雪林 2003），"文化基因"（童忠良 2004），"理念因子"（韩江洪 2004），"密母"（王斌 2004），"縻母"（陈家琪、王耀德 2004）以及"幂姆"（徐盛桓 2005）等。

　　我们考察了 meme 的理论成因，并在此基础上结合该术语与"基因"的关系及其近似的发音，最后决定译为"模因"。我们将 meme 译成"模因"，是有意让人们联想它涉及一些模仿现象，是一种与基因相似的现象。基因是通过遗传而繁衍的，但模因却通过模仿而传播，是文化的基本单位。道金斯创造的 meme 具有两个含义，一是"文化传播单位"，一是"模仿单位"。meme 一词的核心意思就是"模仿"，将 meme 译成中文时似乎不能不考虑这个意思。道金斯模仿 gene 创造出 meme 一词，我们模仿道金斯的做法，比照 gene 的汉译"基因"，将 meme 的译名定为"模因"。"模因"一词较好地表达了 meme"模仿"之含义，将 meme 译成"模因"是译出了 meme 的精髓和要义，我们觉得应是比较妥当的翻译。有意思的是，从英语的 meme 到汉语的"模因"，恰好也反映了人类的模仿天性。

9.3　模因论基本思想

9.3.1　模因概念的提出

道金斯是一位生物学家，他在《自私的基因》一书中关注的重点是基于基因的进化观,他为当代进化论进行辩护,认为应当从基因之间相互竞争的角度来理解进化的过程。[①] 这本书所讨论的主题是"自私"与"利他"行为的生物学本质,认为人类及所有的动物,都是由基因制造出来的机器;所有的基因都是自私的复制因子,"成功基因一个突出的特点就是它具有无情的自私性,而基因的自私性常常会导致个体行为的自私性"(Dawkins 2006a: 2),这些复制因子推动着我们星球上生物界的进化进程。[②] 在该书的最后,道金斯提出了模因概念,认为基因不是达尔文主义世界里的一切:

> (3) 要想了解现代人类的进化,我们必须首先把基因抛开,不把它作为我们进化理论的唯一根据。……我是个达尔文主义的热情支持者,但我认为达尔文主义的内容异常广泛,不应局限于基因这样一个狭窄的范畴内。(道金斯 2012: 216—217)

道金斯认为除了基因,还存在另外一种复制因子,他将该复制因子取名为 meme。《自私的基因》第 11 章"模因:新的复制因子"(Memes: the new replicators)提出了模因的概念:

> (4) 我认为就在我们这个星球上,最近出现了一种新型的复制基因。它就在我们眼前,不过它还在幼年时代,但它正在推动进化的进程,速度之快已为原来的基因所望尘莫及。
>
> ……我们需要为这个新的复制基因取一个名字,这个名字要能表达作为一种文化传播单位或模仿单位的概念。"Mimeme"这个词出自一个恰当的希腊语词根,但我希望有一个单音节的词,听上去有点像"gene"。如果我把"mimeme"

---

① 与达尔文同时代的英国科学家赫胥黎(Thomas Henry Huxley)积极拥护达尔文的进化论,被人称作"达尔文的斗犬"(Darwin's Bulldog),而道金斯为当代进化论所做的辩护也使他获得了一个称号——"达尔文的罗特韦尔犬"(Darwin's Rottweiler)。

② 有学者(顾嘉祖 2007: 59)认为自私基因这一概念是由道金斯"率先提出"的,其实不然。道金斯曾坦然承认,自私的基因这个想法并不是他首先提出来的,"这个概念隐含在世纪之交生物学家奥格斯特·魏斯曼的研究之中,也隐含在 20 世纪 30 年代的达尔文的新综合理论之中。20 世纪 60 年代,由 W. D. 汉密尔顿……和石溪的乔治·威廉斯完整地提出"(见布罗克曼 2003: 52)。道金斯对自私基因概念的贡献是"往里面加入了新的东西,清楚地表达了其中的含义"(见布罗克曼 2003: 52)。不少学者对自私基因的概念曾提出质疑与批评,道金斯也有相应的回应,此处不赘(详见:Dawkins 1978, 1981; Dawkins & Stent 1978; Fix 1978; Greene 1978; Midgley 1979, 1983, 等等)。

这个词缩短成为 meme,切望我的古典派朋友们多加包涵。我们既可以认为 meme 与"memory"(记忆)有关,也可以认为与法语 Même(同样的)有关。如果这样能使某些人感到一点慰藉的话。这个词念起来应与"cream"合韵。(道金斯 2012:216—218)

根据道金斯(Dawkins 1976,1989,2006a,2016)的观点,模因是一个文化信息单位,那些不断得到复制和传播的语言、文化习俗、观念或社会行为等都属于模因。模因可以看作是复制因子(replicator),也可以看作是文化进化单位。人们的观念可以经由与生物进化相类似的方式进化。有些观念比另外一些观念更具生存力;①观念可以因人们的传播而得到流传,并可能在流传过程中发生变异。② 两种观念可以通过重组或整合产生新的观念,而新的观念经常包含了原先旧观念中的某些因子(elements)。由于模因是一个非常抽象的概念,因此,研究模因论的学者经常采用隐喻的方式来描述对模因的理解。道金斯指出:

(5) 正如基因通过精子或卵子从一个个体转到另一个个体,从而在基因库中进行繁殖一样,模因通过从广义上说可以称为模仿的过程从一个大脑转移到另一个脑子,从而在模因库中进行繁殖。一个科学家如果听到或看到一个精彩的观点,他把这一观点传达给他的同事和学生。他写文章或讲学时也提及这个观点。如果这个观点得以传播,我们就可以说这个观点正在进行繁殖,从一些人的大脑散布到另一些人的大脑。(道金斯 2012:218)③

在模因论中,模因不但被当作"有生命的结构"(Dawkins 2006a:192),它还往往被描述成与电脑病毒相类似的"思维病毒"(viruses of the mind),可以感染其他人的大脑或者传染到其他人的大脑中,而一个人一旦被这种"病毒"所感染,它们就会寄生在他的脑子里,在往后

① 这其中的原因并不是唯一不变,而是多种多样的,有些时候甚至相当复杂。这里,必须指出的是,一些观念因人们大量复制传播而流传下来,但这并不等于说这些观念都是好的,或是对的。从模因论的角度看:"很多模因之所以能够成功地得到传播,在很大程度上是因为它们容易记忆,而不是因为它们重要或有用。错误的科学观念也能传播,仅仅是因为它们容易理解,与现有理论相吻合;质量低劣的书籍有时畅销,那是因为当人们走进书店看到这些书名时有似曾相识之感"(Blackmore 1999:57)。

② 当然,观念也可以因误解而发生变异。

③ 该中译本中用的"觅母",因为本书都是用"模因",故均改为模因。

的岁月,这个人又会将这种"病毒"传播给其他人或者他的下一代。这种病毒可能会改变被传染者的行为,并同时引起他们着力去宣扬这种行为模式(Dawkins 1993)。比如说,"假如你在我脑子里种下一个繁殖力强的模因,你就等于寄生在我的脑子里,把我的脑子变成传播模因的载体,这跟病毒寄生在宿主细胞的遗传机制几乎完全相同"(Dawkins 2006a:192)。再比如说,标语口号、时髦用语、音乐旋律、创造发明、流行时尚等,只要有谁带个头,人们就会自觉不自觉地跟着模仿,并传播开去,成为"人云亦云""人为我为"的模因现象。我们说模因是思维病毒,因它从一个宿主过渡到另一个宿主,不断变化着形态,但始终保持其固有的模式。有些时候,我们的确无法清楚无误地指出模因到底是些什么东西,①但当我们看到某种现象出现并得到传播时,我们能够认出那是模因作用所引发的。

模因定义的形成分两个阶段:前期被认为是文化模仿单位,其表现型为曲调旋律、想法思潮、时髦用语、时尚服饰、搭屋建房、器具制造等模式;后期的模因被看作是大脑里的信息单位,是存在于大脑中的一个复制因子。模因可以被看作是一些思想,它本身没有明确的目标或意图,就像基因只是一种化学物质,并没有接管整个世界的计划一样。它们的共同点是,基因和模因都来自复制,而且将不断地被复制。在现实世界里,模因的表现型可以是语词、音乐、图像、服饰格调,甚至手势或脸部表情等。换言之,语词、技能和音乐等可以看作是大脑里模因的外在呈现,并通过感觉器官在个体之间相互传递,在接受者的大脑里留下副本,使模因能够不断得到复制和传播(对比:Xie 2020a)。

9.3.2 成功模因的三个特点

道金斯认为,达尔文"适者生存"的观点其实就是"稳定者生存"

---

① 布莱克摩尔认为我们无法确定模因的单位:"我听说有人彻底摒弃模因论就是因为,'你甚至说不清楚模因的单位是什么'。的确,模因的单位究竟是什么,我说不清楚,但我也认为没必要说清楚。一个复制因子不一定非得被命名好了的单位包起来。"(Blackmore 1999:53)值得注意的是,许多时候,并不是我们不清楚模因是什么,而是因为模因的组成经常由多种因素、成分交叉组合而成,而究竟哪种或哪些因素发挥关键的作用,这似乎不好确定。

140

(survival of the stable),因为整个宇宙为稳定的物质所占据。所谓稳定的物质,是指那些原子聚合体,它们具有足够的稳定性或普遍性而被人们赋予一个相对固定的名称。成功的复制基因其实就是稳定的基因,它们或是本身存在的时间比较长,或是能迅速进行自我复制,或是能准确无误地进行复制。道金斯认为,模仿是模因的主要复制方式,有许多模因比模因库中的其他模因来得更成功,即能够在自我复制的竞争中获得胜利,而模因究竟能否复制成功要受到长寿性、多产性和复制忠实性这三个要素的影响(Dawkins 2006a:194)。也就是说,成功模因具有三个主要特征,具体如下:

A. 长寿性(longevity):所谓长寿性,是指模因在模因库内存留很久,也就是指模因能在纸上或人们的头脑中流传的时间很长,如宗教律法可能连续流传数千年。模因的寿命有长有短,有些模因可能"长生不老",而有些模因则可能只是昙花一现。因此,模因存在的时间越长,被复制的可能性就越大。当然,有时候,有些模因会进入"休眠"状态,然后在一定的环境条件下再度"复活"。

B. 多产性(fecundity):多产性要比长寿性重要很多,我们甚至可以说,多产性是最重要的因素。道金斯(Dawkins 2006a:235)注意到,所有的基因看起来大同小异,正如所有的录像磁带看起来都一样。基因之间最重要的不同在于它们的影响,即对胚胎发育过程以及身体形状和行为所产生的影响。成功的基因指的是那些在与其他基因竞争中对胚胎能产生有利影响的基因。这里的"有利"指的是基因使胚胎成功发育而成为一个成年人,这个人有生殖能力,并将相同的基因遗传给后代。道金斯用"表现型"这个术语来表示基因在身体上的表现,即基因在与它的等位基因竞争之后,经由发育过程,在身体上所产生的影响。基因表现型产生的影响有两种形式:一是基因利用细胞组织进行自我复制,一是基因对外部世界产生的影响,即影响到基因的生存机会。道金斯认为模因也有两种类型的影响,一是利用模因宿主的交际与模仿能力进行复制,一是模因对外部世界产生的影响,即影响到模因的生存机会。第二种类型的影响有赖于当时环境,而其中很关键的一部分很可能是复制因子库(另见:Distin 2005)。总而言之,成功的模因必须保证自己能够不断得到复制,越受欢迎的模因,被复制数量就会越多。值得注意的是,有些模因虽然能在短时间内迅速"走红",得到大量复制与传播,但却无法存留很久,流行歌曲就是很好的例子。道金斯以实际例子说明如何评价模因的长寿性与多产性:

> (6) 如果说模因这个概念是一个科学概念,那么它的传播将取决于它在一群科学家中受到多大的欢迎。它的生存价值可以根据它在连续几年的科技刊物中出现的次数来估算。如果它是一个大众喜爱的调子,我们可以从街上用口哨吹这个调子的行人的多寡来估算这个调子在模因库中扩散的程度;如果它是女鞋式样,我们可以根据鞋店的销售数字来估计。(道金斯 2012:290)

C. 复制忠实性(copying-fidelity):一般说来,模因复制越忠实,原版就越能得到保留。也就是说,所谓复制的忠实性是指模因在复制过程中往往会保留原有模因的核心或精髓,而不是丝毫不发生变化。所谓的"忠实"或"保真"并不等同于"原原本本,毫不走样",忠实只是一个程度问题:

> (7) 我在本书中很坦率地承认特里弗斯的观点对我的影响非常之大。然而,我并没有在本书中逐字逐句地照搬他的观点。将其内容重新安排以适应我的需要,有时改变其着重点,或把他的观点和我自己的或其他的想法混合在一起。传给你的模因已经不是原来的模样。这一点看起来和基因传播所具有的那种颗粒性的(particulate)、全有或全无的遗传特性大不相同。看来模因传播受到连续发生的突变以及相互混合的影响。(道金斯 2012:220—221)

如此看来,当我们说如今所有的生物学家都相信达尔文的理论,我们的意思并不是说每个生物学家的大脑里都铭刻着达尔文的每一句原话;我们的意思是说每个个人都有解读达尔文思想的方式。但即便如此,我们仍可以说达尔文的观点得到了复制与传播,并且有一定的忠实性或保真度。必须指出的是,成功模因这三个特点之间经常相互交叉、相互制约。当然,许多时候,模因的成功传递还与人的认知取向与偏好、注意焦点、情感状态与行为愿望等密切相关(另见：Xie 2020a)。

9.3.3 模因复制的四个阶段

一般说来，模因在复制和传递过程中往往要经历几个不同的阶段。海利根(Francis Heylighen 1998)曾经探讨了模因复制的四个阶段：

A. 同化(assimilation)：海利根认为成功的模因应该能"传染"它的宿主，即进入宿主的记忆里。比如，某个模因呈现在一个新的可能的宿主面前。"呈现"意味着个体遇见了模因的载体，或者说该个体通过观察外部现象或思考(即重新整合现存认知因素)独立发现了模因。被呈现的模因要得到同化，就必须被宿主注意、理解和接受。"注意"是指模因载体的显著程度足以引起宿主的关注，"理解"意味着宿主能够在自己的认知系统里重新将其呈现出来。人的心智并不是一块白板，任何思想都可以在上面留下印记。新观点或新现象要得到宿主的理解，必须能够迎合宿主已有的认知结构，而且，也要宿主愿意或认真对待才行。比如，尽管有人告诉你张三开的车是火星上的小绿人制造的，这种说法虽然不难理解，但由于缺乏足够的证据，你是不会相信的。所以，通常你就不会记住这个说法，而你也不会被该模因同化。

B. 记忆(retention)：模因复制的第二阶段是指模因在记忆中的保留时间。根据定义可以得知，模因必须在记忆中停留一段时间，否则就不能称作模因。模因在记忆里停留的时间越久，通过感染宿主使自己得到传播的机会就会越多。这也就是我们上面提到的模因长寿性。与同化一样，记忆也是有选择性的，只有少数信息能够存活下来。我们每天听到、看到或体会到的大多数内容只能在我们的记忆中停留几个小时。记忆保留时间的长短要看某个观点是不是很重要，重复的频率有多少，或者对宿主是否具有特殊的含义或意义。不少学习范式表明，反复是记忆的重要保证之一。

C. 表达(expression)：模因若想传递给其他个体，必须由记忆模式转化为宿主能够感知的有形体。这个过程可以称作"表达"，演说可能是最明显的表达方式，其他常用方式包括篇章、图片以及行为举止等。

表达可以是有意识的,也可以是下意识的。人们走路、办事或穿衣打扮都可能是模因的表达。

　　一方面,有些模因可能永远不会被表达出来。如果宿主认为某个模因不会引起别人的兴趣,或者不知如何表达,或者只想使之成为秘密,就只是下意识地使用,而没有在自己的行为当中表现出来;另一方面,如果模因宿主深信某个模因相当重要,应该逢人必说,那么该模因就会得到不断的表达。

　　D. 传播(transmission):某个表达若想传递给其他个体,需要具备看得见的载体或媒介,它们应有一定的稳定性,以免表达内容在传递过程中失真或变形。比如演说用声音来传递,而文本则用纸墨或网络电子脉冲来传递。这些有形体可被称作模因的载体,如书籍、照片、工艺品或光盘等。

　　传播阶段模因载体的选择可以通过对某些模因的删除来实现,如模因载体在被另一个体感知之前被毁坏或受损,如手稿可能被抛进碎纸机;也可以通过多种不同手段扩散来实现,如载体被复制成诸多版本或印制成册大量出版。大众传媒出现之后,成功模因与失败模因之间在传播阶段中的反差最大,选择对模因的影响也最大。

9.3.4　布莱克摩尔对模因论的发展

　　《自私的基因》一书使道金斯名声大噪,他的学术观点引起学术界的广泛关注,而模因概念随着许多专著(如:Dawkins 1982;Dennett 1991,1995;Brodie 1996;Lynch 1996;Chesterman 1997;Blackmore 1999;Aunger 2002;Distin 2005;Shifman 2014;Denisova 2019;Wiggins 2019)、学术论文、电子期刊以及不计其数网页的出现而得以流传。必须指出的是,道金斯当初提出模因概念并不是为了开辟一个新的研究领域,他实际上是为了说明:当我们拥有了大脑之后,一种新型的复制因子——模因——便应运而生。也就是说,除了基因之外,还存在另外一种复制因子——模因,人类的诸多行为可以看作是模因在大脑之间不断自我复制的过程。虽然道金斯后来也出了许多作品,但在模因学说方面似乎并没有什么大发展,或者说,他对自己以前的观点充满了自信。在《自私的基因》30 周年纪念版前言的开头,他是这么说的(Dawkins 2006a:vii):"这本书里几乎没有任何内容存在问题,需要我现在急着将它收回,或者需要向读者道歉。"

对模因学说发展做出积极贡献的是道金斯的学生布莱克摩尔(Susan Blackmore)。① 1999 年,由道金斯学生布莱克摩尔所著的 *The Meme Machine* 一书出版。② 该书在很大程度上充实和完善了前者的观点,初步确立了模因论的理论框架。模因论是基于达尔文进化论的观点解释文化进化规律的一种新理论,它试图从历时和共时的视角对事物之间的普遍联系以及文化具有承传性这种本质特征的进化规律进行诠释。模因论中最核心的术语是模因,人类文化包含了许许多多的模因并通过模因的复制和传播得到承传与发展,生生不息。模因论的根本要点在于,将模因理解成一种独立存在的复制因子,它的运作完全是为了其自身的利益和生存,也就是说它自私地、不断地进行自我复制。以下我们简单介绍一下布氏的主要思想。③

布莱克摩尔强调模仿对人类生存的极端重要性,指出模仿是我们人类自然而然拥有的一种能力,我们每个人一生都在相互模仿,人的一生就是模仿的一生;我们也许不会把模仿看作是什么聪明之举,但经常有一种令人意想不到的聪慧藏在模仿里面(Blackmore 1999:3),模仿是文化复制的核心。模仿是一种很复杂的行为,它至少涉及三方面的内容:(一)决定模仿对象,断定如何才算"相同"或"类似";(二)从一个角度到另一个角度的复杂转换;(三)在身体上做出相应的匹配行

---

① 除布莱克摩尔之外,丹尼特也是模因论的积极拥护者和实践者(Dennett 1990,1991,1995),丹尼特认为《自私的基因》是一部哲学著作:"我读《自私的基因》以前是一名忠实的达尔文主义者,比如我 1969 年出版的著作《内容与意识》以及我的文章《意图系统》和《为什么效果法则挥之不去?》,其核心均包含了达尔文主义的步骤。但实际上我对该理论的深奥观点知之甚少,有些内容我以为我懂,其实却是错的。《自私的基因》使我大开眼界,懂得并纠正了数十个甚至数百个重要观点,更加坚信以下不成熟的想法,即自然选择进化是解决大多数我感兴趣的哲学问题的关键所在。《自私的基因》一书是最优质的心灵糖果(mind candy of the highest quality)。"(Dennett 2006:102)

② 吉林人民出版社于 2001 年出版了中译本《谜米机器》;2005 年,国际著名出版公司爱斯维尔(Elsevier)出版了德译本 *Die Macht der Meme*(Blackmore 2005)。

③ 不可否认,布莱克摩尔的一些观点还不够完整,值得进一步思考(详见:Aunger 2000;Distin 2005)。

145

为。当然,很多时候,模仿是有选择性的,"科学或艺术当中所发生的一切都是选择性模仿。情感、智力斗争以及主观经历,这些都是复杂系统的组成部分,它们引发某些行为被模仿,而另一些行为则没有被模仿。正是因为模仿释放出了第二个复制因子,观念才开始'获得了属于它们自己的生命'"(Blackmore 1999:29)。必须指出的是,模因的形成必须借助大脑,"只有当基因提供了具有模仿能力的大脑之后,模因才能形成。而且,大脑的性质肯定影响到什么样的模因能够被大脑掌握,什么样的模因不能被大脑掌握。不过,一旦模因产生了,它们就必将获得它们自身的生命"(Blackmore 1999:31)。

布莱克摩尔强调模仿对模因传递的重要意义,指出容易被模仿的行为可能构成成功的模因,而难以模仿的行为则较难成为成功的模因。她认同道金斯关于模仿的宽泛定义,认为模仿是一种复制或拷贝行为,正是模仿才决定了模因是一种复制因子,并赋之以复制力量。我们通过模仿从他人身上学到的每一样东西,都可以看作是模因。布莱克摩尔指出:

(8) 任何东西,只要它以这种[模仿]方式从一个人身上传递到另一个人身上,那它就是一个模因。这包括你掌握的全部词汇、你了解到的故事、你从别人那里学到的技能和习惯,以及你喜欢玩的游戏。它还包括你哼唱的歌曲和你遵守的规则。因此,比方说,每当你驾车左行(或右行)、吃咖喱食品配啤酒、比萨饼或吸食可卡因,用口哨吹着电视剧《左邻右舍》的主题曲,甚至每当你与别人握手,你都在兜售各种各样的模因。其中的每一个模因都以其独特的方式进化而来,各有其独特的进化历史,但**每一个模因都是在利用你的行为让它自身得到别人的拷贝**。(Blackmore 1999:7,此段由笔者译出,黑体为笔者所加)

换言之,在模仿过程中,必然有某种东西被复制或拷贝了,这东西就是模因,而模因也正是通过这样的模仿过程从一个人的大脑跳入另一个人的大脑。如此看来,任何一样东西,只要它能够通过模仿而得到传递,那它就可以被看作是一个模因:

(9) 我们的确总是在相互拷贝,但我们低估了模仿的重要作用,因为模仿是那么轻而易举。当我们在相互拷贝的时候,某种东西得到了传递,虽然它不易捉摸,难以确定。这种东西就是模因。采用模因的观点来看世界,这是模因论的基础。(Blackmore 1999:52,作者自译)

布莱克摩尔认为模因具备了作为复制因子所需的三个必要条件,即遗传(行为方式和细节得到拷贝)、变异(拷贝伴随着错误、修改或其他变化)和选择(只有一些行为能成功地得到拷贝)。模因可以是各种形式的模因信息,包括观念、说明观念的大脑结构、大脑结构所产生的行为表现,以及存在于书籍、说明书、地图、乐谱等里面的各种行为的指令信息。模因经常不加选择地使自己得到传播,不考虑它们对人类是有利的、无关紧要的,还是有害的。布莱克摩尔提出了"对指令的拷贝"(copy-the-instructions)与"对结果的拷贝"(copy-the-product)概念,认为这两个概念有利于认识模因的传递模式。有些时候,我们通过模仿别人的结果来获得新信息。比方说,我们先观察别人做鱼头汤,然后自己动手做汤。这就是所谓的"对结果的拷贝"。有些时候,我们则是直接根据菜谱来做菜,这种情形就是所谓的"对指令的拷贝"。当然,在现实世界中,这两种模因的传递过程经常紧密地纠缠在一起。

布莱克摩尔认为以往有关文化的进化理论虽然试图解释文化进化的机制,但最终还是回到生物进化的意义上来说明文化进化的内在动力,而模因论则是从模因的角度来考察文化进化,将模因看作是一种独立存在的复制因子。这就意味着,模因选择驱动着观念的进化,而观念的进化是以有利于模因的自我复制为重点,而不是以有利于基因的自我复制为重点。

布莱克摩尔(Blackmore 1999:66)提醒我们,当某种思想或某种信息模式出现后,在它引致别人去复制它或别人对它重复传播之前,它还不算是模因。我们的思想大都是潜在的模因,但如果我们不将这些思想表达出来,只将它们一直留存于大脑之中,那么它们就不能算作是模因,或者充其量只能看作是个人的模因;只有当这种思想或信息模式得以传播、仿制,它才具有公众模因性。模因与模因之间如果相互支持,集结在一起形成一种关系密切的模因集合，那就组成了模因复合体。模因的表现可以是单个模因，也可以是模因复合体，大脑里的信息内容直接得到复制和传播是模因的基因型，而信息的形式被赋予不同内容而得到横向扩散和传播的，则是无数的模因表现型（详见：何自然2005）。

总的说来，布莱克摩尔在书中总结了近些年来模因论的发展状况，揭示了模因概念的新内涵，给模因研究注入了新活力。她的贡献主要体现在三个方面（何自然、何雪林2003）。首先，她将模因的概念泛化，综合了多种学科的研究成果，认为任何一个信息，只要它能够通过广义上称为"模仿"的过程而被"复制"，就可以称为模因了。布莱克摩尔主张用模因指代任何形式的信息复制，既可以表示思想，也可以表示容纳该思想的具体大脑结构，或者这种大脑结构产生出来的行为，还可以涉及书籍、菜谱、地图、乐谱之类物品体现出来的复制现象，所有这些信息都可以用模因来表示。布莱克摩尔的模因论，除了以生物进化论和因子复制论为基础之外，还设想模因具有流变的物质外形，可观察到其行为和产物。其次，她具体提出了模因的两种复制和传递方式，即对结果复制的传递和对指令复制的传递。这在一定程度上消除了人们对模因传递保真度的质疑。最后，她用模因论来解释宗教、大脑、语言、利他、自我等复杂现象，其中不乏精彩的论说。比如，布莱克摩尔提出基因和模因相结合的文化进化观点，认为模因的传播受到基因自然选择的制约，模因是基因的"奴隶"，它的繁荣是为了帮助基因的增生。再如，布莱克摩尔用模因的观点解释"自我"（self）的形成也有独到之处。她指出，性别平等这个观念本来是很抽象的，但是它一旦和"自我"这个模因联系起来，就形成"我相信性别平等"。这样，原来的"性别平等"这个抽象观念变得具体而且有分量，因为"我"会起来捍卫这个观念，"我"会同朋友进行争论，"我"会表达"我"的意见，甚至"我"会为"我"的性别平等而上街游行。很多简单的抽象观点，和语言中的"我"相结合，其表达形式就成为"我相信""我希望""我想"，原本存在于文化思想领域中的抽象观念，在"我"的大脑中复制，成为一个模因。而这类模因相互集结，形成了"自我"这个强大的模因复合体。

9.4　模因论：质疑与回应

或许可以说，模因概念及其相关学说已经进入人们的研究视线，越来越多学者开始关注模因论。著名语用学家莱文森（Levinson 2003，2006）、西方分析哲学后期发展的重要人物之一、美国著名生物哲学、心理哲学与语言哲学研究专家米利肯（Millikan 2004，2005）等均对模因论给予了不同程度的关注。世界著名出版公司剑桥大学出版社出版了迪斯汀（Distin 2005）在其博士论文基础上修改而成的专著 *The Selfish Meme*。迪斯汀的论述让我们看到，既然语言是人类文化生活中最重要的因素之一，模因论能够也应该对语言起源和语言使用问题做出新的解释。奇尔顿（Chilton 2005）则是从语言和认知层面分析了具体语篇中的隐喻表达，认为思想观念传播问题可以从模因角度进行解释。乔汉森（Johansson 2005：29）指出，虽然模因论存在一些不足和缺陷，但它有助于我们进一步理解文化、思想和语言的进化问题。为了纪念《自私的基因》一书出版 30 周年，牛津大学出版社在隆重推出《自私的基因》第三版（Dawkins 2006）的同时还出版了由道金斯以前的学生格拉芬和里德利（Grafen & Ridley 2006）负责主编的论文集 *How a Scientist Changed the Way We Think*，科学、哲学、文学以及传媒研究领域的诸多领军人物，如丹尼特（Daniel Dennett）、平克（Steven Pinker）、普尔曼（Philip Pullman）、里德利（Matt Ridley）等在书中就道金斯对当代科学与文化所做出的贡献各抒己见。此外，创建于 1943 年的美国 EBSCO 学术期刊数据库日前已经将专门研究模因论的网上学术期刊 *Journal of Memetics* 全文收录，读者可以从该数据库全文下载 1998—2005 年的所有论文。这不但有助于模因论得到更为广泛的传播，而且还可能在一定程度上为模因论"正名"，帮助模因论逐渐走出学术边缘化的尴尬处境（谢朝群、何自然 2007）。事实上，最近一段时间以来，模因研究得到了长足发展，不少学者纷纷结合网络空间的语言交际现象，深入分析探究网络语言模因在建构人际关系、传递人际意义等诸多方面的语用认知机制等问题（如：Yus 2018；Xie 2020b）。

台湾知名学者戴浩一（2002）在"概念结构与非自主性语法：汉语

语法概念系统初探"一文开头部分谈到语言本质问题的时候就提到模因。他说,语言学家王士元先生认同了新达尔文主义的语言演化观,主张语言演化要注重模因的承传,即注重文化、社会及历史的语言基础。戴、王两位是在语言学界较早提到语言模因的海外华裔学者。我们大陆学者中,首先提到模因的是桂诗春教授。他为南京师范大学顾嘉祖教授主编的《语言与文化》(第二版)撰写的序言中说,1976年道金斯在《自私的基因》一书里,根据"基因"创造了"模因"。模因和基因不同,基因有遗传性,而模因则没有遗传性,但它通过模仿而传播,有如病毒一样。他指出,《牛津英语词典》也收录了这个词,并定义为"文化的基本单位,通过非遗传的方式,特别是模仿而得到传递"。桂先生还联系到我国的语言实际,指出从"文革"的种种现象一直到现代社会上的广告和炒作,无不说明模因的存在和影响。他说,模因虽然不具有遗传性,但可以纵向和横向传播,其作用不容忽视。他强调,模因论的重要创始人布莱克摩尔说过语言在模因传播中起了重要的作用,谈话促进了模因,所以大脑、语言和模因结成了一种三角关系,促使了模因和基因的共同进化(co-evolution)。后来,桂诗春教授在为"外研社当代语言学丛书"撰写的总序中再次提到了模因,他将模因看作是"复制机",认为"在现实生活中这种通过模仿而传递的文化因素比比皆是,从'文革'的'红卫兵运动'到现在的传媒炒作,都可以看到'复制机'的运作"(何自然、陈新仁 2004:viii)。

当然,对模因的认识和评价也不尽一致。国内外都有不同的声音。法国著名语言哲学家、关联理论创始人之一斯波伯(Sperber 2000)就曾撰文对道金斯的模因方法论提出反对的意见,认为文化不可能用像道金斯所说的模因方式来承传。罗斯(Rose 1998)对模因论也发表过文章提出不同看法,在模因论的网络杂志上发表。在国内,也有学者(刘宇红 2006)发表过质疑性文章,对模因学的学科地位和理论的科学性等一系列问题存在提出诸多疑问,甚至质疑模因学独立学科的地位,认为"它的理论体系也没有严谨的科学性"。这篇文章的内容同罗斯的论点(Rose 1998)有点相似,我们曾与布莱克摩尔交换过意见,觉得那大概是由于他们对模因论不够了解,甚至可能还存有一些误解。模因论质疑者既然"从学科的独立性与理论的科学性两方面来挑战模因学",那么我们就对这两方面的质疑做出回应,开展讨论和争鸣(谢朝群等 2007)。

9.4.1　模因论学科独立性的质疑与回应

质疑一:"模因论没有明确的研究范围和研究对象",这点"体现在对模因的定义上"。正因为"模因没有统一的定义,导致了模因学的研究范围可宽可窄,研究对象忽此忽彼。"

回应:这其实没什么好奇怪的。下定义本来就不是一件容易的事情(Fodor et al. 1980;对比: Gonsalves 1988;Schiappa 1993)。语言这东西我们天天在用,也研究好多年了,应该说再熟悉不过了,但它的定义是不是就很"统一"了呢? 不是。语言的定义也是"五花八门"。据不完全统计,自 19 世纪至 21 世纪初,国内外关于语言的代表性定义不下60 种(详见: 潘文国 2001),即便同一个人给语言下的定义也可能不尽相同,索绪尔(Saussure)就是如此:

(10)"语言既是一个自足的结构系统,同时又是一种分类的原则"(Saussure 2001: 10);

(11)"语言是一种社会制度"(Saussure 2001: 15);

(12)"语言是一种表达观念的符号系统"(Saussure 2001: 15);

(13)"语言,我们可称为'产品': 一种'社会产品'"(索绪尔 2001: 9);

(14)"语言是言语机能的必需的工具"(索绪尔 2001: 76);

(15)"语言是建立在听觉形象基础上的符号系统"(索绪尔 2001: 78);

(16)"语言是一种完全区别于言语功能的分泌物"(索绪尔 2001: 79);

(17)"语言是社会事实"(索绪尔 2001: 106);

(18)"语言是恰好存在于集体心智里的东西"(索绪尔 2001: 110)。

在我们看来,在语言乃至整个人文学科探索活动中,想要给概念下一个既准确又清楚的定义是一件非常困难的事情，要想获得事物、物体、词语、概念的最终定义几乎是不可能的。也许正因如此，许多学者反对给概念下定义（Gratton 1994；波普尔 2003）。季羡林先生也说过（季羡林 2003：471）："想给人文社会科学的术语下定义是缘木求鱼的办法，根本行不通的。"其实，概念与概念之间并没有十分清晰、明确的界限，它们的范围也不易界定，诚如维特根斯坦所言（Wittgenstein 1958b：25—26）："我们不能清晰地界定我们所使用的概念，这不是因为我们不知道它们的真正定义，而是因为它们并没有真正的'定义'。"

既然任何定义都是片面、不完整的，有可能被误解；既然定义只能是工作性、临时性的，不一定具有最终的意义；既然下定义本身已经限制了我们的思维空间和想象维度，限制了我们对被定义对象的理解和研究范围，我们是不是可以因此抛弃定义了呢？答案是否定的。虽然维特根斯坦反对给概念下定义，但他还是给定义下了定义（详见 McGuinness 1979：247），认为定义就是"一个翻译规则：它把命题翻译为其他记号"，"一种记号规则：它没有对或错"。实际上，这里问题的关键已经不是我们需不需要定义，而是需要什么样的定义。何谓定义？定义是解释或评价行为的产物，它应该是开放式的，而不是封闭式的。

回到模因定义上面来。

质疑二："模因究竟是什么呢？是信息还是观念，是物质实体还是行为本身？模因学始终没能回答这个问题。"

回应：关于"模因是什么"这个问题，研究模因论的学者早已做出了回答。"meme"一词源自希腊词"mimeme"，意指"被模仿的东西"，就是说模因概念的核心是模仿，"模因库中的模因，其繁衍的方式是经由广义上所谓的模仿过程从一个大脑转移到另一个大脑"（Dawkins 1989：192）；"从广义上说，模仿是模因复制的方式"（Dawkins 1989：194）；"我们甚至不用假定模仿有遗传上的好处……我们只要确定大脑具有模仿的能力就够了，因为模因自然会充分利用这种能力去进化"（Dawkins 1989：200）。也正因如此，我们应该牢记：模因是通过模仿而被传递的，就是说如果模仿行为发生了，那么，就必然有某样东西得到了传递，而这东西正是我们所说的模因。换言之，任何东西只要通过模仿而被传递,它就可以算作是模因。所以,信息、观念、物质实体或行为等均有可能成为模因。但是,这并不等于说任何东西都是模因(详见 Blackmore 1999:42—46)。

质疑三:工匠制作器物的例子足以证明模因论缺乏本体论的支持。"如果说器物模因的宿主是器物的主人,那么宿主的可依附性同样是一个问题,因为主人可以将自己的财物弃置或不慎遗失,那么器物模因也将变得'无家可归',因为它没有宿主了。"

回应:在我们看来,这是误解了模因论。首先,如果某一器物成为模因,那就说明与该器物有关的某些东西得到了别人的模仿,比如潜藏于该器物之中的信息、制作该器物的方法,等等。其次,任何受到该器物模因影响并加以传播的人都可能成为该模因的宿主,因此,器物模因的宿主可能是器物的主人,也可能不是。再次,模因的寿命有长有短,有些模因可能"长生不老",而有些模因则可能只是昙花一现。如果某一模因不再被人模仿与传播,那么它不但可能"无家可归",也可能淡出人们的视线与记忆,归隐深山老林,进入"休眠"状态或逐渐走向消亡。当然,有朝一日它还可能"死灰复燃","东山再起","卷土重来"。

质疑四:模因论"没有独立的元语言系统,它的术语体系(如模因、传递、宿主等)都是对其他学科(主要是基因生物学)术语的借用或者是隐喻性引申,即模因就是基因。这个隐喻构成了模因和模因学的理论基础"。"基因生物学成了模因学的'宿主',模因学成了基因生物学的寄生学科。这正是模因学致命的弱点。"

回应:这可能是对模因论的另一种误解。首先,模因论并非如质疑所说那样直接借用了其他学科的术语,而是对许多术语加以整合(Blackmore 1999:52—66),而"整合是创新的源泉,科学创新往往就来自不同学科的交叉整合"(沈家煊 2006a,2006b)。其次,我们认为模因就是基因的提法是不妥当的,两者并非一回事。研究模因的学者从来就没有将模因简单地"归结为基因"。模因是一种复制因子,在这个意义上,模因与基因相对应,但除此之外,两者的作用机理、复制机制、起作用的时间跨度以及运作的具体细节等诸多方面都大不相同(Blackmore 1999:17,62,108);"严格说来,模因并不是基因的类比"

（Distin 2005：12）。模因进化可能因解释方便的原因被认为与基因进化相类似，但这并不等于说模因论是"基因生物学的寄生学科"，"我们不需要也不应该期望将生物进化的所有概念直接移植到模因进化里面来"（Blackmore 1999：62），而模因的成功不一定非要与基因的成功联系在一起不可（Dawkins 1999：110）。

质疑五：根据乔姆斯基（Chomsky 1957）关于理论目标三个充分的观点（即充分观察、充分描写以及充分解释），似乎"无法知道模因学的理论目标旨在对文化传播现象进行更精致的描写，还是进行合理的解释"。

回应：模因论对文化传播现象不但要进行"更精致的描写"，还要进行更"合理的解释"。已经开始有研究（如：Xie et al. 2005；Xie 2007；王斌 2004；何自然 2005；徐盛桓 2005；陈琳霞、何自然 2006；李淑静 2006；谢朝群、李冰芸 2006；谢朝群、何自然 2007）表明，模因论可能会"在观察和描写的充分性方面超越传统的人文学科"。值得注意的是，描写与解释经常是同步进行的，因为描写已经蕴涵了解释，而解释则经常以描写为基础。还必须指出的是，对文化传播现象进行描写与解释只是模因论的其中一个目标，模因论还探讨了其他许多问题，包括"容量巨大的人脑的进化、语言的起源、人类健谈多思的倾向、人类的利他倾向以及因特网的发展"（Blackmore 1999：9）等问题。此外，我们关注的焦点还包括模因与语言之间的界面研究，其目的是为了从模因论的角度审视和解释语用现象，进一步理解与解释我们既熟悉又陌生的语言，进一步加深对人自身的认识（谢朝群、何自然 2007）。我们相信，随着学者讨论的逐渐深入，模因论的研究范围、研究对象以及研究目标等诸多问题会越来越明晰，也会越来越具体和深入（如：Dynel 2016；Ross & Rivers 2017；樊林洲、陈生梅 2021；何自然 2021）。

质疑六：模因论"对文化传播现象的解释也只是隐喻性的，而且，这种解释的可靠性是极其脆弱的，因为隐喻思维不同于逻辑思维，它是非理性的"。"隐喻是感性思维的产物"，"感性思维在科学研究中只能起辅助作用，它永远也代替不了理性的思辨和经验的证实"。

回应：即使模因论对文化传播的解释真的只是隐喻性的，这种解

154

释的可靠性绝非极其脆弱。隐喻思维也不一定都是非理性的。如果真是这样,我们似乎也可以认为这种论调也有非理性的成分,而其"解释的可靠性"也可能"极其脆弱",因为前面质疑中也有许多提法同样使用了隐喻思维,如:"器物模因将变得'无家可归'""模因就是基因""扼杀模因学于摇篮中""给国内的模因学研究者们浇一盆凉水",等等。

事实上,逻辑思维不一定就是理性思维,而隐喻思维也不一定就是非理性思维;人的思维在很大程度上就是隐喻性的,我们经常借助隐喻的思维来进行理性的思辨(Lakoff & Johnson 1999)。即使在科学研究过程中,隐喻也不仅仅只起"辅助"的作用(Harris 1912;Karanikas et al. 1993;Quale 2002;Rosenthal 1982),达尔文对自然的解释在很大程度上就是靠隐喻的帮忙(Ruse 2005)。

质疑七:模因论不是一个独立的学科还表现在它"与其他学科的关系有待廓清"。

回应:其实,有越来越多的研究向我们表明:模因论与其他学科的关系相当紧密,还可能为其他学科发展带来一些新启示(如:Lynch 1996;Chesterman 1997;Millikan 2004,2005;Ritt 2004;Distin 2005;Schlaile 2021),比如,林奇(Lynch 1996:17—39)曾经专门探讨了模因论与经济学、社会学、文化人类学、社会生物学、进化心理学、政治学、传播学、认知心理学、心灵哲学、民俗分析以及历史等诸多学科之间的密切联系。

9.4.2 模因论科学性的质疑与回应

质疑一:模因的传递反映了"本性与习性的两难",因为它不知道"模因究竟是天生的禀赋使然,还是通过学习获得的(即通过模因传递获得的)"。有这样的一个例子:小和尚从老和尚那里习得了"女人是吃人的老虎"模因,但一旦小和尚下山后,他会"自发生成"另一个模因,即"老虎(女人)很可爱"。

回应:模因的获得既有本性的成分,也有习性的因素,而后者所占比重可能更大一些。我们这么说是因为本性与习性的区分并非泾渭分明,二者之间经常产生互动与影响,而后天因素经常起着关键作用(详见：Rutter 2006)。事实上,对模因传递产生影响的究竟是本性还是习性,这样的问题似乎已经不再重要,重要的是本性与习性究竟如何对模因传递产生影响。

根据模因论(Blackmore 1999)的观点,"自发生成的"东西如果只是保存在自己大脑里面,没有表达出来并得到别人的模仿、复制与传播,那它就不能算是模因。其实,"自发生成"这个概念本身就很值得商榷,因为任何东西的生成都不是也不可能是"自发"的,而是在一定因素或条件作用下经由整合或类推方式生成的。

质疑二：根据逻辑实证主义关于科学与非科学的划分标准,"没有经验证实的理论就不是科学",而模因理论反映了"实证传统的彻底丧失",因此是不科学的。"不管是罗素、维特根斯坦、卡尔纳普、波普尔还是亨佩尔,在主张实证原则方面都是一致的,逻辑实证主义的基本原则从未动摇过"。

回应：我们怀疑,逻辑实证主义的经验证实原则本身是不是就很"科学"。经验证实原则认为,任何命题如果不具有可证实性,那它就毫无意义。实际上,在科学研究中,有些命题的确无法被证实(Hardie 1938：214),但我们不能因此说它们没有意义。换言之,无法被证实的命题不一定就没有意义,暂时不能被证实的命题不等于永远无法被证实。至于西方哲学几位大师对待逻辑实证主义的基本原则都是"**一致**""**从未动摇**"(黑体为笔者所加)的说法是不妥的,因为真实的情况似乎并非如此。首先,波普尔就曾经是经验实证主义的主要反对者,并提出了与证实论相对的证伪论,认为证伪论才是"科学发现的逻辑"(Popper 1968)。其次,虽说逻辑实证主义的基本原则有其优点,但也并非"从未动摇过"。维克麦斯特(Werkmeister 1937a,1937b)曾经对逻辑实证主义的如下七条主张提出批评：(1)"知识只是因为其形式才称得上知识";(2)"不能被证实的命题不具有意义";(3)"命题的意义最终是由直接给定的东西来决定的";(4)"形而上学的命题是完全没有意义的";(5)"一切研究领域都只不过是物理学的组成部分";(6)"逻辑命题属于无谓的重复";(7)"纯粹的数学只不过是逻辑"。

说穿了,实证主义无非就是企图将自然科学的那一套研究方法简单地嫁接到人文学科领域,而这是根本行不通的。米勒曾指出(Miller 1935：520),"逻辑实证主义只不过是对数学物理学狭隘而教条的偏爱",鲁亚(Ruja 1936：408)则更进一步,认为"逻辑实证主义的理论是不正确的"。如此看来,根据逻辑实证主义的证实论来质疑模因论的科学性问题似乎不够恰当。

质疑三：从"文化遗传"和"意向与意向性"的地位两方面质疑模因论的科学性："人是不可能具有心灵感应的,你怎么知道我在想什么呢？"

回应：事实上,在日常言语互动过程中,我们经常可以根据各种各样的资源或线索知道交际对方在想些什么。而且,许多时候,我们就是想知道对方在想什么,并据此规划或调整我们的交际策略与言语内容,尽可能实现我们的交际目标。毕竟,人是目的的动物。模因论没有考虑到意向与意向性的地位绝非"是一大失误"。实际上,模因论并没有忽视意向性问题,因为模仿经常就是选择性的,人在模因的传递中经常起着关键性作用。不过,富有讽刺意义的是,模因的魔力,模因的诱惑力,恰恰就在于模因经常可以超越人而成为人的主宰。换言之,模因论不但要考察人如何获得思想,更要考察思想如何获得人,即思想如何控制人。

在我们看来,现在探讨模因论的科学性问题可能还为时过早;或者说,争论模因论是不是一门科学,这样的问题似乎并不是很重要。正如莫兰(2002：7)所说的："我们应该清醒地认识到[何谓科学]这个问题并没有科学的答案。科学不可能科学地进行自我鉴定,它无法自判为科学。科学有方法对科学的对象进行科学处理和控制,但却没有一个科学方法把科学本身当作科学的对象来处理,如何对待相对客体而言的科学家这个主体,当然就更谈不上了……没有关于科学的科学。"在我们还未掌握充足的有效证据前随便质疑模因论的科学性和独立性问题,既徒劳又有悖于我们探求真知应有的态度。随着科技和研究的进步,模因论是否具有科学性也许将会自见分晓。

9.5　结语

目前,我们关注的焦点主要是模因与语言之间的界面研究,其目的是从模因论的角度审视和解释语用现象,并进一步加深对人自身的认识。我们似乎更应该去思考模因论能够给我们带来什么,而不是去争论模因论不能给我们带来什么。我们相信,模因论或许可以加深或改变我们对语言、文化、大脑以及人性的一些看法和认识。更多的相关成果亦已经随着研究的进一步展开和深入而涌现出来(如:Lou 2017;Moody-Ramirez & Church 2019;Paciello et al. 2021;Tomlinson 2021;Xie 2020b;Vasquez & Aslan 2021;何自然 2014,2017,2019,2021),为我们更好地学习、掌握语言以及理解人类自身带来更多启示。希望模因论能够加深或改变我们对语言起源、语言习得、语言使用等问题的认识,以及对语言、思想、人类与世界四者之间复杂关系的认识。这是我们研究语言模因论的主要兴趣和目的所在。

第十章 模因与语言

10.1 从模因到语言模因

模因论告诉我们：模因以模仿为基础；模因是信息传递的单位；模因会像病毒那样到处传染；模因与基因一起，相辅相成，成为进化的驱动力。自从模因论产生以来，人们已经不限于只讨论模因论的定义，有不少学者开始用模因论解释社会文化领域的各种现象，比如，精神病病因、同性恋的社会禁忌、建筑学中的现代主义风格、科学生态学等（参见：Preti & Miotto 1997；Gatherer 2001；Blute 2002；Salingaros & Mikiten 2002），但是语言学界对模因论的关注还很不够（Levinson 2003，2006）。我们认为，语言既是文化传播的主要载体，也是一种显著的文化现象，模因论在语言研究中大有用武之地，它在语言的社会演化和语言交际中所起的作用更值得我们注意。关于模因与语言之间关系的探讨，国外学界主要集中在语言起源方面（如：Deacon 1997；Vaneechoutte & Skoyles 1998；Johansson 2005 等）。关于语言起源问题，我们不准备探讨。这并不是说这个问题不重要，[①]追问语言的起源固然很有意义，可是，更有（实际或现实）意义、更值得我们关注的问题似乎是：当语言出现之后，人类究竟如何使用语言？语言在使用中如何发生变异？语言如何影响人类的社会生活和精神生活等诸多方面？模因论或许可以给我们带来一些新的启示。目前，学界对于模因论与语言之间的界面研究虽然尚未形成一定的系统性，但已初具规模（如：Xie et al. 2005；Xie 2007，2020a，2020b，2022；陈琳霞、何自然 2006；何自然 2005，2014，2017，2019，2021；何自然、何雪林 2003；王斌 2004；谢朝群、李冰芸 2006），值得开发的重要研究议题还不少。本章主要讨论模因与语言之间的关系，我们将在下一章探讨模因与交际问题。

[①] 索绪尔说过，任何社会，现在或过去，都只知道语言是从前代继承来的产物而照样加以接受。因此他不主张过多考虑语言起源问题（索绪尔 1980：108）。然而当今也有不少学者对这方面感兴趣，有关语言起源问题的文献不胜枚举（如：Herder 1772；Whitney 1869；Thorndike 1943；Lieberman 1975；Turner 1996；Knight et al. 2000；Trabant & Ward 2001；Johansson 2005 等）。我们在上一章也提到，王士元先生就对语言演化问题感兴趣，他赞同新达尔文主义的语言演化观，而且提出要注重模因的承传，即注重文化、社会及历史的语言基础（Wang 1991）。所以研究语言起源问题也不是完全没有意义。

10.2 语言是一种模因

道金斯曾经认为模因是文化模仿单位,其表现型为曲调旋律、想法思潮、时髦用语、时尚服饰、搭屋建房、器具制造等的模式(Dawkins 1976:206;2006a:192)。后来,他将模因看作是大脑里的信息单位,是存在于大脑中的一个复制因子(Dawkins 1982:109)。布莱克摩尔则是紧紧扣住模仿的概念,认为"任何一个信息,只要它能够通过广义上称为'模仿'的过程而被'复制',它就可以称为模因了"(Blackmore 1999:66)。如此看来,人们通过模仿获得并加以传播的任何东西都可以算作是模因。

不同时期在社会上流行的事物之所以能流行,其实一定程度上是人们模仿、传播的结果。有一些事物在特定的人群中,其传染力特强,例如"卡拉 OK"和前些年流行的"超女 PK"活动以及流行歌曲的传播,就很典型。社会上的新词语往往靠人云亦云而流行起来:"非典""作秀""开派对"等在人们交往中广泛传播,表现为一种语言模因。这些词语的叫法并不科学,也有违反逻辑和来自外语的,但说的人多,不仅被传播出去了,还被收进了《现代汉语规范词典》。

我们说,模因现象几乎无处不在。概括而言,有三样东西可以成为模因。那就是,想法、说法、做法,即思想、言语、行为,简称思、言、行。当然,如果我们把"想"看成"不出声的说",那么,想法似乎与说法同义。而且,如果想法不表达出来并与他者产生互动,似乎很难成为模因。

在我们看来,模因是一个解释力很强的概念,我们可以用它来分析、解释很多很多的社会文化现象。目前,国内外学界对于模因论与语言之间关系的研究虽已初具规模,但尚未形成特定的系统,有些学者对模因的概念甚至还存在不同程度的曲解或误解。关于语言模因的概念,我们认为,语言本身就是模因,模因主要寓于语言之中。任何字、词、语句、段落乃至篇章,只要通过模仿得到复制和传播,都可以成为模因。汉语语言模因的基本单位是字,因为"字"是"汉语的天然单位"(潘文国 2002:104)。每个汉字都是潜在的模因。不过,如果一些汉字结构复杂,意思难懂,不容易书写,则不容易被人们所模仿,流传也不够广泛,这样的汉字及其组成的词语可能成不了模因,或者顶多也只能成为弱势模因了。与此相反,那些结构简单、意思比较好懂、书写较为容易的字、词、句、段等就会经常被模仿和使用,也较容易成为模因。[①]比如,下面这些都是常用字和以常用字、词组成的语句,它们被人们普遍地使用、模仿和传播,从而成为模因:

(1) 我;人;痛;花;鸟

　　　校长;基地;文革;语言

　　　随心所欲;暗送秋波;闻鸡起舞;海枯石烂

　　　为人民服务;发展就是硬道理;让一部分人先富起来

18 世纪欧洲浪漫主义诗人雪莱的"冬天来了,春天还会远吗"是大家耳熟能详的诗句,下面的例子就是模仿和传播源自该诗句的结构"×××来了,×××还会远吗":

(2) a. 冬天来了,春天还会远吗? 进口车市有望触底反弹

　　　b. "台独"蚊子近了,巴掌还会远吗

　　　c. 小贝来了,辣妹还会远吗

　　　d. "流莺"已入校园,艾滋病还会远吗?

斯宾塞·约翰逊(Spencer Johnson 1998)所著的 *Who Moved My Cheese?* 出版后迅速成为畅销书,其英文书名也迅速成为模因,并因此衍生出了许多新的语言模因:

(3) a. Who Moved My Truth?

　　　b. Who moved My love?

　　　c. Who Moved My Cookie?

　　　d. Who Moved My Data?

　　　e. The Body：Who Moved My Cheeks?

Who Moved My Cheese? 一书的中译本于 2001 年由中信出版社出版,中文版《谁动了我的奶酪?》在很短时间内就家喻户晓,成为人们竞相模仿的对象,并派生出了许多语言模因。2005 年 7 月 7 日上午,我们在

[①]　当然,我们也注意到,有些复杂问题虽然难以下定论,但只要相关讨论或争论持续不断,依然有可能成为模因,比如语言的起源问题。

网络搜索引擎里输入"谁动了我的……",约有169万项符合"谁动了我的……"的查询结果。下面所列举的几个例子都是在《谁动了我的奶酪?》一书出版后才出现的:

　　(4) a. 谁动了我的房价?网上售房惊现"密码漏洞"

　　　　b. 经济观察:谁动了我的经济适用房

　　　　c. 患者,谁动了你的隐私?

　　　　d. 谁动了职业新人的"奶酪"?

　　模因在传播过程中可能会发生变异。有的保持信息的传递,但传递过程的形式上会出现变化,也有的传递形式始终一致,但信息内容会出现变异。上面例子显示的语言模因变异表现在传递的内容上,亦即意义上或信息上的变异。有些语言模因在形式方面并没有发生丝毫的变化,但其意义很可能已经发生了变异。"谁动了职业新人的'奶酪'?"中"奶酪"所指称的不再是真的奶酪,而是一个新的意义或信息变体,指的是职业新人的利益问题。

　　在传递变异方面,我们也可以区分出活的语言模因和死的语言模因。活的语言模因,主要是指按某种形式在适当语境中出现的模因变体,如"钱途"(来自与"前途"相同的语音形式)、"蓝颜知己"(来自与"红颜知己"相同的词语结构形式)等。死的语言模因是某个历史时期曾被频繁使用,但如今已不再流通甚至成为被人遗忘的语言形式,如"封资修""走资派"等。当然,死的语言模因变体也可能"死灰复燃",重新成为活的语言模因。因此,死模因和活模因变体的区分只是相对的,不是绝对的。而且,这里面还可能存在个体差异:对我来说是活的模因,对你而言却很可能是死的模因。另外,许多活模因很可能只是昙花一现的东西。

　　语言模因的传递是有一定的范围或区域的:并非每个人都(需要)知道"语用学",并非每个人都(需要)知道"柏拉图",也并非每个人都(需要)知道"维特根斯坦"。语言模因的传递范围或区域小到个人,大到一个群体或多个群体,乃至整个社会或全世界。即使你和我都知道"语用学",但我们所理解的"语用学"不尽相同;不同个人所理解的语言模因所传递的意义不尽相同。这里,还必须指出的是:如果有人说

"谁动了我的蛋糕?",他并不一定就是受到了"谁动了我的奶酪?"模因的影响。不过,可以肯定的是,他的大脑至少已经贮存了下面常见的词语:

(5)谁;动;了;我;的;蛋;糕;谁动了;我的;谁动了我的;蛋糕

可以说,大脑就是各种语言模因的集散地。模因的意义在于使用,模因的生命在于使用。语言模因论告诉我们,语言本身就是模因,这不但指表层的语言行为本身,而且指隐藏在表层语言行为背后的东西。表层的语言行为是模因,隐藏在表层语言行为背后的东西更是模因;后者我们更应该加以重视、强调和提防。那些隐藏在表层语言行为背后的是概念、预设、情感、意义、思想、意图、信念或知识等。

从模因论的角度来看,我们的思想并不是我们自己的创造物(Blackmore 1999：7—8)。维特根斯坦也曾明白无误地表达过类似的看法(Wittgenstein 1998：16)："我认为我的思考只不过是在复制别人的思想……我觉得我从未发明过什么思想,我的思想都是别人提供给我的。"事实上,"任何一个思想家或科学家在思想发展史上几乎都不是孤立的,所有被认为新型的理论在历史上都有其先行的'范例'"(马尔姆贝克 1987;转引自姚小平 1995：209)。

因此,撇开遗传方面的因素不谈,我们的知识并不是我们自己创造的,而是通过各种各样的方式或途径学来的,而学习的过程就是模仿的过程(对比：Blackmore 1999)。正如我们前面指出的那样,我们通过模仿获得并加以传播的任何东西都可以算作是模因。知识是通过模仿获得的,知识就是模因,模因也内嵌于知识之中。因此,既然语言本身就是知识,我们完全可以说,语言就是模因,模因也寓于语言之中。从模因论的角度来看,人只要一说话,他就是在传播模因,因为语言的功能就在于传播模因。从这个意义上说,人就是"模因的机器"(Blackmore 1999)。道金斯就曾断言(Dawkins 2006a：201)："我们生来就是基因机器,后来被文化驯化成了模因机器。"

10.3　语言模因的复制和传播

模因作为文化基因,靠复制、传播而生存,语言是它的载体之一。

模因有利于语言的发展,而模因本身则靠语言得以复制和传播,可见模因与语言有着极其密切的关系。从模因论的角度看,语言模因揭示了话语流传和语言传播的规律。更进一步说,语言本身就是模因,它可以在字、词、句乃至篇章层面上表现出来。自然语言中的模因主要是从三个方面体现的:教育和知识传授、语言本身的运用和通过信息的交际和交流。

10.3.1　教育与知识传授使模因得以复制和传播

道金斯最初说过,模因是存储于人脑中的信息单位(Dawkins 1982:109)。后来他进一步表明(Dawkins 1986:158),模因自我复制的途径是从一个人的大脑复制到另一个人的大脑;从人的大脑复制到书本,又从书本传播到人的大脑,再从人的大脑传播到电脑,又从一个电脑复制到另一个电脑……由此可见,存储于大脑中的信息是模因,而通过各种传递方式传播出去的信息也是模因;语言中的模因就是在教育和知识传授过程中表现出来的:我们从别人那里学来的单词、语句以及它们所表达的信息在交际中又复制、传播给另外的人。当这些信息在不断复制、传播的时候,模因也就形成了。

教育和知识传播主要来自学校和社会。我们从书本中学会的成语、隐喻,从别人那里学来的词语以及它们所表达的信息,在交际中又被复制和传播给另外的人。当人们学会了某些新词语或者经历了新词语所代表的事物之后,这些词语在使用中得到复制和传播就形成了模因。例如,clone 是一个生物学术语,指与母体相同的无性繁殖,可以泛指"做出一种与原型(母体)完全相同的东西"。翻译时人们倾向于把它音译为"克隆",而很少译作"与母体相同的无性繁殖"。当"克隆"这个时尚译法被汉语接受之后,就很快进入汉语词库,被广泛应用,成为一个活跃的模因。"克隆"同原文 clone 一样,常用于转义,表示"仿制",含有"做出一种与原型(母体)完全相同东西"的意义,出现了"克隆羊"、"克隆文"(指抄袭)、"克隆片"(指翻拍或续拍旧的影片)这样的模因变体:

(6) a. 1979 年 1 月在《湖南文学》发表"秋夜"的小说,从构思、人物、语言、情节均与 1990 年《莽原》发表的小说"遍地萤火"绝对地"**克隆**"!(《广州日报》1997 年 4 月 13 日,p.4)

b. 尽管很多影评都大肆抨击重拍或续集的电影,都说一集不如一集。但好莱坞似乎不管那么多……疯狂**克隆**以往大受欢迎的各类型经典电影。(《广州日报》1999 年 4 月 3 日,C1)

c. 无良书商猛盗版 **克隆**两万本字典(《广州日报》1999 年 4 月 13 日,A3)

10.3.2 语言本身的运用促成模因的复制和传播

人们将存在于大脑中的信息模因在使用过程中不断重复、增减、变换、传递,或从一组旧的模因集合重组成新的模因集合,使语言的单个模因或模因复合体在使用过程中此消彼长,通过各种媒体不断复制和传播。例如,"保姆"在《现代汉语词典》(汉英双语 2002 年增补本)中的释义为"受雇为人照管儿童或为人从事家务劳动的妇女",这个词在日常语言中也会被改称为"阿姨"。可见,从事这类职业的大都是妇女这一点似乎是一个不变的模因。相反,从事保安工作的,在人们心目中似乎都是男士。可是我们的报章中也会传播这样的模因变体:

(7)"**男阿姨**",抱负不凡的一族

……胡老师是江西师范大学数学系的本科毕业生,在当地中学教了几年电脑后南来发展,1995 年成为"**男阿姨**"……(《广州日报》1997 年 1 月 12 日,p.2)

(8)北京幼儿园雇**女保安**,精通擒拿格斗又温柔可爱。(《广州日报》2004 年 11 月 7 日,A4)

上面的"男阿姨""女保安"正是语言本身运用过程促成的新模因,它们经过重新组合,成为新的模因变体,在人们言谈交际中不断复制和传播着。说不定什么时候我们会听到幼儿园小朋友说"保安阿姨"了,可是,大概不会出现"女保安叔叔"吧?不是所有的模因传播都能被迅速接受。这要看它们的生存本领,也就是要看社会语用是否接纳它们。

"女保安叔叔"也许是一个复制能力很弱的模因变体,不适于广泛流传,即使偶尔出现也会很快消失。

10.3.3　通过交际和交流而形成的语言模因

这里说的是根据语境即兴而发,随后得到广泛复制和流传的信息。这类语言模因也有可能在跨语言和跨文化的交流中出现,是在人们交流中不知不觉地被复制和传播出去的语言模因。例如,同一语言在不同地域可能会因人们语言习惯和语言态度差异对某些语言模因表现出不同程度的抗拒或接受,这对模因本身来说,就是能否实现自我复制和生存的过程。

在我国内地,人们把"充电"一词的意义大都理解为补充知识,有再学习、再提高之义:

(9) a. 广州人国庆到图书馆**充电**,下岗工人读者比去年增3成。(《广州日报》1998 年 10 月 2 日)

　　b. 在外闯荡了一年的广州籍教练XXX 明年……将到足球王国巴西"**充电**"一年(《广州日报》1998 年 9 月 25 日)

　　c. 中国青年忙"**充电**"知识面,提高自己的竞争力。(新华社电讯,1999 年 5 月 5 日)

但我国香港地区的粤方言却常将"充电"理解为紧张、劳累之后使身心或精神得到休整和恢复的行为(如旅游、户外活动等),如:

(10) a. 现时正身在外地旅游"**充电**"的范太,在外游前已积极拉票,亲自致电议员问好。(《东方日报》1998 年 6 月 15 日)

　　b. 《洛神》快将拍竣,Ada 话(＝说)已相约洪欣等一班好友到北京旅行**充电**……(《星岛日报》2001 年 8 月 24 日)

尽管"充电"这两个意义都被收入《现代汉语规范词典》,但作为模因现象,两个意义有各自流行的地区,其使用频率也不一样。最近,表示再学习、接受再培训的模因在广东又流传一个新的模因变体——"补脑",如:

(11) 面对五花八门的培训,不知该如何选择:广州过半白领盲目

"补脑"(《广州日报》2004年12月22日)

人们在交流中不知不觉复制、传播的语言模因,其中一些有较强的生命力,得以广泛流行,而另一些昙花一现之后就消失,逐渐甚至很快就被遗忘。汉语中的"空姐"指空中小姐,表示民航客机上的年轻女服务员。尽管民航客机上也有男服务员,但"空男"一类的说法还没有成为模因被广泛复制和传播。不过有意思的是,人们竟然模仿"军嫂"的称呼,从空姐的年龄差异上区分出"空姐"和"空嫂",从而使"X嫂"这个曾经出现过的模因现象再次出现,并广为传播。这个模因经过不断复制和传播,组成新的模因复合体,形成新的集合:"空嫂"之后出现了"护嫂"(医院里帮助家属护理病人的中年"女陪护")、"芭嫂"(以练习芭蕾舞纤体健身的中老年女学员)、呼嫂(电信部门聘用的中年女话务员,流行于电信传呼业务兴旺时期)。

其他流行的语言模因还有"板块",最初它是一个地质学术语,但近年来这个模因就像"病毒"一样到处传播,如炒股票的人热衷于选购某种"板块":商业股说是"商业板块"、科网股称作"科网板块",其实那只是指股票的类别罢了;房地产的促销商也凑热闹,让"板块"走进了他们的行业,房屋销售宣传中可见"X板块"(指某地段),比如建筑在高速路"华南快速干线"附近的商住楼被称为"华南板块",新机场附近的商业区及楼房叫"新机场板块",在南湖风景区一带的叫"南湖板块",沿江两岸矗立的商品楼宇则曰"望江板块"。此外,电视台、互联网中还出现了"学英语板块""学电脑板块""新闻板块""交通板块""手机板块"等,意思分别指学英语、学电脑、新闻、交通、手机栏目或版面。可见,"板块"作为一种语言模因正在不断地被复制。

上述模因中有些具有较强的生命力,作为规范词语已被收进了《现代汉语规范词典》,但另一些模因就不一定能够得到广泛流行和传播。模因的存亡取决于它的语用功能。当词语作为模因得到广泛应用,在交际中发挥着积极作用时,这些模因就可能变得强大,并能融入这种语言之中,从而不断被复制和传播;反之,随着环境或时代的变化,一些活跃不起来的模因就会逐渐消失。

10.4　语言模因复制和传播的方式

布莱克摩尔(Blackmore 1999：58)说过,虽然我们还不能详细了解模因是如何被储存和传递的,但我们已掌握足够的线索,知道如何着手这方面的研究。模因的复制不是说词语的原件与复制件从内容到形式均完全一致。语言模因在复制、传播过程中往往与不同语境相结合,出现新的集合,组成新的模因复合体。从模因论的角度观察,语言模因的复制和传播有"内容相同形式各异"的基因型和"形式相同内容各异"的表现型两种方式。

10.4.1　内容相同形式各异:模因基因型传播

我们说过,思想或信息模式一旦得以传播和仿制就具有模因性。表达同一信息的模因在复制和传播过程的表现形式可能一样,也可能不一样,但其内容却始终同一。同一信息可以先后在不同语境中以不同的形式传递。布莱克摩尔(Blackmore 1999：61)在分析模因进化时指出,这类以传递信息内容为主的模因储存在我们的大脑之中,可以比喻为基因型的模因。

10.4.1.1　相同的信息直接传递

这类信息可以在合适的场合下不改动信息内容而直接传递,如使用各种引文、口号、经典台词,转述别人的话语,交谈中引用名言、警句等。当遇到与原语相似或相近的语境,模因往往以这种直接的方式完成自我复制和传播。

例如,复制三国时代诸葛亮的"鞠躬尽瘁,死而后已"来表达要像那位古人一样尽忠国事;各种口号、标语、时尚套话、经典台词也常用于合适的场合,如:"高高兴兴上班去,平平安安回家来""和谐社会""双赢""政绩"等。以上这些大都是通过引用方式将相同的信息直接复制和传递的模因。

10.4.1.2　相同的信息以异形传递

这也是一种以复制信息内容为主的模因,它以纵向递进的方式传播。尽管在复制过程中出现信息变异,与原始形式及其表面意义大相径庭,或者说信息在复制过程中出现模因的移植,但这些变化并不影响原始信息,复制出来的仍是复制前的内容。语用学讲的含意不可分离性(non-detachability)正是模因相同信息异形传递的最好说明。当要表达 *Bob is an idiot* 时,人们会根据不同场合说出与 *idiot* 词义恰好相反的词语,但这些变化并不影响说话人原来要表达的“鲍勃是个白痴”的含意:

(12) a. Bob is a genius.

b. Bob is a mental prodigy.

c. Bob is an exceptionally clever human being.

d. Bob is an enormous intellect.

e. Bob is a big brain, etc.

又如同一个人因人事变化会得到别人的不同称呼:同样是张三其人,以前曾称为张先生、张同志、老张,而一旦他从事了某种职务、具有了某种身份,他又会得到不同的称呼,如当了科长就被称张科,当了处长被称为张处,要是当了局长他准会被称为张局,如果当了博士生导师或许会被戏称为张导(模仿影视界对“导演”的称呼),当了总经理就会被称为张总,当了校长就被称为张校了。

相同信息的异形传递在汉语的网络语言中也特别流行:“青蛙”与“菌男”的原始信息是“丑男”,前者意指丑陋的癫蛤蟆(想吃天鹅肉),后者作为“俊男”的同音反语;“恐龙”和“霉女”的原始信息是“丑女”,前者表示“丑得像《侏罗纪公园》中难看的动物”,后者则是“美女”的同音反语;“天才”=“天生的蠢材”;等等。

网络语言的异形传递往往与原始信息的发音近似。“机油”=(手机)机友;“班竹”=版主;“竹叶”=主页;“水饺”=睡觉。“美眉”源于台湾腔的“妹妹”(有认为此称亦表容貌姣好之女性)。汉语在网络上会复制为汉语拼音字母缩略或用数字取代,也有的按原来的英语词语音译,复制成汉语的新词或表达一个新义。前者如“拍马屁”与复制的“PMP”同义,“弟弟”=“DD”,“妹妹”=“MM”,“楼主”=“LZ”(指网站论坛上发主帖的人),“亲亲你”“气死我了”“不要生气”分别复制成数字“770”“7456”“8147”等;后者如 email 复制为“伊妹儿”,modem(调制调解器）复制为"猫"。所有这些异形传递的模因，其原始信息也都是不变的。

10.4.2 形式相同内容各异：模因表现型传播

根据前人的研究成果（Cloak 1975；Dawkins 1982；Blackmore 1999），我们可以将复制、传播模因过程的行为表现看作是模因的表现型。这种类型的模因采用同一的表现形式，但分别按需要表达不同的内容。民谣和歌曲的流传，其内容有些已失去现实意义，于是人们在复制这些民谣的过程中只保留其形式（字数、行数、排列方式等）而换以各种新的内容反复传诵；流行歌曲保留原来的曲调，但填上不同内容的歌词反复传唱等。这类以所谓"旧瓶新酒"或"移花接木"方式出现的就是横向并联传播的模因，它按需而发，形式近似，内容迥异，是模因的表现型。例如：

10.4.2.1　同音异义横向嫁接

语言模因在保留原来结构的情况下，以同音异义的方式横向嫁接。例如广告中常用的伪成语，就是不改变原来的语言结构，只是根据需要将其中的关键词语换成同音异义词，如"一明（鸣）惊人"（眼药广告）"有痔（恃）无恐"（治痔疮的药物广告）等。借用名诗句而让人印象深刻的汽车销售广告词"千里江铃（陵）一日还"（江铃牌汽车广告）也是一个同音异义横向嫁接的例子。

10.4.2.2　同形联想嫁接

语言形式没有变化，但嫁接于不同场合会导致不同的意义联想。如一种丰胸保健品的商业广告词说"做女人挺好"，就是利用同音作联想嫁接，一语双关，让人从"挺好"的一般义（很好或非常好）联想到该广告的特殊义；某百货商店挂出的招牌"难以抗拒的诱惑"，也是通过模因的联想嫁接以招徕顾客，为商品宣传，该例与可能联想到的女色无关，只指商品大降价、大优惠。这样故意使用可能产生联想的语句来渲染，为的只是吸引大家都去购买那种商品罢了。

10.4.2.3　同构异义横向嫁接

这主要指语言模因的结构和形式都不变，但内容变了，为另外的词语所取代。例如,随着电视连续剧《爱你没商量》的成功播出,"×你没商量"这一表达形式很快就被复制和传播,在不同场合出现同构异义的模因现象:除了原来的"爱你没商量"之外,流传着"宰你没商量""骗你没商量""用你没商量""网你没商量""赚你没商量""罚你没商量""套你没商量""吃你没商量""逗你没商量""迷你没商量""炒你没商量""离你没商量"等模因变体。其他如"×不是万能,但没有×却万万不能"以及"××××:想说爱你不容易"的同构异义模因现象也是随处可见。

即使是一些常见的词语,一旦定格为模式,便会被到处复制、模仿,成为活跃的语言模因。例如前几年,"非常"一词的非常搭配就非常流行,它作为模因先在港台地区传播,渐渐传到内地,被到处复制。我们有电影叫"非常爱情",有话剧叫"非常球事",有电视节目叫"非常男女""非常档案",有报纸专栏叫"非常男人",有一种饮料叫"非常可乐"(顺便说说,"可乐"成为一种饮料的名称被反复复制,也是一个颇为活跃的模因:从"可口可乐""百事可乐"到"少林可乐""崂山可乐""天府可乐""健怡可乐",等等,不一而足)。

同构异义横向嫁接模因不限于单个词语,有时是语句,甚至是整段篇章。这类模因往往别出心裁地以某个特定结构为样板套以不同内容。例如,一些中国古典诗、词、散文的结构形式多半是创造同构类推模因变体的源构。唐朝诗人刘禹锡的《陋室铭》是家喻户晓的名篇:

(13) 山不在高,有仙则名。水不在深,有龙则灵。斯是陋室,惟吾德馨。苔痕上阶绿,草色入帘青。谈笑有鸿儒,往来无白丁。可以调素琴,阅金经。无丝竹之乱耳,无案牍之劳形。南阳诸葛庐,西蜀子云亭。孔子云:何陋之有?

语言模因基本上用同构类推方式仿照《陋室铭》以下的基本框架来复制传播:

(14) ×不在×,××则×。×不在×,××则灵。×是××,××××。×××××,×××××。×××××,×××××。可以×××,×××。无××之××,无××之××。×××××,×××××。××云:何×××?

下面是《咬文嚼字》[2004(8):48]刊登的名为"明星铭"的同构类

推模因：

> （15）艺不在高,会炒则名;技不在精,会傍则灵。斯是明星,光焰炫人。英雄见屏幕,流氓生吧厅。出场靠红包,走穴数白银。可以闹绯闻,泼酒精,无纪律之乱耳,无道德之烦心。南刊大腕照,北传偶像名。观众云:何明之有?

更为有趣的是《咬文嚼字》[2004(11):46—48]收到的同构类推作品"如雪片一般",其中有6篇还被其定为模仿之佳作:"小平铭""晚晴铭""假食铭""奥运铭""公仆铭"和"掮客铭"。值得一提的是,这些作品与网上流行的、有些恶搞味道的"学生铭""女友铭""食宿铭""金钱铭""寝室铭""考试铭"等其他《陋室铭》仿写版本相比,风格自然不同,思想境界较高,文字简练,表达出深邃的内涵。①

10.5 模因与社会实践

模因是社会实践的产物,它经常与具体的社会事件紧密联系在一起,新的社会实践活动促使新模因的产生。语言模因同样受着社会语用的催生。下面是可能催生出模因的社会语用实践:

10.5.1 赶时髦

2005年夏天,随着湖南卫视《超级女声》节目在全国的热播,"超级女声""超级女生"以及它们的缩写形式"超女"便在全国大江南北迅速流行开来,形成一个新的模因。2006年2月12日下午,我们将上述三词输入网络搜索引擎,分别检索到约571万项、671万项和671万项的查询结果,试举几例:

> （16）a. 市场刮起"**超级女声**"服饰风(阿里巴巴网2005年9月6日)
>
> b. **超级女生** 选唱还是选美?(四川在线2004年8月24日)

---

① 充当模因母体的篇章语言结构一般都是一些经典名句、名段或名篇。仿造出来的同构异义篇章有正面也有负面的,其中包括修辞学上的 parody(嘲弄式仿拟),用当今流行的说法,就是所谓"恶搞":语带嘲讽,或用以鞭挞社会的不良现象。

c. 明星也成超级粉丝　徐静蕾狂追**超女**纪敏佳(《天府早报》2005 年 8 月 9 日)

顺便指出,"超女"出现之前就有"超男"的说法,"超男"比赛早在 2004 年就亮相湖南电视台娱乐频道,"超女"比赛是湖南卫视借鉴推出的节目。但"超女"在全国范围内打开知名度,作为强势模因,其传播速度和范围超过了"超男"。此后,随着"超女"的流行,加上社会语用方面的需要,更出现了"炒女""钞女"与"抄女"等模因变体,分别指"传媒炒作的""收入大量钞票的"和"有抄袭行为的":

　　（17）a. 娱乐圈中的炒男**炒女**(《新女报》2006 年 3 月 25 日)

　　　　　b. 声势越造越大　超女变"**炒女**"(《新闻午报》2006 年 6 月 4 日)

　　　　　c. XXX 7 位数代言广告　天娱笑看"**钞女**"(新华网 2005 年 8 月 31 日)

　　　　　d. 唱片销量一般　超女缘何未能变"**钞女**"?(《广州日报》2006 年 2 月 20 日)

　　　　　e. XXX：从"超女"到"**钞女**"、"**抄女**"?（人民网 2006 年 6 月 14 日）

　　　　　f. 何必为超女变"**抄**"女动肝火?（四川新闻网 2006 年 6 月 17 日）

不过,更为火爆的当数 PK 一词。借助《超级女声》的力量,PK 已经成为一个时尚、出镜率相当高的模因。PK 最原始的英文全名有可能是"Penalty Kick",中文意思是"罚球"。后来,随着网络游戏的流行,PK 又逐渐发展为"People Killer"或"Player Killing",意为"砍人,攻击"或"玩家杀手"。如今,PK 的意思演变成"一对一的决斗或单挑",具有"比赛一定分出胜负"的含义,但一般可泛指为"较量"的意思。2006 年 2 月 12 日下午,我们将 PK 一词输入网络搜索引擎,检索到的查询结果竟有约 42 900 000 项,远远超出"超级女声""超级女生"或"超女"的检索结果,大有"超女歇了,PK 火了"之势。试举数例如下:

　　（18）a. 周文渊："超男"PK"超女"完败（千龙网 2005 年 8 月 22 日）

b. 家电品牌评选超级 PK　读者都是评委(《北京晨报》2005
年 12 月 2 日)

c. 空间　动力　油耗　技术参数——福克斯 PK 标致 307
(《新京报》2006 年 1 月 23 日)

d. 杭州一小学热选超级教师　模仿超女设海选 PK 环节
(东北网 2005 年 9 月 19 日)

e. 元宵晚会今日上演揭晓评选结果　春晚节目继续 PK
(《北京晨报》2006 年 2 月 12 日)

PK 模因火了之后,PK 事件也多了起来,动不动就有谁找谁 PK,仿佛不
PK 一下,就对不起这个时代,就不时髦不新潮一样。必须指出的是,曾
经有一段时期,PK 的热潮已经由风靡走向了泛滥,无论报纸、广播还是
电视,只要牵扯到竞争、比较的意思,大都以 PK 代之。一个小小的外
来缩略词,竟然在汉语的领地横冲直撞,这固然是模因的威力,但它冲
击着我们汉语的传统语言规范,对语言政策和语言规划提出了新的挑
战,似乎值得引起我们的注意。

10.5.2　语码混用

语码转换在特定地区或特定人群的交际中出现,在大众传播工具
中也经常有所反映。在我国的语码混用常见的有中—英语码混用、
中—日语码混用、双方言混用等。例如:

(19) Hi,你好呀! This morning 我们对你的 case 进行了 discuss,
我们发现,这件事情不 make sense。所以我们不得不遗憾地
告诉你:与这件事相关的所有 project 都将被 cancel 掉。

据记者报道,像例(19)那样说话的一般是受聘于外资企业的"白
领"们。他们平时接触大量与业务相关的英文资料,同事间交际很自
然就说成上面那种半中半英的"混合语"了。这些"白领"的语言使用
中还有更多的中—英语码混用现象,如在交际交流中喜欢用自己给自
己起的英文名字,像 Eric、Francis、Betty、Shirley 等,让同他们交往的不
谙英语的人士觉得别扭。

不管怎样,语码混用这类模因现象在人们自觉或不自觉的语言交

流中形成、复制和传播着。有学者(曹乃玲2005)认为,语码混用毕竟反映了社会生活发展对语言的影响,是一种有效的语用策略,具有体现文化差别、群体色彩、个性风格等修辞效果与价值。

10.6　研究语言模因的意义

模因论在我国学界还是一个比较新的理论。对语言模因的研究目前主要在我国外语学界进行,在从事语用学、符号学、跨文化交际学和外语教学的学者中提倡,尚未得到有效普及。但是模因理论的解释力,它对语言使用的启发很值得我们从事语言教学与研究的学者注意。模因与大脑、语言和文化三方面都有密切关系,它可以指导我们从事翻译工作,指导我们从事语言教学与学习,促进我们对文化的承传与研究。下面我们仅就语言与模因有关的几个方面,谈谈研究语言模因的意义。

10.6.1　模因与翻译

关于模因与翻译,国外谈论得最多的是切斯特曼(Andrew Chesterman)。他通过对模因的研究,提出了"翻译模因论",把那些有关翻译本身以及翻译理论的概念或观点作为研究对象。他纵观翻译的历史,认为翻译理论进化(即理论的更迭和演变)的本身就是翻译模因(translation memes)不断复制和传播的结果(Chesterman 1996:63—71;1997:7)。他认为,有些翻译模因由于不能得到普遍接受而消亡;另一些翻译模因则流行一时而最终被新的模因集合所取代;但还有一些翻译模因却具有很强的生命力,从而在译界得以生存和发展。切斯特曼的翻译模因论指出,在翻译模因库中存在大量的翻译模因。一方面,每一种模因既是对以前模因的复制和继承;而另一方面它也会在复制和传播的过程中产生一定的变异,在变异中求得发展。

我们说过,模因复制的结果不一定是前后内容完全相同,更非形式的等同转移。翻译模因的复制可能出现增值或删减的过程。因此,模因传播是动态的,而非静态的。根据切斯特曼的见解,我们可以认为翻译模因库里也会有各种各样的模因基因型和模因表现型,前者意味着源语与译出语的转化是一种原信息的等值或等效的纵向传播,这里面我们可以区分出等值和等效两种模因复制形式,其中还可以区分出语义等值/等效模因和语用等值/等效模因。至于后者,翻译模因表现为信息从源语到译出语的转化过程是一种非对等的横向复制和扩散。这时的译出语尽管没有脱离模因的基因,但它的表现则是多样的,包括意译模因、节译模因、略译模因、译述模因、译评模因等等翻译模因变体。我们设想,结合模因论来研究翻译的等效论和等值论,研究翻译的变体论,这些都会加深我们对翻译模因现象的认识,从而为丰富译学理论做出贡献。

10.6.2 模因与文化

我们说过,模因作为文化的基因,通过非遗传的方式,特别是通过模仿将一些思想或观点加以传播,并代代相传下来。可见模因与文化有极其密切的关系。语言模因中的文化因素指我们无论操本族语还是外语,都带有我们受到陶冶的汉文化烙印。汉语继承了一些汉文化的特性,汉语的成语或歇后语里就有文化典故,如果不懂这些就难以复制和传播。例如:

> (20) ……序言事我以为不必,因为足下现在创业时期,一切宜自创新义。倘使我……有权威性见解,又当别论,但我所知不如足下,装样不如藏拙,谅为足下谅解。否则**沐冠于市**,反为识者所笑。[1]

例中的"沐冠于市"源自成语"沐猴而冠",讲的是猕猴戴帽装成人样,比喻为欲装扮得像个人物,而实际并不像。这个成语作为模因被反复复制,流传下来,有时直接引用"沐猴而冠",有时又用它的变体,如"沐冠于市"。但无论如何使用,这个深具文化底蕴的语言模因,源出《史记》的故事,在人们的交际和交流中不断自我复制,得以世代流传。

汉语的语言模因与中国文化甚至外国文化都有着千丝万缕的联系。当代中国文化使我们觉察到下面这些说法正是传播着的语言模因:复制三国时代诸葛亮的"鞠躬尽瘁,死而后已"来表达要像那位古

---

[1] 摘自许国璋先生的私人通信(见何自然 2000:358)。

人一样尽忠国事;某电视剧中反映现实的一句对白"钱不是万能的,但没有钱却万万不能"被复制成"懂外语不是万能的,但不懂外语却万万不能""老婆(妻子)不是万能的,但没有老婆万万不能",等等;电影《红高粱》插曲中的一句"妹妹你大胆地往前走"也被广泛复制,在老学者笔下甚至成了勉励年轻人做学问的一个语言模因:

(21) ……我们要向认知科学,包括认知语言学进军,这就是我们要在二十一世纪攀登的高峰之一。当我仰望这个高峰时,我发现赵艳芳老师已经先我一步,走在前面了……赵艳芳老师,**您大胆地往前走!**①

美国喜剧电影 Sister Act 的汉译名仿效了内涵相似的另一部电影 The Gods Must be Crazy 的汉译名"上帝也疯狂",称为"修女也疯狂",内容讲修女们冲破某些宗教规条的禁忌,让一个严肃的圣诗班变成修女们乐意参与、又唱又跳的流行歌曲合唱队。现在,"××也疯狂"用来泛指社会上某些群体对某些事情表现出格外的热情,成为语言模因后,被广泛传播。报章在报道爱美的老大娘们积极报名参加时装模特训练时就用了这样的一个醒目标题:老大娘们也疯狂。这个模因的变体"为××疯狂"也出现了,报章报道国际通信设备技术展览会上与会者对第三代数字移动通信表现出极大的热情时,用的标题就是:北京通信展为3G疯狂(《广州日报》2004 年 10 月 27 日)。多年来主张学英语要大声吆喝、手舞足蹈的"疯狂英语",其实源于"学英语也疯狂""我为学英语而疯狂",也是这个模因的变体。再如,某调查公司发布消息,说求职人士年底在"机会"与"金钱"两者选择上犹豫不定,报章竟然复制了莎士比亚的名句"To be or not to be,that's the question",以语码混用的形式加以报道:

(22) 年底跳槽:跳还是不跳,That is the question(《广州日报》2004 年 11 月 5 日)

以上例子说明语言模因与文化的密切关系,说明只有结合文化知识来观察语言模因的表现,才能使我们能深刻地理解语言和恰当地运用

① 摘自胡壮麟先生为赵艳芳著《认知语言学概论》(上海外语教育出版社 2001 版)写的序言。

语言。

10.6.3 模因与语言教学

语言模因能不能有助于指导我们的语言特别是外语的教学？这是我们很感兴趣的一个问题。我们认为，模因论对语言教学,特别是外语教学颇有启发。在模因论的指导下,对过去一些丢弃了的、被认为不合理或不可取的传统教学模式和教学主张,我们也许要重新做出评价,甚至要恢复和再次提倡。例如,根据模因论和语言模因复制、传播的规律,语言背诵教学不但不应放弃,而且还应大力提倡。背诵本来就是我国的传统教学模式,笔者的经验是,少儿时熟背的语言材料,不管是汉语的还是英语的,直至垂老之年仍能在大脑中复制出来,在言语交际中应用。今天,当人们过于热衷地应用分析性、启发性的语言教学法时,往往会像倒洗澡水同时把盆里的婴儿也倒掉那样,将背诵这个有效的教学手段毫不吝啬地遗弃了。

除了背诵,我们从模因论里还可以悟出模仿对语言学习的积极意义。学语言本身就是语言模因复制、传播的过程,学到手的各种语言表达手段,要靠复制来与别人交流,达到传播的目的。模仿、复制不是百分百的“克隆”,而是模因集合的重组。有一些模因保存着内容,以不同形式出现;而另外一些模因则通过在相同形式中放进不同的内容来扩展。因此,模因的复制和传递方式也启发我们应如何学习语言：既要学会以不同形式表达同一信息,又要学会以相同形式去套用不同的内容。在语言教学,特别是外语教学的过程中,我们要教会学生根据不同语境掌握不同的表达方式来表达相同的思想,同时还要他们学会依照英语的地道表达形式与别人交际交流各种各样的不同思想。

模因论使我们认识到,在语言教学中引入联想教学是启发学生活学活用语言的重要手段。如家喻户晓的《灵格风英语课程》(*Linguaphone English Course*)第 1 册第 8 课课文对话中曾有这样一句话：I don't think there's much to choose between the two, but on the whole I prefer yours。这是比较两件事物优劣的英语表达方式之一,我们要求学生不但要背下来,学会复制这个信息的各种同义结构,而且要求他们联想两个不同事物,按此结构进行比较。如用来比较两篇作文、两件物品、两种建议,等等。

总之,我们深信,随着模因研究的逐渐深入,它将给语言教学带来更多的启发和帮助。

10.7　结语

联系语言习得而言,模因论带给我们最大的一个启示就是:当语言出现之后,人类学会语言依靠的是模仿,而不一定全是乔姆斯基的"普遍语法"。我们觉得,"普遍语法"是想象和虚构的结果,好像代表一种永远不可能实现的理想,它并非客观存在的事实,它在现实世界里似乎并不存在,也不可能存在。在我们看来,正因为语言须依靠模因来发展,而模因又须以语言作为宿主而生存,因此可以说,在模因的作用下我们才有了今天足可交际的语言。我们甚至可以说,促进语言演变和发展的是模因,而不一定是所谓的"普遍语法"(详细讨论可参见:Vaneechoutte & Skoyles 1998)。"普遍语法"是一个假说,它似乎只是一种形式主义的语言研究策略,恰好迎合了人们寻求语言普遍性的渴望。① 主张或寻求"普遍语法"的形式主义观点来指导语言的习得实际上是人们研究某种思路的模因之一罢了。我国学者程雨民先生曾经指出:"形式主义的语言研究,成就无疑是巨大的。其中一些真知灼见必然会成为日后语言研究发展的基础。但语言与思维、文化的密切联系毕竟是客观事实,所以到了一定的阶段,形式研究本身也必须考虑到思维、文化的因素,而纯形式研究的久已踏步不前,也就不难理解。"(熊学亮 1999:i)

---

① 有关学术研究中普遍性问题的详细讨论可参见谢朝群、何自然(2006)。

第十一章 模因与交际

11.1 人与模因

人是社会中的人,人不可能生活在与世隔绝的真空中,而是(必须)时刻与外界进行互动交际。巴赫金(Mikhail Mikhailovich Bakhtin)有句话说得很深刻(见《外语教学与研究》2001年第5期《导言》):"人的存在本身,便是最深刻的交际,存在就意味着交际。"交际在很大程度上需要借助语言,没有语言,交际将会变得异常困难。更进一步说,语言无处不在,没有语言,人的存在乃至人本身可能都变得不可思议,因为"语言是人的本质所在,人之成其为人,就因为他有语言"(赫尔德1998:21)。从这个意义上说,人是语言的动物。从模因论的角度看,人既是模因的主人,也是模因的机器。

11.2 交际中的仿制

语言的生物属性是乔姆斯基语言观带给语言学界的新认识,他认为人的语言知识由大脑中的某种机制决定,而这种机制是人与生俱来的,并由上一代遗传给下一代。语言成为人与动物之间的种属差别之一,被视作人的本能(Pinker 1994)。乔氏的这种语言观可以说假定了语言起源的基因属性,在此基础之上,有些语言学者做了不少有关语法基因(grammar gene)的研究(Gopnik 1990;Bishop 1996)。在语言演化过程中,乔氏肯定了后天经验的重要作用,但他只是提到语言环境的"触发效果"(triggering effect)和"成型效果"(shaping effect),并没有具体说明语言知识是如何丰富成熟起来的。

乔姆斯基的理论强调了人的语言创造性,但是他没有说明这种创造性在最后形成规范的社会语言体系之中起了什么作用。个体创造的新词是通过什么样的方式成为群体使用的词汇呢?克里普克(见 Davis 1991:91)在分析了语言中存在说话人指称(speaker reference)和语义指称(semantic reference)的区别之后,认为这种区分不仅有助于消除语义含糊,而且有可能在此基础上构建语言的历时演化理论。这种从说话人指称到语义指称的过程,是个体词语社会化的过程,表现为一种进化。问题是：在这个过程中，什么样的力量在起作用？是模因。模因的信息传递并不像基因那样追求数字化的精确，它只求模仿。不过模仿得再像，也始终是赝品，偏差是必然的。每种新的语言表达方式都存在被模仿的可能（语言中的模仿和语言形式分不开，为了将语言的模仿与行为的模仿区别开来，我们下面特意将语言的模仿称为语言的仿制①），在汉语中我们就能发现大量和仿制有关的现象。虽然这些仿制现象有的出现在短语层次，有的在句子层次，有的甚至在篇章层次，但是我们不按照结构语言学的语法单位将它们归类，而是从仿制方式上进行分类。汉语中的仿制大致有以下几种：

（1）**引用**：直接引用，不做任何改动，相当于直接引语。各类文章出现的引文，以及日常交谈中引用的名人名言，或者听话人重复说话人的话都属于这类仿制。比如，朱镕基在当年的任职演说中，复制了三国蜀汉丞相诸葛亮的"鞠躬尽瘁，死而后已"来表达自己也会像那位古代丞相一样尽忠国事。

（2）**移植**：形式上没有变化，但是使用的语境变了，成为转喻。很多词语在使用时意义发生了变化，这是移植的结果。比如，宋朝苏东坡在《龙虎铅汞论》里用空气指代元气，说："仍以空气送至丹田"，这就是移植现象。网络语言中的青蛙和恐龙则分别指相貌不佳的男女。

（3）**嫁接**：一种情况是结构没有变化，但其中的关键词语变成了同音异义词。比如广告中的伪成语"一明（鸣）惊人"（眼药广告）、"有痔（恃）无恐"（治痔疮的药物广告）等。另一种情况是形式意义都没有变化，但嫁接于不同地方可能产生不同的联想。如某百货商店挂出的招牌"难以抗拒的诱惑"（参见：10.4.2.2 节）。还有一种情况是结构形式不变，而内容完全做了改变，由另外的词语取代。这在网页的某些搞笑版面中最常见。比如，有人按照《声律启蒙》开篇的形式，旧瓶装新酒般杜撰一些"顺口溜"，使人忍俊不禁："天对地，虚对实，鼠标对水泥。泡沫对干粉，昏招对臭棋。月皎皎，日迟迟，上火对着急。踏穿铁鞋底，磨破钢嘴皮。拉来投资，写字楼上成一统；做成网站，交易所里蒙

---

① 较早研究模仿的学者桑代克（Thorndike，参见：Blackmore 1998）只根据行为的模仿给模仿下了"... learning to do an act from seeing it done."这样的定义。

四夷。"

（4）**词语变形**：复制了发音，但是字形改变，和嫁接不同的是，变形词语的意义最终还是要回到原来词语表达的意义。比如，网络语言中的斑竹（版主，指网页版面的主持人）、DD（弟弟）、JJ（姐姐）、7456（气死我了）、8147（不要生气）等。

汉语在体裁上的模因复制现象更多。诗词歌赋、杂曲散文、骈文八股，在历朝历代的文人作品中，都可以见到相似的影子。甚至汉字的发展也和复制现象密切相关，复杂的字形中有简单字形的重构。这一切都说明仿制对于汉字、汉语、汉语文化的形成和发展发挥着重要作用。一般说来，用模因论这种进化论观点解释个体词语的社会化过程，也能说明为什么有的个体词语最终消失了，而没有成为大众词汇，因为这些词语模因存在激烈竞争，显然是更利于仿制的模因获胜了。我们可以从术语翻译名称的淘汰与保留说起。对术语的翻译通常采用两种复制方式，一种是直接对声音拷贝，另一种是对意思拷贝。因此，一个外来术语往往会有好几个翻译名称，经过竞争选择，有的译名渐渐被人淡忘。有人就曾利用模因论研究各种化学术语译名之间激烈的生存竞争（Blackmore 1999：185）。不仅翻译术语如此，汉语的韵律形式也在承受考验。现在能做像样律诗的文人已不多见，更鲜有善填辞赋的人。不过，产生于唐代、不拘泥于平仄韵律的民俗"打油诗"却不断得到复制翻新，尤其在当今网络时代更为流行，许多街传巷议的话经常通过顺口溜的形式得到传播。

11.3　交际中的"感染"

布莱克摩尔（Blackmore 1999）在 *The Meme Machine*（《谜米机器》）中提到一个有趣的问题：为什么在地球各物种之中，只有人才使用语言？我们设想有两个新出生的婴儿，如果一个在狼群中长大，与狼为伍，他不讲话一点不奇怪；但是另一个在人类社会中竟然也是不说话的孩子，（在没有自闭症和先天缺陷的前提下）那就太奇怪了。说话的一个很重要的功能是交际，维持自我和他人的关系。大家聚在一起，不说话的情况简直不可想象，而且避免沉默也成了交谈原则。比如，大部分美国中产阶级人士在交谈中奉行"No gap, no overlap"原则,意思是不要沉默冷场,也不要繁复啰唆。一旦交谈中出现冷场,其中一个人就开始讲一些无关紧要的事情来填补这段空白(Fasold 1993:40)。闲聊几乎是人人都会的消闲方式,这也是语言的功能之一。此外,人们就算不开口,身边也充满语言的媒介,比如电视、电话、报纸、信件、传真、互联网,等等。在这些滔滔不绝的言辞之中,有没有模因的作用呢?

我们认为,交际中除提及交际所指事物或表明交际意图之外,还存在信息和语言的"感染"现象(模因的表现型)。在互联网上,我们能观察到模因信息的感染和复制。信息感染的典型之一是连环信(chained letter)。这种电子邮件依靠两种方式进行传染,一种是令人兴奋的,许以某人某种幸运(比如邮件末尾说,如果你将这个邮件转发给若干人,多少天后,你就会看到或遇上什么奇迹);另一种是令人沮丧不安的,发出某些虚假、威胁的信息。(比如我们就曾经收过谣传某名牌汽水毒死人、某感冒药会导致白血病等一类虚假邮件。也曾收到过按另外一种方式"感染"的电子邮件:邮件的附件是一份药方,说是为防治"非典型性肺炎"的,药方最后特别叮嘱:为了怕口传走样,请一定以文字为据,因为剂量多少,性命攸关,云云。这样,收读邮件的人就会相信该处方,并原封不动地将邮件的信息进一步向外传递、扩散。)互联网给模因创造了大量构成信息感染的条件,比如,任何和图文有关的软件都能提供复制的方便。电子信箱中设置了"转发"键;很多网站的网页底部都有一个诸如"将此页发给你的朋友"或"请添入你朋友的邮件地址"的小设置方便人们复制。还有各种各样诱使浏览者下载的内容,如学术文献、电影、音乐、手机铃声、短信、笑话、图片,等等。

除了信息感染,交际之中还存在语言感染。语言本身的讹传也是典型的模因感染。一次春节晚会上有一个小品,台词中提到"司马光砸缸",可是小品中的母亲老把这句台词说成"司马缸砸光",于是导演就一遍一遍地给予纠正,结果最后连导演自己也说成了"司马缸砸光"了!我们可以设想,语言中的模因就像寄生虫找到宿主一样地传染,人们的言语交际特性为这种传染打开了方便之门。如果人们的言语交际是严格的编码和解码过程,那么只要没有干扰,而且双方使用的代码

（code）一致，就能保证信息传递的真实性。不过人们已经认识到言语交际还含有推理（Grice 1989），而且推理对成功的交际还很重要，因为推理形成语境假设，必须通过推理才能找到最佳关联（Sperber & Wilson 1995）。事实上，这些交际推理研究都假定了听话人和说话人的语义知识相等以及话语权利相等。现在的问题是，如果说话人的话语里出现了新词语，情形会怎样呢？其实，不管听话人态度如何，这个新词语都会占用他的"注意力资源"（attention resource）。听话人或者追问新词语的意思，或者根据语境自行推导，或者望文生义地作出猜测。一般说来，听话人不大可能拒绝接受这类词语。加伯拉假设了一个新词的诞生和传播情况（Gabora 1996）：有一位女大学生叫 Memela（米米拉），被一个叫 Tony（托尼）的男生欺负了，她很生气，就对她的好朋友们说了"Tony *Testosteroni* made a pass at me."这样一句话。米米拉故意将 testosterone（睾丸素）一词的发音稍作修改，杜撰一个类似意大利人的姓氏来作为 Tony 的姓氏（Tony 原来就是一个意大利名字），从而创造了一个新词来讽刺 Tony 对别人非礼（make a pass at somebody）的行为。此后，Tony Testosteroni 这个新创的姓名连同它代表的流氓行为的含义也就一起传播出去了。

今天，互联网上的语言感染现象也屡见不鲜。所谓网络语言①，其形成多亏了模因之力。网络语言的特色词语中有属于前面提到的第四种语言仿制——"词语变形"的，即对正规词语的发音进行拷贝。从中文发音拷贝过来的有菌男（俊男的反语——丑男）、霉女（美女的反语——丑女）、水饺（睡觉）、斑竹（版主）、DD（弟弟）、JJ（姐姐）等，从英文发音拷贝过来的有烘培鸡（homepage，主页）、猫（modem，调制解调器）、伊妹儿（email，电子邮件）等，或者用数字模拟汉字发音，比如 94（就是）、7456（气死我了）、8147（不要生气）、1314520（一生一世我爱你）、770（亲亲你）、886（拜拜喽＝再见）。此外，也有属于第二种语言仿制现象——"移植"的，比如青蛙（丑男，来自"癞蛤蟆想吃天鹅

---

① 网络语言可以有广义和狭义之分。广义网络语言泛指一切和网络技术或网络使用有关的语言，比如软件、登录、浏览器、网民、网吧、网虫、黑客，等等。狭义网络语言则专指网民在网聊或论坛上使用的一些语言。

肉")、恐龙(丑女,以《侏罗纪公园》中难看的动物作比喻)、公鸡(公家的计算机)、偶像(呕吐的对象)、天才(天生蠢材)。互联网的语言模因特色不仅通过复制创造新词语,而且每一次的个人创新都将通过仿制方式传递。模仿者不仅借用别人的仿制成品,而且还仿制他人的创意。例子之一是由香港电影明星周星驰主演的影片《大话西游》中一些深受年轻影迷欢迎的精彩台词,以下一段独白当数经典:

(1) 曾经有一份真诚的爱情放在我面前,我没有珍惜,等我失去的
  时候我才后悔莫及,人世间最痛苦的事莫过于此。你的剑在
  我的咽喉上割下去吧!不用再犹豫了!如果上天能够给我一
  个再来一次的机会,我会对那个女孩子说三个字:我爱你。
  如果非要在这份爱上加上一个期限,我希望是……一万年!

上面这段话被反复炒作,在网上广为流传,成为一个强势模因,语言使用者或是一字不改,直接套用原模因,或是根据表达或语境需要,在旧模因基础上类推而模仿出新模因。2005 年 4 月 23 日,我们将"《大话西游》之……版"输入网络搜索引擎,共检索到约 35.8 万项查询结果;2005 年 7 月 10 日,共检索到约 87.2 万项查询结果。2006 年 2 月 13 日上午,我们再次通过网络搜索引擎进行检索,发现相关查询结果已经攀升到约 168 万项。限于篇幅,这里只摘录与原经典对白相对应的部分:

(2) a. 《大话西游》之彩票版:曾经有一组号码摆在我面前,我没
    有好好珍惜,等到我失去的时候才后悔莫及,人世间最痛
    苦的事莫过于此。如果上天能够给我一个再来一次的机
    会,我会对那组号码说三个字:"就是你。"如果一定要给这
    组号码加个期限,我希望是……下星期!

  b. 《大话西游》之 IT 版:曾经有一堆宝贵的钞票放在我面
    前,我没有珍惜,等我烧完的时候我才后悔莫及,人世间最
    痛苦的事莫过于此。你的剑在我的咽喉上割下去吧!不
    用再犹豫了!如果上天能够再给我一个烧钱吹泡的机会,
    我会对那个女孩子说三个字:我爱 e。如果非要在这份爱
    上加上一个期限,我希望是……e 往无前、泡沫一万年!

  c. 《大话西游》之考研版:曾经有一份认真的复习放在我面

前,我没有珍惜,等我失去的时候我才后悔莫及,人世间最痛苦的事莫过于此……如果老师能够给我一个再来一次的机会,我会对自己说三个字:学彻底。如果非要给这份学习加上一个期限,我希望是……就半年!

《大话西游》在网上还流传着该影片经典台词的各地方言版,如湖北话版、山东话版、四川话版、广东话版、东北话版等,不一而足。

另一个例子是 2006 年中央电视台春节联欢晚会推出的蒙语歌曲《吉祥三宝》,它受到观众的欢迎和网友的追捧,同上面介绍的《大话西游》经典台词一样,《吉祥三宝》在网上也出现了各式各样的版本,如灌水版、汉语版、方言版、考研版、小偷版、馒头版、WOW 版、拼音版、驾校版、搞笑版、恶搞版、另类版、疯狂食堂版、爆笑 NMT 版、动画版、可爱宝宝版等,不一而足。比较一下汉语原歌词和随后出现的林林总总的模仿版,我们或许就能体会到模因的模仿、复制和传递过程(为节省篇幅,这里只比较原歌词及其中三个模仿版的第一段):

(3)《吉祥三宝》汉语原歌词

爸爸

哎!

太阳出来月亮回家了吗?

对啦!

星星出来太阳去哪里啦?

在天上!

我怎么找也找不到它?

它回家啦!

太阳星星月亮就是吉祥的一家!

(4) a.《吉祥三宝》之疯狂食堂版

大妈!

哎!

土豆来了牛肉哪里去了?

它在盆里。

吃饭为何吃出一些泥沙?

米没淘呢!

碗里土豆怎么全都发芽?

你才知道啊!

牛肉土豆米饭就是吉祥的一家!

c.《吉祥三宝》之考研版

爸爸

哎!

本科毕业就非得考研吗?

对啦!

不考研难道就没有出路吗?

哪有啊!

许多硕士生也相当郁闷啊!

接着读博嘛!

学士硕士博士就是吉祥的一家!

这种相互仿制的现象在网络上举不胜举。随着互联网的广泛使用,网络语言已经发展到对于不常上网的人来说如读天书的地步。随着网络越来越普及,中小学生上网的人数也在逐渐增多。曾经有段时期,有些学生上网不是去浏览新闻、学习,而是到聊天室参与聊天,久而久之他们就学会了那些包含着数字、字母、其他符号甚至图片的网络语言。早在 2001 年 11 月 22 日,《信息时报》就曾报道过网络语言出现在小学生的作文里:

> (5) 昨天晚上,我的 GG(哥哥)带着他的"恐龙"(丑陋的) GF(女朋友)到我家来吃饭。饭桌上,GG 的 GF 一个劲地向我妈妈PMP(拍马屁),那酱紫(样子)真是好 PT(变态),7456(气死我了)。我只吃了几口饭,就到 QQ 上"打铁"(发帖子)去了。

尽管这是出自小学生之手,人们仍会将这类网络语言和黑话联系在一起。2001 年 3 至 4 月,新浪网聊天室网友们讨论了如何看待网络语言的问题,有 383 人参与讨论,其中支持网络语言可登大雅之堂的占67.10%,要求制止网络语言泛滥的占 14.36%,持中立态度的占18.54%。从数据上看,尽管网民并不了解网络语言中的模因现象,但它在网民心目中的地位还是相当稳固的。国家有关部门对报纸、杂志、电视等媒体的语言使用都有相应的规范,但是目前针对网络语言出台的法规似乎还比较少。2001 年起施行的《中华人民共和国国家通用语言文字法》没有提及网络语言。但网络词语已逐渐走进语言词典。据汪萍(2018),2016 年商务印书馆出版的《现代汉语词典》(第 7 版)收录了 213 个网络词语,其中汉语网络词语 194 个(比如,"博主""闪存""黑客"),字母网络词语 19 个(比如,"QQ""E-mail""PS")。

11.4 交际与模因

从模因论的角度看,在语言交际中,语言选择和使用的过程就是各种模因相互竞争的过程。在我们看来,模因以框架(Bartlett 1932;Minksy 1975;Fillmore 1982)的形式贮存在大脑里,它们随时都有可能被激活。下面的例子均来自日常生活中出现的真实语言互动情景:

(6) A:林老师,这学期课多不多?

B:哎,比较多,还要上利兹班。①

A:利兹?

B:对,荔枝,不是龙眼。

(7) (某日午后,丈夫与妻子打羽毛球。)

丈夫:我是林丹。②

妻子:你是灵丹,我是妙药。

例(6)中的 B 故意将"利兹"听成"荔枝",例(7)中的妻子则是故意将"林丹"听成"灵丹"。这些显然都是为了达到幽默的效果,营造一种轻松的交流氛围,促进语言交际的顺利进行。从例(7)还可以看出,许多时候,模因传递的不仅仅是语言,它还包括隐含在语言中的文化信息。从这个角度看,语言就是文化。

(8) A:考什么?

B:两学③啊。

---

① 利兹班指的是我国某大学与英国利兹大学合作开办的硕士研究生班。

② 指中国羽毛球运动员林丹。

③ 指两门"××学"的理论课程,是对话双方的已知信息。

Ａ：哦。

Ｂ：两本书啊，好厚。

Ｂ：不管，大不了通宵。

Ａ：是啊。

Ｂ：反正以前也干过这种事。

Ａ：应该不会太难的。

Ｂ：也要有时间念啊。

Ａ：那是。

Ｂ：我去抱佛爷的脚了，88。

Ａ：88。

（9）Ａ：在大城市里，经常看到的都是高楼大厦。到乡下去，发觉，哇，房子怎么这么矮啊，我都想一脚把它踩下去。

　　Ｂ：哦，一览众楼矮。

例（8）的"抱佛爷的脚"和例（9）的"一览众楼矮"显然分别模仿了"临时抱佛脚"和"一览众山小"，属于语言模因的变体。

此外，在语言使用过程中，语言使用者有可能随时随地构建语言模因并传递语言模因所蕴涵的意义。请看例（10）和例（11）：

（10）Ａ：这红枣不错，可以多买点。

　　Ｂ：买那么多干什么？ 会生虫。

　　Ａ：会生什么虫？ 是甲壳虫还是？

　　Ｂ：是乙壳虫。

（11）Ａ：师傅，请问泰恒大厦在哪里？

　　Ｂ：一直往前走，然后往右拐。

　　Ａ：哦，谢谢。

　　Ｃ：可能还要走好远。

　　Ａ：泰恒大厦，太狠了点。

例（10）中的"甲壳虫"绝对不是指20世纪最知名的英国流行乐队"甲壳虫"乐队（The Beatles，亦称"披头士乐队"），而"乙壳虫"则是仿造"甲壳虫"临时构造出来的新模因。例（11）中的Ａ借助"恒"与"狠"读音相近，满足了表达的需要。现实生活中，虽然此类语言模因大都是

189

昙花一现,却是挺常见的,例(12)和例(13)亦是如此:

(12) 雾里看花,越看越花。

(13) 不要对我放电,我有来电显示。

例(12)的第一个"花"字意思是"泛指能开花供观赏的草本与木本植物",第二个"花"字则是"模糊不清"的意思。例(13)的"放电"与"来电"属于喻式用法,非常巧妙地利用了"电"字的多义性,取得幽默、诙谐的表达效果,让人回味无穷。

在我们看来,正因为语言须依靠模因来发展,而模因主要以语言作为宿主而生存和传播。另外,语言交际的过程就是语言选择和使用的过程,就是传播模因的过程,而这一切在很大程度上是因为人的大脑具有模仿性。正如亚里士多德说的那样:"人是最富有模仿能力的动物。"(亚里士多德1994:645)当语言出现之后,我们靠模仿学会了语言。人是语言的动物,更是模仿的动物,"我们每个人终其一生都在相互模仿着"(Blackmore 1999:3)。① 我们头脑中产生的每一个新想法其实或多或少都有他者的影子,都包含了我们从他者那里学到的知识。这是谁也无法否认的事实。目前,模仿行为研究在发展心理学、进化生物学、神经科学以及实验心理学等诸多领域都取得了一些令人激动的进展。梅尔佐夫和普林茨(Meltzoff & Prinz 2002)为我们解读了关于模仿与心灵和大脑的许多奥秘,认为人的大脑和心灵的确具有模仿的特性。

的确,人具有模仿的天性,但更深的一个问题是:人为什么具有模仿的天性呢?我们赋予"模仿"一词的传统规约意义使我们不太容易对模仿的作用和功能做出正确的理解和客观的评价,以为模仿就是不好的,模仿就是缺乏主见或创见。"模仿"一词所传递的模因在我们的

---

① 19世纪末,法国法理学家、社会心理学鼻祖塔尔德(Gabriel Tarde,1843—1904)在其社会学经典著作 *The Laws of Imitation*(《模仿律》)中甚至认为"社会就是模仿"(Tarde 1903:74;转引自 Marsden 2000)。布莱克摩尔似乎对动物的模仿问题不抱积极的态度(Blackmore 1999:50)。在她看来,虽然经过将近一个世纪的研究,却没有多少证据可以表明其他动物身上也存在真正的模仿(true imitation)。布莱克摩尔似乎没有对"真正的模仿"做出具体的界定,这给探讨问题带来一些麻烦。在我们看来,问题的关键之一并不在于争论动物是否存在模仿,而在于弄清人与动物在模仿方面到底有哪些相同,有哪些不同。鉴于研究兴趣和知识储备问题,我们不准备探究(除人以外)动物的模仿问题,但这并不意味着我们否认动物具备模仿的能力(见:Dugatkin 2000)。不过,感兴趣的读者可以参阅托马塞洛和卡尔(Tomasello & Call 1997)的相关讨论。

大脑里似乎早已根深蒂固,不易更改,经常忘记有一种"令人意想不到的聪慧"(Blackmore 1999:3)隐藏在模仿行为之中,更别说承认模仿也可能是创新。有些人可能会一边享受模仿一边埋怨甚至诋毁模仿,说模仿是一种低级的能力,正如有些人可能会一边享受菜肴一边抱怨菜肴的味道,说菜好难吃。等他们把菜全都吃完了,他们可能还不忘补上一句:这菜一点也不好吃。

关于人的模仿天性问题,我们认为或许可以从基因方面找到一些解释。根据我们的猜想,人的基因是多种多样的,而其中就包含了模仿的基因。正是模仿基因的存在使人的模仿能力成为必然。当然,基因存在个体差异,人的模仿能力亦存在着个体差异。必须注意的是,这里所说的"模仿的基因"与道金斯提出的"模因"概念完全是两码事,道金斯的"模因"概念不是"模仿的基因"的缩写。

也许我们应该重新认识"模仿"这个概念。一个人只要是社会的人,那么他就是模仿的人。在我们看来,每一个模仿行为都可能伴随着一定程度的创新,模仿和创造可以看作是同一现象的两极,即每一个模仿行为都可能产生程度不同的变化或创新。或者说,模仿是创新的基础。联系语言研究而言,我们似乎应该认真思考模仿对语言教学的作用问题,(该)模仿什么,不(该)模仿什么,怎么模仿。对这些问题的思考与回答将直接影响到我们对语言模因传播规律的认识,而探索语言模因传播的规律必将有助于我们更好地学习语言,掌握语言,以及传播语言。

11.5　模因、意义与行动

意义的研究让不少人着迷,相关文献不胜枚举(如:Schiller, Russell & Joachim 1920;Grice 1957 1969;Schiffer 1972;Horwich 2005;Portner 2005;Peregrin 2006 等),但对于意义是什么这个问题,却没有一个明确的答案。传统的交际理论认为,语言交际是在交流意义。维特根斯坦(Wittgenstein 1958a:114)曾经这样写道:"我们在会话中借助语言进行交际,对此我们早已司空见惯。如此这般,在我们看来,交际的全部关键在于下面这一点:别人抓住我语词的意义——这是属于精神层面的东西——而他可以说是将意义吸收到心中去了。"或许是受到维特根斯坦、奥斯汀特别是格赖斯的影响,关联论(Sperber & Wilson 1995:23)同样注重意义的探讨,认为交际成功的标志并不是听者识别出话语的语言意义,而是听者能从话语中推断出说者的意义。这一观点得到不少学者的赞同。雷卡那提(Recanati 2004:3)就曾指出,当说话人的意图被听话人识别出来,交际就获得了成功。事实上,听话人推断出说话人的交际意图并不能代表交际一定获得了成功,原因很简单,即推断出交际意图可以说只是接收到交际意图,而接收的结果可能是接受,也可能是拒绝;接收交际意图与接受交际意图绝对是两码事,不能直接等同起来,就好比英语中 receive 与 accept 之间不能简单画等号一样。简言之,推断出说话人的交际意图并不是交际成功的必然标志。

接下来的问题是:如果说推断出说话人的交际意图不能算交际真正获得成功,那怎么样才算交际获得成功呢?如果我们承认人是理性的动物、是欲望的动物、是目的的动物(对比:Searle 2005),那么我们似乎可以说,在正常情况下,说话人具有理性和意图性,经常带着一定的目的与他人进行交际,话语的输出常常是交际意图或目标的产物,说话人经常根据自己的交际意图或目标对言语行为进行规划和包装,说话人的每一句话语都可以说是意图或思想的表征。高明的说话人经常试图借助模因的联想特征,努力使输出的模因符合听话人的认知状态和意向性,或明或暗地对听话人的心理空间进行建构、解构或再建构,对听话人产生影响,增强、削弱、修改甚至完全改变听话人的心理状态、思想、行为、信念、愿望或认知环境,从而对听话人的心理空间和心理认知实施控制,诱发听话人的行动,并最终尽量促使听话人的行动符合说话人的意图,争取实现既定利益。[①] 如此看来,交际的最终目的并不是

[①] 在言语互动过程中,当涉及切身利益的时候,与其说交际双方或各方都在遵守会话合作原则,不如说交际一方经常利用另一方对合作原则的遵守来试图达到自己的交际意图。如果从利益的角度出发,交际可以分为利益类交际与非利益类交际,这里我们关注的主要是前者。当然,我们并不排除利益类交际有时以非利益类交际形式出场的可能性。"利益"一词虽然并不完全指向经济利益,但各种各样的利益说到底均与经济利益脱不了干系。事实上,利益概念的介入使很多表面看来扑朔迷离、难以理解的人或事立刻清澈见底,一目了然,而这在一定程度上恰恰是模因力量的结果。当然,利益可以指个人利益,也可以指集体利益,还可以指国家利益。有关利益概念的详细讨论,还可参见布迪厄和华康德(Bourdien & Wacquant 1992)的相关著作。

传递意义,而是诱发行动。也就是说,从说话人角度来看,交际不但要传递意义,更重要的是要催生行动,催生出符合说话人意图的行动。长期以来,我们一直纠缠于各种各样的意义,以为意义是一切的核心。其实,还有一样东西比意义更重要,那就是行动。意义不是核心,行动才是关键。交际成功的必然标志不仅要看说话人的意义是否得到传递①,更要看听话人的行动是否符合说话人的意图。那些涉及利益关系的交际尤为如此。

11.6 结语

1866 年,巴黎语言学会禁止讨论语言的起源问题。在相当长的一段时间里,语言学家们都遵守了这个禁令,乔姆斯基的普遍语法观和生成语法论出现之后,世界上所有的语言就被设想为具备了同一个最初状态。乔姆斯基的语言理论极大地推动了语言研究,但是也一直受到挑战。在语言演变上与之相对立的理论是语法化学说。语法化学说认为,语言演变是在日常生活的语言使用中发生的,它和人们的语用推理方式以及语言认知习惯有关。

模因论为语言演变引入了信息复制的观点。在模因作用下,新词语得到复制,创造新词语的创意也同样得到复制,从而形成了人和语言的互动模式,因此可以说,语言中的模因具有某些符号特性,但它又是超符号的。

模因论也为言语交际的研究提供了新思路,特别是对研究网络交际时代的言语行为特征有所启发。以往的言语交际理论侧重研究会话中的言语理解和言语策略,而忽视了言语交际中的动态特点,特别是忽视了新词语在交际中所起的模因复制与传播作用。目的论(teleology)将语法化的动因归于说话人和听话人的交谈策略和交际目的,但是这种学说是失败的,其中主要原因之一是找不到语言中的证据。

模因论提出的语言感染和信息感染,或许能增加人们对词语语法

---

① 许多时候,即便意义能够得到成功传递,但听话人随后的行动并不一定与说话人预定的目标相一致。这里所谓的"意义得到成功传递",我们主要指听话人准确解读了说话人的交际意图。

功能转变的认识。被模因传染的词语个体数量达到一定程度,就会导致语言对社会交际产生正面或负面的影响。语言中模因的力量一旦得到认识,就需要有相应的语言政策和语言规划来引导,从外部来抑制恶意模因的自我复制,从而创造良好的语言环境。

　　模因是一个概括力比较强的概念,现实生活中的许多现象似乎都可以借助模因概念做出比较合理的说明和阐释。如果仔细观察周遭的世界,我们或许能发现,模因现象几乎无处不在;可以说,我们生活在模因的海洋,我们的世界被模因包围着;人的一生就是选择、淘汰、学习、积累模因的一生。模因左右着我们的存在,左右着我们的交际,并在我们生命旅途中不断更迭或升级,直至生命停止的那一刻①。

　　人类本来是也应该是模因的主宰,人类在模因使用和传播方面本来具有也应该具有主体性,可是,和语言一样,模因的魔力,模因所表现出来的诱惑力,恰恰在于模因经常可以超越人类而成为主宰。这是很耐人寻味的。难怪道金斯(Dawkins 2006a:201)会认为人类由基因机器变成了模因机器。这里似乎存在着一个悖论,即人既是模因的主人,又是模因的机器。许多人对于“机器”一词可能心存抵触情绪,认为“人是模因的机器”这种提法在很大程度上削弱甚至抹杀了人的主体性。在他们看来,人怎么可能是机器呢? 是啊,人怎么可能是机器呢? 其实,如果海德格尔(Martin Heidegger)所谓“话在说人”的观点不难理解的话,“人是模因的机器”这个提法又怎么会费解呢? 更值得我们进一步追问的是:当我们说“人是模因的机器”时,我们究竟指什么? 而模因论究竟是“一个毫无意义的隐喻,还是我们理解人类本质的一个宏大而统一的新理论”(Blackmore 1999:9),还是一个帮助我们思考旧问题的新视角?

---

　　① 这里的意思是说,当我们生命停止的时候,模因对我们的影响也将随之终止,但这并不等于说跟我们有关的模因也将随之终止或消亡,因为模因还将对新的宿主产生这样那样、或轻或重的影响。也正是通过这样的方式,模因的生命不断得到延续。

参考文献

波普尔,2003,《客观的知识》(舒炜光、卓如飞、梁咏新译),杭州:中国美术学院出版社。

布莱克摩尔,2001,《谜米机器》(高申春、吴友军、许波译),长春:吉林人民出版社。

布罗克曼,2003,《第三种文化:洞察世界的新途径》(吕芳译),海口:海南出版社。

曹乃玲,2005,流行语中的语码混用及其修辞价值,《修辞学习》第5期。

陈家琪、王耀德,2004,创新动力的哲学考察,《自然辩证法》第10期。

陈嘉映,2003,《语言哲学》,北京:北京大学出版社。

陈琳霞、何自然,2006,语言模因现象探析,《外语教学与研究》第2期。

陈新仁,1998a,论言语交际中的暗示策略,《福建外语》第4期。

陈新仁,1998b,论广告用语中的语用预设,《外国语》第5期。

陈新仁,2000,会话矫正策略的实验研究,载陈治安等主编,《语用学:语言理解、社会文化与外语教学》,重庆:西南师范大学出版社。

陈新仁,2001,试论语用解释的全释条件,《现代外语》第4期。

陈新仁,2004a,《会话信息过量现象的语用研究》,西安:陕西师范大学出版社。

陈新仁,2004b,论语用平衡,《外语学刊》第1期。

陈新仁,2007,词汇阻遏的语言顺应阐释,《外语学刊》第1期。

陈新仁,2010,语言顺应论:批评与建议,载何自然主编,《语用学研究》(第三辑),北京:高等教育出版社。

陈新仁,2014,顺应与重建:关于结构与语境关系的再思考,《外语教育研究》第1期。

程工,2004,论构词规则的有限能产性,《解放军外国语学院学报》第3期。

戴浩一,2002,概念结构与非自主性语法:汉语语法概念系统初探,《当代语言学》第1期。

道金斯,1981,《自私的基因》(卢允中、张岱云译),北京:科学出版社。

道金斯,1998,《自私的基因》(卢允中、张岱云、王兵译),长春:吉林人民出版社。

道金斯,2012,《自私的基因》(卢允中、张岱云、王兵译),北京:中信出版社。

邓兆红,2016,语用学的多维研究与创新——维索尔伦教授访谈录,《外国语文研究》第1期。

樊林洲、陈生梅,2021,中国国际话语权的语言模因建构,《甘肃社会科学》第3期。

范晓,2006,语用的动态分析和静态分析,《语言科学》第1期。

弗雷格,2006,《弗雷格哲学论著选辑》(王路译),北京:商务印书馆。

戈玲玲,2002,顺应论对翻译研究的启示——兼论语用翻译标准,《外语学刊》第3期。

龚龙生,2010,顺应理论在口译中的应用调查分析,《外语电化教学》第3期。

顾嘉祖,2007,谜米学:20世纪末文化学与语言学理论体系的重大突破,《外语与外语教学》第1期。

顾嘉祖、陆昇(主编),2002,《语言与文化》,上海:上海外语教育出版社。

郭菁,2005,文化进化的 meme 理论及其难题,《哲学动态》第 1 期。

郭亚东、陈新仁,2020,语言顺应(性):概念与操作——Jef Verschueren 访谈与评价,《外语教学理论与实践》第 2 期。

韩江洪,2004,切斯特曼翻译规范论介绍,《外语研究》第 2 期。

赫尔德,1998,《论语言的起源》(姚小平译),北京:商务印书馆。

何自然,1988,《语用学概论》,长沙:湖南教育出版社。

何自然,1995,Grice 语用学说与关联理论,《外语教学与研究》第 4 期。

何自然,1997,《语用学与英语学习》,上海:上海外语教育出版社。

何自然,2005,语言中的模因,《语言科学》第 6 期。

何自然,2014,流行语流行的模因论解读,《山东外语教学》第 2 期。

何自然,2017,语言模因与公共领域的生态环境,《中国外语》第 3 期。

何自然,2019,公共话语中的谐音仿拟模因,《外国语言文学》第 1 期。

何自然,2021,语言模因中的元语用意识,《华文教学与研究》第 1 期。

何自然、陈新仁,2004,《当代语用学》,北京:北京大学出版社。

何自然、何雪林,2003,模因论与社会语用,《现代外语》第 2 期。

何自然、冉永平,1998,关联理论——认知语用学基础,《现代外语》第 3 期。

何自然、冉永平(主编),2001,《语用与认知:关联理论研究》,北京:外语教学与研究出版社。

何自然、冉永平,2002.《语用学概论》(修订本),长沙:湖南教育出版社。

何自然、吴亚欣,2004,关联理论是一种"因错而'对'"的理论吗?——关联理论是非谈,《现代外语》第 2 期。

何自然、于国栋,1999,《语用学的理解》——Verschueren 的新作评介,《现代外语》第 4 期。

姜望琪,2003,《当代语用学》,北京:北京大学出版社。

季羡林,2003,《成语源流大辞典》序,《中国语文》第 5 期。

李军,1999,评代码交际模式,《语言文字应用》第 2 期。

李淑静,2006,幂姆:文化的守望者——幂姆的认知研究,《暨南大学华文学院学报》第 1 期。

廖巧云,2005a,合作·关联·顺应模式与交际成败,《四川外语学院学报》第 2 期。

廖巧云,2005b,《C-R-A 模式:言语交际的三维解释》,成都:四川大学出版社。

刘绍忠,1997,关联理论的交际观,《现代外语》第 2 期。

刘宇红,2006,模因学具有学科的独立性与理论的科学性吗,《外国语言文学》第 3 期。

刘正光、吴志高,2000,选择—顺应——评 Verschueren《理解语用学》的理论基础,《外语学刊》第 4 期。

鲁川,2003,汉语的根字和字族——面向知识处理的汉语基因工程,《汉语学习》第 3 期。

毛延生,2011a,被误解的"顺应"——语言顺应论之深度"误读"反思,《南京邮电大学学报》(社会科学版)第 1 期。

毛延生,2011b,语言顺应论之"不可证伪性"辨——兼谈语用研究科学性评价的标准,《北京第二外国语学院学报》第 8 期。

毛延生,2011c,语用视角下意义的复杂性回归——语言顺应论之"意义观"阐释,《东北大学学报》(社会科学版)第 6 期。

毛延生,2012a,超越还原论——语言顺应论中的方法论思想诠释,《天津外国语大学学报》第 1 期。

毛延生,2012b,双义性悖论——"适应"泛化的术语学考量及其哲学反思,《理论月刊》第 12 期。

毛延生,2013a,语言顺应论中的复杂性思想研究,《中南大学学报》(社会科学版)第 1 期。

毛延生,2013b,进化认识论视域下的语言适应论批评,《天津外国语大学学报》第 5 期。

毛延生,2014,何为视角——语言顺应论之视角观解读,《理论月刊》第 8 期。

毛延生,2015,进化视角介入语用研究的困境阐释,《东北大学学报》(社会科学版)第 1 期。

莫兰,2002,《方法:天然之天性》(吴泓缈、冯学俊译),北京:北京大学出版社。

潘文国,2001,语言的定义,《华东师范大学学报》第 1 期。

潘文国,2002,《字本位与汉语研究》,上海:华东师范大学出版社。

钱冠连,1991,《语用学:语言适应理论》——Verschueren 语用学新论述评,《外语教学与研究》第 1 期。

钱冠连,2000,语用学:统一连贯的理论框架——《理解语用学》(1999)述评,《外语教学与研究》第 3 期。

单谊、戴劲,2013,新型"被××"结构的顺应论解读,《外语教学理论与实践》第 3 期。

沈家煊,2004,语用原则、语用推理和语义演变,《外语教学与研究》第 4 期。

沈家煊,2006a,"概念整合"和"整合造句",广东外语外贸大学"著名教授论坛"第八场学术报告。

沈家煊,2006b,概念整合与浮现意义,《修辞学习》第 5 期。

维索尔伦,2003,《语用学诠释》(钱冠连、霍永寿译),北京:清华大学出版社。

宋志平,2004,翻译:选择与顺应——语用顺应论视角下的翻译研究,《中国翻译》第 2 期。

索绪尔,1980,《普通语言学教程》(高名凯译),北京:商务印书馆。

索绪尔,2001,《普通语言学教程:1910—1911 索绪尔第三度讲授》(张绍杰译),长沙:湖南教育出版社。

童忠良,2004,五声调式基因论,《音乐探索》第 1 期。

涂纪亮,1996,《现代西方哲学比较研究》,北京:中国社会科学出版社。

汪萍,2018,《现代汉语词典》(第 7 版)收录的网络词语研究,淮北:淮北师范大学硕士论文。

王斌,2004,密母与翻译,《外语研究》第 3 期。

王斌,2006,密母·基因·语言,《外语研究》第 5 期。

王鑫、陈新仁,2015,中文报纸"叙事性"新闻标题的语用研究：调查与分析,《外语学刊》第 2 期。

维索尔伦,2000,《语用学新解》(*Understanding Pragmatics*,何自然导读),北京：外语教学与研究出版社。

维索尔伦,2003,《语用学诠释》(钱冠连、霍永寿译),北京：清华大学出版社。

谢朝群、何自然,2006,学术研究中的普遍性、确定性与预测性问题,《浙江大学学报》第 2 期。

谢朝群、何自然,2007,语言模因说略,《现代外语》第 1 期。

谢朝群、何自然、S. Blackmore,2007,被误解的模因,《外语教学》第 3 期。

谢朝群、李冰芸,2006,礼貌·语言·模因,《福建师范大学学报》第 3 期。

谢少万,2003,也评"顺应理论",《西安外国语学院学报》第 3 期。

肖薇、陈新仁,2013,英文立法语篇中名词化的顺应性解读,《英语研究》第 1 期。

熊学亮,1999,《认知语用学概论》,上海：上海外语教育出版社。

徐敏、陈新仁,2015,课堂语境下大学英语教师的身份建构及顺应性,《外语教学》第 3 期。

徐盛桓,1993,新格赖斯会话含意理论和语用推理,《外国语》第 1 期。

徐盛桓,2005,幂姆与文学作品互文性研究,《暨南大学华文学院学报》第 1 期。

亚里士多德,1994,《亚里士多德全集：第 9 卷》(苗力田主编),北京：中国人民大学出版社。

杨平,2001,关联—顺应模式,《外国语》(6)：21—28。

杨玉成,2002,《奥斯汀：语言现象学与哲学》,北京：商务印书馆。

杨祖陶、邓晓芒(编译),2001,《康德三大批判精粹》,北京：人民出版社。

姚小平,1995,《洪堡特——人文研究和语言研究》,北京：外语教学与研究出版社。

于国栋、吴亚欣,2003,话语标记语的顺应性解释,《解放军外国语学院学报》第 1 期。

袁周敏,2017,语用现象动态顺应性的分析框架：以语用身份研究为例,《外国语文研究》第 8 期。

袁周敏,2012,自称语的语用身份建构：作为语用行为的顺应,《外语教学》第 5 期。

袁周敏,2014,语用身份建构的动态顺应性分析,《外语教学》第 5 期。

袁周敏、陈新仁,2013,语言顺应论视角下的语用身份建构研究,《外语教学与研究》第 4 期。

张克定,2002,Verschueren 的语用理论对语用句法研究的启示,《外语教学》第 5 期。

张晓梅,2005,顺应论对翻译研究的阐释力,《山东社会科学》第 12 期。

朱小美、阚智文,2007,顺应性理论对礼貌的构建,《安徽大学学报》(哲学社会科学版)第 3 期。

宗世海,2000,《汉语话语中误解的类型及其因由》,广州:广东外语外贸大学博士论文。

Aronoff, M. 1976. *Word Formation in Generative Grammar*. Cambridge, MA: MIT Press.

Arundale, R. 2006. Face as relational and interactional: A communication framework for research on face, facework, and politeness. *Journal of Politeness Research* 2 (2): 193 – 216.

Atlas, J. D. 1989. *Philosophy without Ambiguity*. Oxford: Clarendon Press.

Atlas, J. D. 1993. The importance of being "only": Testing the neo-Gricean versus neo-entailment paradigms. *Journal of Semantics* 10: 301 – 318.

Atlas, J. D. 2005. *Logic, Meaning, and Conversation: Semantic Underdeterminacy, Implicature, and Their Interface*. New York: Oxford University Press.

Atlas, J. D. & S. C. Levinson. 1981. *It*-clefts, informativeness, and logical form: An introduction to radically radical pragmatics. In P. Cole (ed.), *Radical Pragmatics*. New York: Academic Press, 1 – 66.

Arundale, R. 2006. Face as relational and interactional: A communication framework for research on face, facework, and politeness. *Journal of Politeness Research* 2 (2): 193 – 216.

Aunger, R. (ed.) 2000. *Darwinizing Culture: The Status of Memetics as a Science*. Oxford: Oxford University Press.

Aunger, R. 2002. *The Electric Meme*. New York: Simon & Schuster.

Aunger, R. 2006. What's the matter with memes. In A. Grafen & M. Ridley (eds.), *Richard Dawkins: How a Scientist Changed the Way We Think*. Oxford: Oxford University Press, 176 – 188.

Austin, J. L. 1979. A plea for excuses. In J. O. Urmson & G. J. Warnock (eds.), *Philosophical Papers*. Oxford: Oxford University Press, 175 – 204.

Avramides, A. 1989. *Meaning and Mind: An Examination of a Gricean Account of Language*. Cambridge, MA: MIT Press.

Bach, K. 2004. Pragmatics and the philosophy of language. In L. R. Horn & G. Ward (eds.), *The Handbook of Pragmatics*. Oxford: Blackwell, 463 – 487.

Bahktin, M. M. 1986. *Speech Genres and Other Late Essays*. Austin: University of Texas Press.

Bar-Hillel, Y. 1954. Indexical expressions. *Mind* 63: 359 – 379.

Bartlett, F. C. 1932. *Remembering*. Cambridge: Cambridge University Press.

Bauer, L. 1983. *English Word-formation*. Cambridge, MA: MIT Press.

Becker, J. 1984. Implications of ethology for the study of pragmatic development. In S. Kuczaj (ed.), *Discourse Development*. Berlin: Springer Verlag, 1 – 17.

Belnap, N. 1960. Entailment and relevance. *The Journal of Symbolic Logic* 25: 144 – 146.

Belnap, N. 1969. Questions: Their presuppositions, and how they can fail to arise. In K. Lambert (ed.), *The Logical Way of Doing Things*. New Haven: Yale University Press, 23 – 37.

Bishop, D. V. M. 1996. Editorial: A gene for grammar? *The Semiotic Review of Books* 7: 1 – 2.

Bezuidenhout A. & M. Reimer (eds.). 2004. *Descriptions and Beyond*. Oxford: Oxford University Press.

Biro, J. 1979. Intentionalism in the theory of meaning. *The Monist* 62: 238 – 257.

Blackburn, P. L. 1999. *The Code Model of Communication: A Powerful Metaphor in Linguistic Metatheory*. Unpublished dissertation, the University of Texas at Arlington.

Blackmore, S. 1998. Imitation and the definition of a meme. *Journal of Memetics —— Evolutionary Models of Information Transmission* 2. [https://www. baillement. com/texte-blakemore. pdf(2024 年 6 月 27 日访问)].

Blackmore, S. 1999. *The Meme Machine*. Oxford: Oxford University Press.

Blackmore, S. 2005. *Die Macht der Meme* (translated by M. Niehaus-Osterloh). München: Elsevier GmbH.

Blum-Kulka, S. 1987. Indirectness and politeness in requests: Same or different? *Journal of Pragmatics* 11: 131 – 146.

Blute, M. 2002. The evolutionary ecology of science. *Journal of Memetics —— Evolutionary Models of Information Transmission* 7.

Blutner, R. 1998. Lexical pragmatics. *Journal of Semantics* 15: 115 – 162.

Blutner, R., A. Leβmöllmann & R. van der Sandt. 1996. Conversational implicature and lexical pragmatics. In *Proceedings of the AAAI Spring Symposium on Conversational Implicature*. Stanford: CSLI Publications, 1 – 9.

Brentano, F. 1973. *Psychology from an Empirical Standpoint* (trans. by A. C. Rancurello, D. B. Terrell & L. L. McAlister). London: Routledge.

Brodie, R. 1996. *Virus of the Mind: The New Science of the Meme*. Seattle: Integral Press.

Brown, P. & S. C. Levinson. 1987. *Politeness: Some Universals in Language Usage*. Cambridge: Cambridge University Press.

Brown, G. & G. Yule. 1983. *Discourse Analysis*. Cambridge: Cambridge University Press.

Burt, S. M. 1994. Code choice in intercultural conversation: Speech accommodation theory and pragmatics. *Pragmatics* 4: 4: 535 – 559.

Button, G. (ed.). 1991. *Ethnomethodology and the Human Sciences*. Cambridge:

Cambridge University Press.

Cannon, G. 1987. *Historical Change and English Word-formation: Recent Vocabulary*. New York & Bern: Peter Lang.

Carnap R. 1948. *Introduction to Semantics*. Cambridge MA: MIT Press.

Carnap, R. 1955. On some concepts of pragmatics *Philosophical Studies* 6: 89 – 91.

Carston, R. 2002. *Thoughts and Utterances: The Pragmatics of Explicit Communication*. Malden: Blackwell.

Carston, R. 2004. Relevance theory and the saying/implicating distinction. In L. Horn & G. Ward (eds.), *The Hardbook of Pragmatics*. Malden: Blackwell, 633 – 656.

Chapman, S. 2005. *Paul Grice, Philosopher and Linguist*. Basingstoke: Palgrave Macmillan.

Chapman, S. 2011. *Pragmatics*. Basingstoke: Palgrave Macmillan.

Chen, X. 1999. *The Pragmatics of Interactional Overinformativeness*. Unpublished Ph. D. dissertation. Guangdong University of Foreign Studies.

Chesterman, A. 1997. *Memes of Translation*. Amsterdam: John Benjamins.

Chilton, P. 2005. Manipulation, memes and metaphors: The case of Mein Kampf. In L. Saussure & P. Schulzleds (eds.), *Manipulation and Ideologies in the Twentieth Century: Discaurse, Language, Mind*. Amsterdam: John Benjamins, 15 – 43.

Chomsky, N. 1957. *Syntactic Structures*. The Hague: Mouton.

Christie, C. 2007. Relevance theory and politeness. *Journal of Politeness Research* 3 (2): 269 – 294.

Clark, H. 1991. Responding to indirect speech acts. In S. Davis (ed.), *Pragmatics: A Reader*. Oxford: Oxford University Press, 199 – 230.

Cloak, F. T. 1975. Is a cultural ethology possible? *Human Ecology 3*: 161 – 182.

Cole, P. (ed.). 1981. *Radical Pragmatics*. New York: Academic Press.

Crystal, D. 1997. A Dictionary of Linguistics and Phonetics (4th edn.). Oxford: Blackwell.

Dascal, M. 1977. Conversational relevance. *Journal of Pragmatics* 1: 309 – 328.

Dascal, M. 1994. Speech act theory and Gricean pragmatics: Some differences of detail that make a difference. In S. L. Tsohatzidis (ed.), *Foundations of Speech Act Theory: Philosophical and Linguistic Perspectives*. London and New York: Routledge, 323 – 334.

Dascal, M. 2003. *Interpretation and Understanding*. Amsterdam: John Benjamins.

Davis, S. (ed.). 1991. *Pragmatics: A Reader*. Oxford: Oxford University Press.

Davis, W. A. 1998. *Implicature: Intention, Convention, and Principle in the Failure of Gricean Theory*. Cambridge: Cambridge University Press.

Dawkins, R. 1976. *The Selfish Gene*. New York: Oxford University Press.

Dawkins, R. 1978. Reply to Fix and Greene. *Contemporary Sociology* 7: 709 – 712.

Dawkins, R. 1981. In defence of selfish genes. *Philosophy* 56: 556 – 573.

Dawkins, R. 1982. *The Extended Phenotype: The Gene as the Unit of Selection*. Oxford and San Francisco: W. H. Freeman.

Dawkins, R. 1986. *The Blind Watchmaker*. London: Longman.

Dawkins, R. 1989. *The Selfish Gene* (2nd edn.). Oxford: Oxford University Press.

Dawkins, R. 1993. Viruses of the mind. In B. Dahlbom (ed.), *Dennett and His Critics: Demystifying Mind*. Cambridge, Mass.: Blackwell, 13 – 27.

Dawkins, R. 1995. *River out of Eden: A Darwinian View of Life*. New York: Basic Books.

Dawkins, R. 1996. *Climbing Mount Improbable*. New York: Norton.

Dawkins, R. 1998. *Unweaving the Rainbow: Science, Delusion and the Appetite for Wonder*. Boston: Houghton Mifflin Co.

Dawkins, R. 1999. *The Extended Phenotype*: (2nd edn.). Oxford: Oxford University Press.

Dawkins, R. 2003. *A Devil's Chaplain: Reflections on Hope, Lies, Science, and Love* (ed. by Latha Menon). London: Weidenfeld & Nicolson.

Dawkins, R. 2004. *The ancestor's Tale: A Pilgrimage to the Dawn of Evolution*. Boston: Houghton Mifflin.

Dawkins, R. 2006a. *The Selfish Gene: 30th Anniversary Edition*. Oxford: Oxford University Press.

Dawkins, R. 2006b. *The God Delusion*. Boston: Houghton Mifflin Co.

Dawkins, R. 2007. *Das egoistische Gen* (trans. by K. de Sousa Ferreira). München: Elsevier GmbH.

Dawkins, R. 2009. *The Greatest Show on Earth: The Evidence for Evolution*. New York: Free Press.

Dawkins, R. 2011. *The Magic of Reality: How We Know What's Really True*. New York: Free Press.

Dawkins, R. 2016. *The Selfish Gene: 40th Anniversary Edition*. Oxford: Oxford University Press.

Dawkins 2019. *Outgrowing God: A Beginner's Guide*. New York: Random House.

Dawkins, R. & G. Stent. 1978. Are genes "selfish"? *The Hastings Center Report* 8: 4.

De Brabanter, P. & M. Kissine (eds.). 2009. *Utterance Interpretation and Cognitive Model*. Bingley: Emerald.

Deacon, T. 1997. *The Symbolic Species — The Co-evolution of Language and the Human Brain*. Allen Lane: The Penguin Press.

Denisova, A. 2019. *Internet Memes and Society: Social, Cultural and Political Contexts*. New York: Routledge.

Dennett, D. C. 1990. Memes and the exploitation of imagination. *The Journal of*

*Aesthetics and Art Criticis*m 48: 127 – 135.

Dennett, D. C. 1991. *Consciousness Explained*. New York: Little, Brown and Co.

Dennett, D. C. 1995. *Darwin's Dangerous Idea: Evolution and the Meanings of Life.* New York: Simon & Schuster.

Dennett, D. C. 2006. *The Selfish Gene* as a philosophical essay. In A. Graffen & M. Ridley (eds.), *Richard Dawkins: How a Scientist Changed the Way We Think.* New York: Oxford University Press, 101 – 115.

Distin, K. 2005. *The Selfish Meme*. Cambridge: Cambridge University Press.

Donnellan, K. S. 1966. Reference and definite descriptions. *The Philosophical Review* 75: 281 – 304.

Dowty, D. 1979. *Word Meaning in Montague Grammar*. Dordrecht: Kluwer.

Dugatkin, L. A. 2000. Animals imitate, too. *Scientific American* 283: 67 – 70.

Dynel, M. 2016. "I has seen image macros!": Advice animals memes as visual-verbal jokes. *International Journal of Communication* 10: 660 – 688.

Edmonson, W. 1981. *Spoken Discourse: A Model for Analysis*. London: Longman.

Eelen, G. 2001. *A Critique of Politeness Theories*. Manchester: St. Jerome Publishing.

Fairclough, N. 1989. *Language and Power*. London: Longman.

Fasold, R. W. 1993. *Sociolinguistics of Language*. Oxford: Blackwell.

Feng, G. 2010. *A Theory of Conventional Implicature and Pragmatic Markers in Chinese*. Bingley: Emerald.

Ferrara, A. 1980a. Appropriateness conditions for entire sequences of speech acts. *Journal of Pragmatics* 4: 321 – 340.

Ferrara, A. 1980b. An extended theory of speech acts. *Journal of Pragmatics* 4: 233 – 252.

Fillmore, C. J. 1971. *Santa Cruz Lectures on Deixis 1971*, reproduced 1975, Bloomington, Indiana: Indiana University Linguistic Club.

Fillmore, C. J. 1982. Frame semantics. In The Linguistic Society of Korea (ed.), *Linguistics in the Morning Calm*, Seoul: Hanshin Publishing Co. , 117 – 137.

Fix, A. G. 1978. Genocentric social theory. *Contemporary Sociology* 7: 705 – 706.

Fodor, J. A. 1974. Special sciences. *Synthese* 28: 77 – 115.

Fodor, J. A. 1975. *The Language of Thought*. New York: Crowell.

Fodor, J. A. 1983. *The Modularity of Mind*. Cambridge, MA: MIT Press.

Fodor, J. A. , M. F. Garrett, E. C. T. Walker & C. H. Parkes. 1980. Against definitions. *Cognition* 8: 263 – 367.

Fraser, B. 1980. Conversational mitigation. *Journal of Pragmatics* 4: 341 – 350.

Gabora, L. 1996. A day in the life of a meme. *Philosophica* 57: 901 – 938.

Gabora, L. 1997a. The origin and evolution of culture and creativity. *Journal of Memetics — Evolutionaty Models of Information Transmission* 1. [https://webarchive. southampton. ac. uk/cogprints. org/794/1/oecc. html (2024 年 6 月 27 日 访问)].

Gabora, L. 1997b. Taking memes seriously. *The Semiotic Review of Books*, 8 (2).

Gatherer, D. 1998. Why the thought contagion metaphor is retarding the progress of memetics. *Journal of Memetics — Evolutionary Models of Information Transmission* 2. [http://jom-emit. cfpm. org/1998/vol2/gatherer_d. html].

Gatherer, D. 2001. Modelling the effects of memetic taboos on genetic homosexuality. *Journal of Memetics — Evolutionary Models of Information Transmission* 4. [http://jom-emit. cfpm. org/2001/vol4/gatherer_d. html].

Gazdar, G. 1979. *Pragmatics: Implicature, Presupposition and Logical Form*. New York: Academic Press.

Gonsalves, R. J. 1988. For definitions: A reply to Fodor, Garrett, Walker, and Parkes. *Cognition* 29: 73 – 82.

Gopnik, M. 1990. Language and genes. *The Semiotic Review of Books* 1: 2 – 3.

Grafen, A. & M. Ridley (eds.). 2006. *Richard Dawkins: How a Scientist Changed the Way We Think*. New York: Oxford University Press.

Gratton, C. 1994. Circular definitions, circular explanations, and infinite regresses. *Argumentation* 8: 295 – 308.

Greene, P. J. 1978. From genes to meme? *Contemporary Sociology* 7: 706 – 709.

Grice, H. P. 1957. Meaning. *The Philosophical Review* 66: 377 – 388. Reprinted in Grice (1989), 213 – 223.

Grice, H. P. 1961. The causal theory of perception. *The Aristotelian Society: Proceedings*, *Supplementary Volume* 35: 121 – 168. Reprinted in Grice (1989), 224 – 247.

Grice, H. P. 1969. Utterer's meaning and intention. *The Philosophical Review* 78: 147 – 177. Reprinted in Grice (1989), 86 – 116.

Grice, H. P. 1975. Logic and conversation. In P. Cole & J. Morgan (eds.), *Syntax and Semantics 3: Speech Acts*. London: Academic Press, 41 – 58. Reprinted in Grice (1989), 3 – 40.

Grice, H. P. 1982. Meaning revisited. In N. V. Smith (ed.), *Mutual Knowledge*. New York: Academic Press, 223 – 243. Reprinted in Grice (1989), 283 – 303.

Grice, H. p. 1986. Reply to Richards. In R. Grandy & R. Warner (eds.), *Philosophical Grounds of Rationality*. Oxford: Clarendon Press, 46 – 106.

Grice, H. P. 1989. *Studies in the Way of Words*. Cambridge: Harvard University Press.

Grice, H. P. 1991. *The Conception of Value*. Oxford: Clarendon Press.

Grice, H. P. 2001. *Aspects of Reason*. Oxford: Clarendon Press.

Gutt, E. -A. 1991. *Translation and Relevance: Cognition and Context*. Oxford:

Blackwell.

Gutt, E. -A. 2000. *Translation and Relevance: Cognition and Context* (2nd edn.). Manchester: St. Jerome Publishing.

Haberland, H. & J. Mey. 1977. Editorial: Linguistics and pragmatics. *Journal of Pragmatics* 1: 1 – 12.

Hamilton, W. D. 1977. The play by nature. *Science* 196: 757 – 759.

Hardie, C. D. 1938. Logical positivism and scientific theory. *Mind* 47: 214 – 225.

Harris, D. F. 1912. The metaphor in science. *Science* 36: 263 – 269.

Herder, J. G. 1772. *Abhandlungüber den Ursprung der Sprache*. Berlin: Christian Friedrich Voss.

Heylighen, Francis. 1998. What makes a meme successful? Paper presented at the 16th International Congress on Cybernetics.

Higashimori, I & D. Wilson. 1996. Questions on relevance. *UCL Working Papers in Linguistics* 8: 1 – 14.

Hockett, C. F. 1953. The mathematical theory of communication. *Language* 29: 69 – 93.

Hockett, C. F. 1955. *A Manual of Phonology*. Baltimore: Waverly Press, Inc.

Hofmann, T. 1993. *Realms of Meaning: An Introduction to Semantics*. London: Longman.

Horn, L. R. 1972. *On the Semantic Properties of Logical Operators in English*. Unpublished Ph. D. dissertation, University of California at Los Angeles.

Horn, L. R. 1980. Affixation and the unaccusative hypothesis. In J. Kreiman and A. Ojeda (eds.), *Papers from the Sixteenth Regional Meeting*. Chicago: Chicago Linguistic Society, 134 – 146.

Horn, L. R. 1984. Toward a new taxonomy for pragmatic inference: Q-based and R-based implicature. In D. Schiffrin (ed.), *Meaning, Form, and Use in Context: Linguistic Applications*. Washingtong, DC: Georgetown University Press, 11 – 42.

Horn, L. R. 1988. Pragmatic Theory. In F. Newmeyer (ed.), *Linguistics: The Cambridge Survey, Volume I Linguistic Theory: Foundations*. Cambridge: Cambridge University Press, 113 – 145.

Horn, L. R. 1989. *A Natural History of Negation*. Chicago: University of Chicago Press.

Horn, L. R. 2002. Uncovering the UN-word: A study in lexical pragmatics. *Sophia Linguistica* 49: 1 – 64.

Horn, L. R. 2004. *Implicature*. In L. R. Horn & G. Ward (eds.), *The Handbook of Pragmatics*. Malden: Blackwell, 3 – 28.

Horn, L. R. & G. Ward. 2004a. Introduction. In L. R. Horn & G. Ward (eds.), *The Handbook of Pragmatics*. Malden: Blackwell, xi – xix.

Horn, L. R. & G. Ward (eds.). 2004b. *The Handbook of Pragmatics*. Malden: Blackwell.

Horwich, P. 2005. *Reflections on Meaning*. Oxford: Clarendon Press.

Huang, Y. 2001. Reflections on theoretical pragmatics. *Journal of Foreign Languages* 131: 2 - 14.

Huang, Y. 2007. *Pragmatics*. Oxford: Oxford University Press.

Hymes, D. 1974. *Foundations in Sociolinguistics: An Ethnographic Approach*. London: Tavistock Publications.

Ilie, C. 2001. Review of Jef Verschueren's *Understanding Pragmatics*. *Journal of Pragmatics* 33: 323 - 331.

Jaffe, A. 2001. Review of Jef Verschueren's *Understanding Pragmatics*. *Language in Society* 30: 104 - 106.

Jakobson, R. 1970. *Main Trends in the Science of Language*. New York: Harper and Row.

Jespersen, O. 1917. *Negation in English and Other Languages*. Copenhagen: P. Noordhoff.

Johansson, S. 2005. *Origins of Language: Constraints on Hypotheses*. Amsterdam: John Benjamins.

Jucker, A. 1997. Review of Dan Sperber and Deirdre Wilson's *Relevance: Communication and Cognition* (2nd edition). *Journal of Pragmatics* 27: 112 - 119.

Kant, I. 1934. *Critique of Pure Reason*. London: J. M. Dent & Sons.

Karanikas, M., P. Livingston & L. Papin. 1993. Science and metaphor. *PMLA* 108: 546 - 549.

Kasher, A. (ed.). 1998. *Pragmatics: Critical Concepts Vol. IV*. London: Routledge.

Kinneavy, J. L. 1971. *A Theory of Discourse*. New York: W. W. Norton.

Knight, C., M. Studdert-Kennedy & J. Hurford (eds.) 2000. *The Evolutionary Emergence of Language: Social Function and the Origins of Linguistic Form*. Cambridge: Cambridge University Press.

Kiparsky, P. 1983. Word-formation and the lexicon. In *Proceedings of the 1982 Mid-American Linguistic Conference*. Laurence: University of Kansas, 3 - 29.

Koktová, E. 1998. Conversational implicature. In J. Mey (ed.), *Concise Encyclopedia of Pragmatics*. Oxford: Elsevier, 371 - 373.

Lakoff, G. 1997. Conventional implicature? http://listserv. linguistlist. org/pipermail/ funknet/1997-December/000837. html(2024 年 6 月 26 日访问).

Lakoff, G. & M. Johnson. 1999. *Philosophy in the Flesh: The Embodied Mind and Its Challenge to Western Thought*. New York: Basic Books.

Laversuch, I. M. 2006. Review of Sandra Silberstein's *War of Words: Language*,

Politics and 9/11. Language Policy 5: 233 - 236.

Leech, G. N. 1983. *Principles of Pragmatics*. London: Longman.

Levinson, S. C. 1983. *Pragmatics*. Cambridge: Cambridge University Press.

Levinson, S. C. 1989. A review of relevance. *Journal of Linguistics* 25(2) : 455 - 472.

Levinson , S. C. 1991. Pragmatic reduction of the binding conditions. *Journal of Linguistics* 27(1) : 107 - 161.

Levinson, S. C. 2000. *Presumptive Meanings: The Theory of Generalized Conversational Implicature*. Cambridge, MA: MIT Press.

Levinson, S. C. 2003. *Space in Language and Cognition: Explorations in Cognitive Diversity*. Cambridge: Cambridge University Press.

Levinson, S. C. 2006. Evolution of culture in a microcosm. In S. Levinson & P. Jaison (eds.) , *Evolution and Culture*. Cambridge, MA: MIT Press, 1 - 41.

Lieberman, P. 1975. *On the Origin of Language: An Introduction to the Evolution of Human Speech*. New York: Macmillan.

Lou, A. 2017. Multimodal simile: The " when" meme in social media discourse. *English Text Construction* 10(1) :106 - 131.

Lynch, A. 1996. *Thought Contagion. How Belief Spreads Through Society*. New York: Basic Books.

Lyons, J. 1977. *Semantics*. Cambridge: Cambridge University Press.

Marsden, P. 2000. Forefathers of memetics: Gabriel Tarde and the laws of imitation. *Journal of Memetics — Evolutionary Models of Information Transmission* 4.

McCawley, J. 1978. Conversational implicature and the lexicon. In P. Cole (ed.) , *Syntax and Semantics 9: Pragmatics*. New York: Academic Press, 245 - 259.

McGuinness, B. (ed.). 1979. *Wittgenstein and the Vienna Circle*. Oxford: Basil Blackwell.

Meltzoff, A. N. & W. Prinz (eds.). 2002. *The Imitative Mind: Development, Evolution, and Brain Bases*. Cambridge: Cambridge University Press.

Mey, J. 1993. *Pragmatics: An Introduction*. Oxford: Blackwell Publishers.

Mey, J. 2001. *Pragmatics: An Introduction* (2nd). Malden: Blackwell.

Mey, J. 2002. To Grice or not to Grice. *Journal of Pragmatics* 34: 911.

Midgley, M. 1979. Gene-juggling. *Philosophy* 54: 439 - 458.

Midgley, M. 1983. Selfish genes and social Darwinism. *Philosophy* 58: 365 - 377.

Mill, J. S. 1872. *A System of Logic*. London: Longmans.

Miller, H. 1935. Some major confusions of contemporary positivism. *The Journal of Philosophy* 32: 515 - 520.

Millikan, R. G. 1984. *Language, Thought and Other Biological Categories*. Cambridge, MA: MIT Press.

Millikan, R. G. 2004. *Varieties of Meaning*. Cambridge, MA: MIT Press.

Millikan, R. G. 2005. *Language: A Biological Model*. Oxford: Oxford University Press.

Minsky, M. 1975. A framework for representing knowledge. In P. H. Winston (ed.) , *The Psychology of Computer Vision*. New York: McGraw-Hill, 211 – 277.

Moody-Ramirez, M. & A. B. Church. 2019. Analysis of Facebook meme groups used during the 2016 US presidential election. *Soical Media+Society* 5(1) : 1 – 11.

Morris, C. 1937. *Logical Positivism, Pragmatism, and Scientific Empiricism*. Paris: Hermann.

Morris C. 1938. *Foundations to the Theory of Signs*. Chicago: The University of Chicago Press.

Morris C. 1946. *Sign, Language and Behavior*. New York: Prentice Hall.

Neale, S. 1992. Paul Grice and the philosophy of language. *Linguistics and Philosophy* 15: 509 – 559.

Neale, S. 2005. A century later. *Mind* 114: 809 – 871.

Nerlich, B. & D. D. Clarke. 1996. *Language, Action, and Context: The Early History of Pragmatics in Europe and America*. Amsterdam: John Benjamins.

Ogden, C. K. & I. A. Richards. 1923. *The Meaning of Meaning*. New York: Harcourt, Brace and Co.

Ohala, J. 1984. An ethological perspective on common cross-language utilization of F_0 of voice. *Phonetica* 41: 1 – 16.

Paas, D. E. 1982. *Presupposition*. Unpublished Ph. D. dissertation, University of Nebraska.

Paciello, M. , F. D'Errico, G. Saleri & E. Lamponi. 2021. Online sexist meme and its effects on moral and emotional processes in social media. *Computers in Human Behavior* 116: 106655.

Pawley, A. & F. Syder. 1983. Natural selection in syntax: notes on adaptive variation and change in vernacular and literal grammar. *Journal of Pragmatics* 7: 551 – 579.

Peregrin J. 2006. Meaning as an inferential role. *Erkenntnis* 64: 1 – 35.

Petrus, K. (ed.). 2010. *Meaning and Analysis: New Essays on Grice*. Basingstoke: Palgrave Macmillan.

Pinker, S. 1994. *The Language Instinct*. New York: William Morrow & Company.

Plato. 1955. *The Republic*. Harmondsworth: Penguin Books.

Platts, M. 1988. Review of Grandy and Warner's *Philosophical Grounds of Rationality: Intentions, Categories, Ends*. *Mind* 97: 138 – 141.

Popper, K. 1968. *The Logic of Scientific Discovery* (rev. edn.). London: Hutchinson.

Popper, K. 1973. *Objective Knowledge*. Oxford: Oxford University Press.

Portner, P. 2005. *What is Meaning?* Oxford: Blackwell.

Potts, C. 2005. *The Logic of Conventional Implicature*. Oxford: Oxford University

Press.

Preti, A. & P. Miotto. 1997. Creativity, evolution and mental illnesses. *Journal of Memetics — Evolutionary Models of Information Transmission* 1.

Quale, A. 2002. The role of metaphor in scientific epistemology: A constructivist perspective and consequences for science education. *Science & Education* 11: 443 – 457.

Recanati, F. 2004a. Pragmatics and semantics. In L. R. Horn & G. Ward (eds.), *The Handbook of Pragmatics*. Malden: Blackwell, 442 – 462.

Recanati, F. 2004b. *Literal Meaning*. Cambridge: Cambridge University Press.

Ritt, N. 2004. *Selfish Sounds and Linguistic Evolution: A Darwinian Approach to Language Change*. Cambridge: Cambridge University Press.

Rose, N. 1998. Controversies in meme theory. *Journal of Memetics — Evolutionary Models of Information Transmission* 2. [https://theswissbay. ch/pdf/Books/ SIGINT%20Memetic%20Warfare/Controversies_in_Meme_Theory. pdf (2024 年 6 月 27 日访问)].

Rosenthal, D. C. 1982. Metaphors, models, and analogies in social science and public policy. *Political Behavior* 4: 283 – 301.

Ross, A. S. & D. J. Rivers. 2017. Digital cultures of political participation: Internet memes and the discursive delegitimization of the 2016 U. S Presidential candidates. *Discourse, Context & Media* 16: 1 – 11.

Ruja, H. 1936. The logic of logical positivism. *The Journal of Philosophy* 33: 393 – 408.

Ruse, M. 2005. Darwinism and mechanism: Metaphor in science. *Studies in History and Philosophy of Science Part C: Studies in History and Philosophy of Biological and Biomedical Sciences* 36: 285 – 302.

Russell B. 1903. *The Principles of Mathematics*. London: George Allen & Unwin.

Russell, B. 1905. On denoting. *Mind* 14: 479 – 493.

Russell, B. 1906. The theory of implication. *American Journal of Mathematics* 28: 159 – 202.

Rutter, M. 2006. *Genes and Behavior: Nature – Nurture Interplay Explained*. Oxford: Blackwell.

Sadock, J. M. 1978. On testing for conversational implicature. In P. Cole (ed.), *Syntax and Semantics 9: Pragmatics*. New York: Academic Press, 281 – 298.

Salingaros, N. A. & T. M. Mikiten. T. M. 2002. Darwinian processes and memes in architecture: A memetic theory of modernism. *Journal of Memetics — Evolutionary Models of Information Transmission* 6. [http://jom-emit. cfpm. org/2002/vol6/ salingaros_na&mikiten_tm. html].

Sapir, E. 1921. *Language: An Introduction to the Study of Speech*. New York: Harcourt

Brace Jovanovich.

Saussure, F. de. 2001. *Course in General Linguistics*. Beijing: Foreign Language Teaching and Research Press.

Schiappa, E. 1993. Arguing about definitions. *Argumentation* 7: 403 – 417.

Schiffer, S. 1972. *Meaning*. Oxford: Oxford University Press.

Schiffer, S. 1987. *Remnants of Meaning*. Cambridge, MA: MIT Press.

Schiller, F. C. S. , B. Russell & H. H. Joachim. 1920. The meaning of 'meaning': A symposium. *Mind* 29: 385 – 414.

Schlaile, M. P. 2021. *Memetics and Evolutionary Economics*. Cham: Springer.

Schutz, A. 1970. *Reflections on the Problems of Relevance*. New Haven: Yale University Press.

Scott, K. , B. Clark & R. Carston (eds.). 2019. *Relevance, Pragmatics and Interpretation: Essays in Honour of Deirdre Wilson*. Cambridge: Cambridge University Press.

Searle, J. R. 1969. *Speech Acts: An Essay in the Philosophy of Language*. Cambridge: Cambridge University Press.

Searle, J. R. 1976. A classification of illocutionary acts. *Language in Society* 5: 1 – 23.

Searle, J. R. 2005. Desire, deliberation and action. In D. Vanderveken (ed.), *Logic, Thought and Action*. Dordrecht: Springer, 49 – 78.

Shanahan, T. 2001. Methodological and contextual factors in the Dawkins/Gould dispute over evolutionary progress. *Studies in History and Philosophy of Science Part C: Studies in History and Philosophy of Biological and Biomedical Sciences* 32: 127 – 151.

Shannon, C. E. 1948a. A mathematical theory of communication. *Bell System Technical Journal* 27: 379 – 423.

Shannon, C. E. 1948b. A mathematical theory of communication. *Bell System Technical Journal* 27: 623 – 656.

Shannon, C. E. & W. Weaver. 1949. *The Mathematical Theory of Communication*. Urbana: The University of Illinois.

Shifman, L. 2014. *Memes in Digital Culture*. Cambridge, MA: The MIT Press.

Silberstein, S. 2000. *War of Words: Language, Politics and 9/11*. London: Routledge.

Sperber, D. 1995. How do we communicate? In J. Brockman & K. Matson (eds.), *How Things Are: A Science Toolkit for the Mind*. New York: Morrow, 191 – 199.

Sperber, D. 2000. An objection to the memetic approach to culture. In R. Aunger (ed.), *Darwinizing Culture: The Status of Memetics As a Science*. Oxford: Oxford University Press, 163 – 173.

Sperber, D. & D. Wilson. 1982. Mutual knowledge and relevance in theories of comprehension. In N. V. Smith (ed.) , *Mutual Knowledge*. London: Academic Press, 61 – 85.

Sperber, D. & D. Wilson. 1986. *Relevance: Communication and Cognition*. Oxford: Blackwell.

Sperber, D. & D. Wilson. 1995. *Relevance: Communication and Cognition* (2nd). Oxford: Blackwell.

Sperber, D. & D. Wilson. 1998. Preface. *Revista Alicantina de Estudios Ingleses* 11: v – vi.

Sperber, D. & D. Wilson 2006. A deflationary account of metaphors. *UCL Working Papers in Linguistics* 18: 171 – 203.

Štekauer, P. 2000. *English Word-Formation: A History of Research* (*1960 – 1995*). Tübingen: Gunter Narr Verlag Tübingen.

Strong, C. A. 1921. The meaning of ' meaning'. *Mind* 30: 313 – 316.

Sweetser, E. 1990. *From Etymology to Pragmatics: Metaphorical and Cultural Aspects of Semantic Structures*. Cambridge: Cambridge University Press.

Thomas, J. 1995. *Meaning in Interaction: An Introduction to Pragmatics*. London: Longman.

Thomas, J. 1998a. Conversational maxims. In J. L. Mey (ed.) , *Concise Encyclopedia of Pragmatics*. Oxford: Elsevier, 171 – 175.

Thomas, J. 1998b. Cooperative principle. In J. L. Mey (ed.) , *Concise Encyclopedia of Pragmatics*. Oxford: Elsevier, 176 – 179.

Thorndike, E. L. 1943. The origin of language. *Science* 98: 1 – 6.

Tomasello, M. & J. Call. 1997. *Primate Cognition*. Oxford: Oxford University Press.

Tomlinson, M. K. 2021. Moody and monstrous menstruators: The Semiotics of the menstrual meme on social media. *Social Semiotics* 31(3) : 421 – 439.

Trabant, J. & S. Ward (eds.). 2001. *New Essays on the Origin of Language*. Berlin: Mouton de Gruyter.

Turner, M. 1996. *The Literary Mind: The Origins of Language and Thought*. Oxford: Oxford University Press.

van Fraassen, B. C. 1968. Presupposition, implication, and self-reference. *The Journal of Philosophy* 65: 136 – 152.

Vaneechoutte, M. & Skoyles, J. R. 1998. The memetic origin of language: Modern humans as musical primates. *Journal of Memetics* 2. http://jom-emit. cfpm. org/ 1998/vol2/vaneechoutte_m&skoyles_jr. html

Vasquez, C. & E. Aslan. 2021. " Cats be outside, how about meow" : Multimodal humor and creativity in an internet meme. *Journal of Pragmatics* 171: 101 – 117.

Vendler, Z. 1967. *Linguistics in Philosophy*. Ithaca, NY: Cornell University Press.

Verschueren, J. 1985. *International news reporting: Metapragmatic metaphors and the*

$U-2$. Amsterdam: John Benjamins.

Verschueren, J. 1987. *Pragmatics as a Theory of Linguistic Adaptation*. Antwerp: International Pragmatics Association.

Verschueren, J. 1995. The pragmatic perspective. In J. Verschueren et al. (eds.), *Handbook of Pragmatics*. Amsterdam: John Benjamins, 1 – 19.

Verschueren, J. 1998. A pragmatic model for the dynamics of communication. In A. Kasper (ed.), *Pragmatics: Critical Concepts, Vol. V*. London and New York: Routledge, 139 – 148.

Verschueren, J. 1999. *Understanding Pragmatics*. London: Edward Arnold.

Verschueren, J. 2008. Context and structure in a theory of pragmatics. *Studies in Pragmatics* 10: 14 – 24.

Verschueren, J. 2012. Pragmatics, adaptability, and activity types, Keynote speech delivered at the First Chinese Pragmatics Forum, Dalian, 13 – 14, October 2012.

Verschueren, J. & M. Bertuccelli-Papi (eds.). 1987. *The Pragmatic Perspective*. Amsterdam: John Benjamins.

Wang, W. S. -Y. 1991. *Explorations in Language*. Taipei: Pyramid Press.

Watts, R. 2003. *Politeness*. Cambridge: Cambridge University Press.

Weiser, A. 1974. Deliberate ambiguity. *Papers from the Tenth Regional Meeting of the Chicago Linguistic Society*, Chicago: Chicago Linguistic Society, 723 – 731.

Werkmeister, W. H. 1937a. Seven theses of logical positivism critically examined. *The Philosophical Review* 46: 276 – 297.

Werkmeister, W. H. 1937b. Seven theses of logical positivism critically examined II. *The Philosophical Review* 46: 357 – 376.

Werth, P. 1981. The concept of 'relevance' in conversational analysis. In P. Werth (ed.), *Conversation and Discourse: Structure and Interpretation*. London & Sydney: Croom Helm, 129 – 154.

Whitney, W. D. 1869 – 1870. On the present condition of the question as to the origin of language. *Transactions of the American Philological Association (1869 – 1896)* 1: 84 – 94.

Wiggins, B. E. 2019. *The Discursive Power of Memes in Digital Culture: Ideology, Semiotics and Intertextuality*. New York: Routledge

Williams, C. J. F. 1985. Aristotle's theory of descriptions. *The Philosophical Review* 94: 63 – 80.

Wilson, D. 2000. Metarepresentation in linguistic communication. In D. Sperber. (ed.), *Metarepresentations*. Oxford: Oxford University Press, 411 – 418.

Wilson, D. 2003. New directions for research on pragmatics and modularity. *Lingua* 115: 1129 – 1146.

Wilson, D. 2005. New directions for research on pragmatics and modularity. *Lingua*

115: 1129 – 1146.

Wilson, D. & D. Sperber. 1981. On Grice's theory of conversation. In P. Werth (ed.), *Conversation and Discourse*. London: Croom Helm, 155 – 178.

Wilson, D. & D. Sperber. 1986. On defining 'relevance'. In R. E. Grandy & R. Warner (eds.), *Philosophical Grounds of Rationality: Intentions, Categories, Ends*. Oxford: Clarendon Press, 243 – 258.

Wilson, D. & D. Sperber. 1991. Inference and implicature. In S. Davis (ed.), *Pragmatics: A Reader*. New York: Oxford University Press, 377 – 393.

Wilson, D. & D. Sperber. 2002a. Relevance theory. *UCL Working Papers in Linguistics* 14: 249 – 290.

Wilson, D. & D. Sperber. 2002b. Truthfulness and relevance. *Mind* 111: 583 – 632.

Wilson, D. & D. Sperber. 2004. Relevance theory. In G. Ward & L. Horn (eds.), *The Handbook of Pragmatics*. Malden: Blackwell, 607 – 632.

Wittgenstein, L. 1958a. *Philosophical Investigations*. Oxford: Basil Blackwell.

Wittgenstein, L. 1958b. *The Blue and Brown Books*. Oxford: Basil Blackwell.

Wittgenstein, L. 1998. *Culture and Value*. Oxford: Blackwell.

Wolff, S. 1984. Lexical entries and word formation. Manuscript. Reproduced by The Indiana University Linguistics Club.

Xie, C. 2003. Review of Eun-Ju Noh's *Metarepresentation*. *Studies in Language* 27: 171 – 178.

Xie, C. 2007. Controversies about politeness. In M. Dascal & H. Chang (eds.), *Traditions of Controversy*. Amsterdam: John Benjamins, 249 – 266.

Xie, C. 2020a. Internet memes we live by (and die by). *Internet Pragmatics* 3(2): 145 – 173.

Xie, C. 2020b. The pragmatics of internet memes (special issue). *Internet Pragmatics* 3(2).

Xie, C. (ed.). 2022. *The Pragmatics of Internet Memes*. Amsterdam: John Benjamins.

Xie, C., Z. He & D. Lin. 2005. Politeness: Myth and truth. *Studies in Language* 29: 431 – 461.

Yu, P. 1979. On the Gricean program about meaning. *Linguistics and Philosophy* 3: 273 – 288.

Yus, F. 2018. Identity-related issues in meme communication. *Internet Pragmatics* 1 (1): 113 – 133.

Zimmer, K. E. 1964. *Affixal Negation in English and Other Languages: An Investigation of Restricted Productivity*. New York: Linguistic Circle of New York.

Zipf, G. K. 1949. *Human Behavior and the Principle of Least Effort*. Cambridge, Mass.: Addison-Wesley.